闇株新聞
the book

闇株新聞
編集部 ── 著

ダイヤモンド社

闇株新聞 the book

はじめに

『闇株新聞』は2010年10月にスタートしたブログ・メディアです。政治、経済、事件、社会問題、歴史、スポーツ……etc。既存のメディアを通じて得られる情報は本当に正しいのか、それを発信している側の意図や目論見は何なのかを、日々、独自の見解で読み解きお伝えしています。

とかくニュースは今この瞬間、目の前で起こっている事象に目を奪われがちです。大多数のメディアもそれは同じで、センセーショナルな部分や話題の人物ばかりを追いかけます。しかし、物事には必ず裏があり、そこに関わる人間の思惑が絡んでいるものです。

そこで我々は、様々な報道のニュースの断片を集め、歴史や過去の丁寧に結びつけて行きます。すると、ニュースに照らし、順に明るみに出るわけではなく、仮に

我々『闇株新聞』が広く認知されたのは、2011年10月の「オリンパス事件」と、2012年3月の「AIJ投資顧問事件」であったと思います。幸いにして我々には、為替・債券・株式のトレーディング、海外ヘッジファンドへの日本企業の私募ファイナンスの斡旋、業績不振上場企業の再生などの経験があったため、これまでの知識の蓄積に様々な肉付けを試み、独自の"実況中継"をすることができました。

実はこうした類の経済事件(の予備軍)は、我々が掴んでいるものだけでも未だ公になっていないものがたくさんあります。今、世界ではどんなことが起こっているのか、その裏側にはどんな背景があるのか、日々のニュースを理解する上でのセカンドオピニオンとして、お読み頂ければ幸甚です。

それまで隠れていた闇に光が当たり、思いもよらぬ真実が浮かびあがってくるのです。既存のメディアを通じて得られる情報が、いつも真実を物語っているとは限りません。

事件化しても「その本質」が暴かれるとは限りません。従って我々は、マスコミの報道が先行するまでは絶対に書かないことにしており、報道が始まった瞬間に『理解している真実』を伝えるようにしています。

日本の株式市場や過去の経済事件には、さまざまな「不公平」「不平等」「理解不足」があります。それは株式市場だけの問題ではなく、日本の金融市場全体の問題であり、官僚組織をはじめとする行政全体の問題であり、さらには海外勢が荒稼ぎしていった歴史でもあります。本書をお読みになり、闇株の世界に興味をお持ちいただけたら、ぜひブログの方もご覧いただければと思います。記事はメールマガジンでも発信しています。

本書の出版に関しましては、昨年ダイヤモンド社からお話を頂きました。日々の『闇株新聞』はジャンルを問わずあらゆるテーマを取り扱っており、過去の蓄積も膨大であることから、全てを網羅・収録することは現実的ではありませんでした。また、書籍として世に出すからには、ブログやメルマガとは違った新たな価値を付加したものでなければならないと考えました。

そこで普段から『闇株新聞』『闇株新聞プレミアム』をお読み頂いている皆様にはもちろん、これまで『闇株新聞』をまったくご存じなかった方々にも楽しんでいただける内容にしようと、多くの方が関心を持たれるであろう【為替】【債券】【株式】に絞り、改めて徹底的に掘り下げることにしました。

それぞれの歴史、相場、各市場との関連性などを出来るだけ分かりやすく解説し、なるべく多くの判断材料をご提供できるよう心がけました。学生の時に教科書で学んだ歴史上の事件や為政者の決断が、実は過ぎ去った遠い出来事ではなく、今現在の金融市場や為替相場の動向にも脈々と影響を及ぼしていることを発見していただけるでしょう。

為替の章は【米ドル】【ユーロ】【人民元】に分けてあります。最近では半ば常識となりつつある「日銀が金融緩和を強化すれば円安・株高になる」という事象も、なぜそうなったかがご理解いただけるはずです。その上でそれが常識としていつまで通用するのかについてもお考え頂ければと思います。

債券については、日本国債の話を徹底的に書きました。なぜ財政赤字が膨らむのにこれだけ長期国債の利回りは低下を続けるのか、なぜ日本国債は暴落しないのか等のヒントにもなっていると思います。

それぞれの章では『闇株新聞』の過去記事を厳選し「縮刷版」として収録しています。特に【株】の話は、個別銘柄の記事を多く掲載しました。世界の金融情勢の奥座敷まで理解することで、結果的に日々の投資などへの成果にもつなげていただけると思います。

細部にまでとことんこだわり抜いた結果、進行が当初の予定から大幅に遅れ、本書の発売を楽しみにしてくださっていた皆さんを長らくお待たせすることになってしまいました。この場をお借りしてお詫び致します。その代わり、密度の濃い、完成度の高いものに仕上がったと自負しています。どうぞお楽しみください。

平成25年　早春

政府の「黒田日銀総裁」正式提示のニュースを聞きながら。

闇株新聞 the book 目次

● はじめに ……… 2

第1章 闇株的見方 為替をどう見るか？ その❶【米ドル】 ……… 13

●「金本位制時代」（1817年～1937年）すべての価値の基準が「金」だった時代 ……… 15
　金に自国通貨を固定することが国際社会の一員になる条件だった
　世界経済の不均衡是正効果があった金本位制 ……… 15

●「ブレトン・ウッズ体制」（1944年～1971年）金の役割をドルが補っていた時代 ……… 16
　ブレトン・ウッズ体制はソビエト共産陣営の陰謀だった!? ……… 18
　米ドルが世界の基軸通貨になっていく道のり ……… 18

●「ニクソンショックと変動相場制」（1971年～1985年）金との交換を停止したドルが価値の中心になっていく時代 ……… 19
　基軸通貨で米国が手にした「特権」 ……… 20

●「プラザ合意と、その後の国際通貨体制」（1985年～2000年）基軸通貨・ドルを、米国が自国の事情で変動させていた時代 ……… 22
　大幅な下落にも基軸通貨としての地位は揺るがず ……… 23
　日本政府と日本銀行の失策が招いた「失われた20年」 ……… 23
　いよいよ米国のやりたい放題が始まった！ ……… 24

……… 26

4

闇株新聞【米ドル】縮刷版

- せっかくの円安と対外投資にブレーキをかけた日本政府と日本銀行
- 「未曾有の金融緩和時代 前半」(2001年〜2008年10月) ……27
- 2001年12月に突然大胆になった日本の量的緩和 ……28
- キャリートレードで米国市場を潤した日本の量的緩和 ……29
- 「未曾有の金融緩和時代 後半」(2008年11月〜現在) 米国自身が金融緩和に踏み切った時代 ……30
- 米国政府とFRBが踏み切った積極的な量的緩和 ……32
- 「金との交換停止」以降、ドルは金に対して45分の1になった ……32
- 金融危機〜現在 各通貨は金に対してほぼ等しく減価 ……33
- FRBは長期債の塊、米国のインフレ動向に注意 ……35
- 結局ドルはどうなる? ……36

……38

- 2010年12月7日……マネタリーベースは3倍超にあふれるドルの行方 ……40
- 2011年5月19日……ニッポンの轍は踏むな！金融抑制の弊害を警戒する米国 ……42
- 2012年8月27日……米国金融危機であまり説明されてない救済劇 ❶ ……44
- 2012年8月28日……米国金融危機であまり説明されてない救済劇 ❷ ……46
- 2012年8月29日……米国金融危機であまり説明されてない救済劇 ❸ ……48
- 2012年8月30日……米国金融危機であまり説明されてない救済劇 ❹ ……50
- 2012年8月31日……米国金融危機であまり説明されてない救済劇 ❺ ……52
- 2013年1月15日……FRBは通貨を発行していない!? 米国連邦債上限の抜け道 ……54

第2章 闇株的見方 為替をどう見るか？その❷【ユーロ】

財政も経済も優秀な国だけが参加してドルに対抗する基軸通貨になるはずだった … 57

ユーロが導入された途端に各国の財政規律が緩みスタート直後から2年足らずで約3割の暴落 … 58

ポンド危機—ヘッジファンドとの戦いに敗れERMを離脱した英国とその後の好景気 … 60

ドルに次ぐ「国際通貨」としての地位が徐々に確立され8年間上昇を続けたユーロだったが… … 62

債務国問題が深刻化していく中で逆に「基軸通貨」として安定感を増していった … 63

債務国問題があってもユーロ崩壊はあり得ない 歴史的・政治的背景からその役割を理解する … 65

ドラギ総裁による絶妙な舵取りで安定しているECBのバランスシート … 67

闇株新聞【ユーロ】縮刷版

● 2010年11月25日：銀行立国を目指したアイスランドの金融危機 … 69

● 2010年11月26日：為替レート調整の手が使えないアイルランドの金融危機 … 72

● 2011年7月12日：ヨーロッパの歴史からユーロの行方を探る その❶ … 74

● 2011年7月14日：ヨーロッパの歴史からユーロの行方を探る その❷ … 76

● 2011年7月19日：ヨーロッパの歴史からユーロの行方を探る その❸ … 78

● 2011年7月20日：ヨーロッパの歴史からユーロの行方を探る その❹ … 80

● 2011年7月26日：ヨーロッパの歴史からユーロの行方を探る その❺ … 82

● 2012年10月22日：国家分裂の火種抱えるスペイン 独立問題は意外なあの国にも！ … 84, 86

第3章 闇株的見方 為替をどう見るか？その❸【人民元】

この10年で約4倍に成長した中国経済　2012年名目GDPは8兆4000億ドル
急成長を支えた資金はどこから来たか!?
中国国内に外貨資産が流入した理由を探る❶　香港ドルに学んだ「ドルに固定する」メリット ……………… 90
中国国内に外貨資産が流入した理由を探る❷　とんでもなく割安な固定レートを頑に維持した ……………… 91
中国の財政政策が抱える構造的な問題「ドルばかりを持ちすぎている」リスクが噴出 ……………… 92 94

闇株新聞【人民元】縮刷版
● 2011年8月22日……なぜか東証が問題視しない中国企業の詐欺的上場 ……………… 96
● 2011年8月24日……なぜか東証が問題視しない中国系企業の詐欺的上場 ……………… 100
● 2012年3月7日……「中国問題」に切り込めるか!?　セラーテムの架空増資事件 その❶ ……………… 102
● 2012年9月28日……日本の株式市場を食い物にした黒幕らは必ず次を狙ってくる! その❷ ……………… 104 106

89

第4章 闇株的見方 徹底的に日本国債の話をしよう！【国債】

これだけは踏まえておきたい日本国債に関する必要最低限の数字
日本政府の負債総額は1131兆円 ……………… 109
この10年で政府の負債総額は404兆円増加した ……………… 110
赤字補填の「特例国債」が歯止めなく増えている ……………… 111 112 112

7

闇株新聞 **【国債】** 縮刷版

「国債発行が膨らんで利払い負担が増えている」はウソ！ ……………………………… 113

2013年に償還を迎える120兆円の国債は残存期間7年11カ月の新規国債170兆円に置き換わる ……………………………… 114

国債保有者の内訳は生保、年金、投信に集中　海外保有はわずか8.7％程度しかない ……………………………… 116

日本銀行の金融緩和策と国債買入れを「正しく理解」する ……………………………… 117

どんどん拡大していた「資産買入れ等の基金」の残高目標 ……………………………… 118

買い入れた大量の長期国債は次々償還になっている ……………………………… 119

「長期国債買入れ残高」から45.8兆円が消えている!? ……………………………… 120

35兆円の「資産買入れ等の基金」は実質5兆円の想定だった!? ……………………………… 120

FRBやECBと比べ極めて健全で身軽な日本銀行のバランスシート、しかし ……………………………… 121

問題はささやかな試みで解消できる「日本国債」に関する2つの提案 ……………………………… 122

- 提案❶　「特例国債に限り削減数値目標を導入する」 ……………………………… 123
- 提案❷　「日本国債の海外保有を増やす」 ……………………………… 124

日本銀行の「異次元」国債買入れの影響は？ ……………………………… 124

- 2011年11月1日……円高に対する国家戦略とは　その❶ ……………………………… 126
- 2011年11月2日……円高に対する国家戦略とは　その❷ ……………………………… 128
- 2011年11月4日……日本国債が海外で買われると思う理由 ……………………………… 130
- 2012年1月30日……ヘッジファンドが蠢（うごめ）く　その❶ ……………………………… 132
- 2012年1月31日……ヘッジファンドが蠢（うごめ）く　その❷ ……………………………… 134
- 2012年5月7日……改めて日本政府に対する「真摯な提言」その❶ ……………………………… 136
- 2012年5月9日……改めて日本政府に対する「真摯な提言」その❷ ……………………………… 138
- 2012年5月11日……改めて日本政府に対する「真摯な提言」その❸ ……………………………… 140

第5章 闇株的見方 日本株はこれからどうなるのか？【株】

日経平均株価のトレンドは米国10年国債の利回りに連動している
米国の金融政策に左右される日本株 QE1・2で上昇、打ち切りで下落
米国債利回りが史上最低を記録するほど深刻だった欧州の債務危機
米10年債利回りの上昇幅が縮小 低下し始めたら日本株は要注意！ …162

- 2013年1月23日……したたかな日本銀行の追加金融緩和 …158
- 2013年1月18日……日本国債はヘッジファンドではない その❸ …156
- 2013年1月11日……日本国債はヘッジファンドではない その❷ …154
- 2012年12月20日……日本国債はヘッジファンドではない その❶ …152
- 2012年12月27日……日本国債はどうなる？ その❷ …150
- 2012年12月26日……日本国債はどうなる？ その❶ …148
- 2012年12月25日……NHKスペシャル「日本国債」のとんでもない内容 …146
- 2012年5月15日……改めて日本政府に対する「真摯な提言」その❺ …144
- 2012年5月14日……改めて日本政府に対する「真摯な提言」その❹ …142

闇株新聞【株】縮刷版 …161

- 2010年10月17日……エクイティファイナンスの裏側 儲けたのは誰だ!?【銀行編】 …168
- 2010年11月9日……1枚のIRで100億円の利益!? 目を疑う新株予約権発行、ヤマシナ …172
- 2010年11月10日……乗っ取り屋の影に怯えたブルドックソースの対応は正しかったのか!? …174
- 2010年11月17日……ライブドアよりはるかに重大なのに課徴金で終わった日興コーディアル …176
- 2010年12月21日……少額の課徴金で済んだのは元検事総長の威光か？ …178

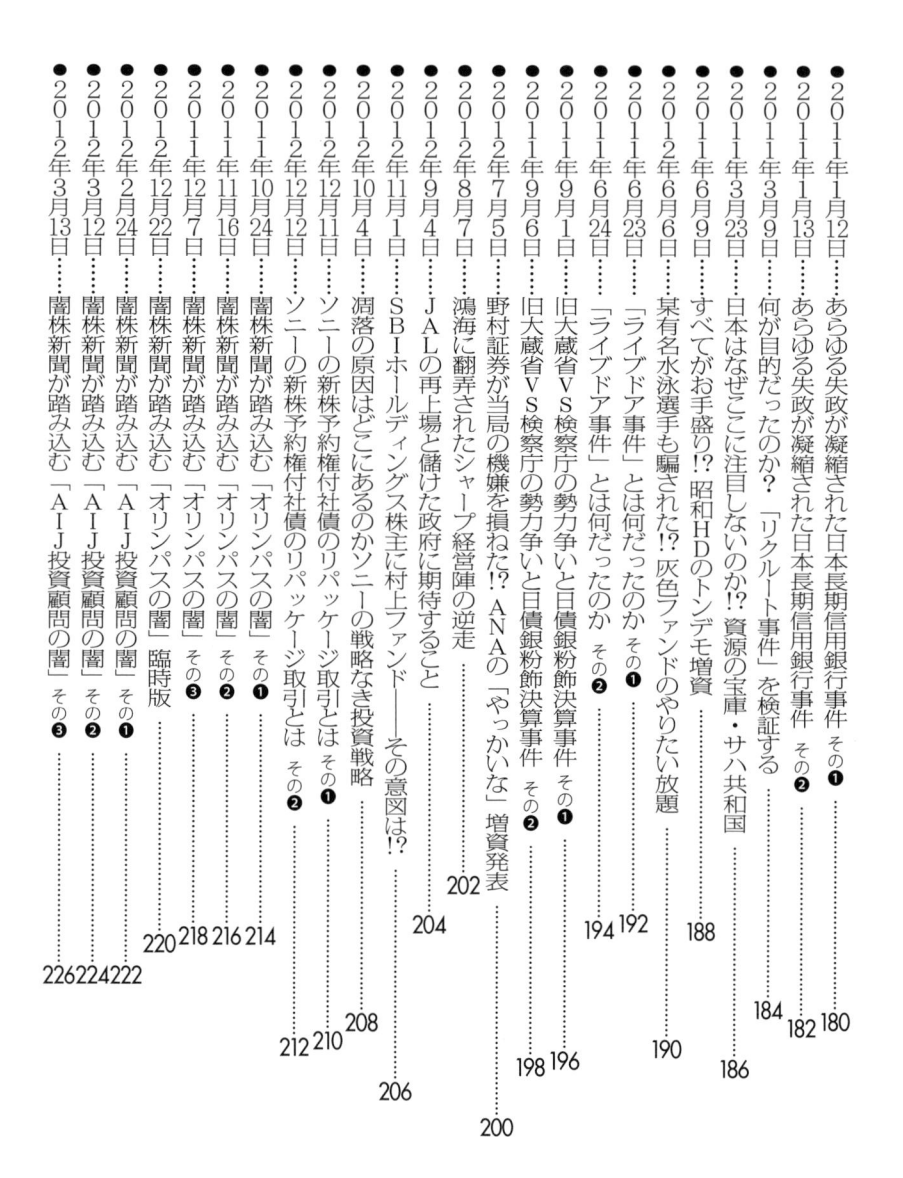

- 2011年1月12日……あらゆる失政が凝縮された日本長期信用銀行事件 その❶ …… 180
- 2011年1月13日……あらゆる失政が凝縮された日本長期信用銀行事件 その❷ …… 182
- 2011年3月9日……何が目的だったのか？「リクルート事件」を検証する …… 184
- 2011年3月23日……日本はなぜここに注目しないのか!? 資源の宝庫・サハ共和国 …… 186
- 2011年6月9日……すべてがお手盛り!? 昭和HDのトンデモ増資 …… 188
- 2012年6月6日……某有名水泳選手も騙された!? 灰色ファンドのやりたい放題 …… 190
- 2011年6月23日……「ライブドア事件」とは何だったのか その❶ …… 192
- 2011年6月24日……「ライブドア事件」とは何だったのか その❷ …… 194
- 2011年9月1日……旧大蔵省VS検察庁の勢力争いと日債銀粉飾決算事件 その❶ …… 196
- 2011年9月6日……旧大蔵省VS検察庁の勢力争いと日債銀粉飾決算事件 その❷ …… 198
- 2012年7月5日……野村証券が当局の機嫌を損ねた!? ANAの「やっかいな」増資発表 …… 200
- 2012年8月7日……鴻海に翻弄されたシャープ経営陣の逆走 …… 202
- 2012年9月4日……JALの再上場と儲けた政府に期待すること …… 204
- 2012年10月4日……凋落の原因はどこにあるのかソニーの戦略なき投資戦略 …… 206
- 2012年11月9日……SBIホールディングス株主に村上ファンド──その意図は!? …… 208
- 2012年12月11日……ソニーの新株予約権付社債のリパッケージ取引とは …… 210
- 2012年12月12日……ソニーの新株予約権付社債のリパッケージ取引とは その❷ …… 212
- 2012年10月24日……闇株新聞が踏み込む「オリンパスの闇」 その❶ …… 214
- 2011年11月16日……闇株新聞が踏み込む「オリンパスの闇」 その❷ …… 216
- 2011年12月7日……闇株新聞が踏み込む「オリンパスの闇」 その❸ …… 218
- 2011年12月22日……闇株新聞が踏み込む「オリンパスの闇」 臨時版 …… 220
- 2012年2月24日……闇株新聞が踏み込む「AIJ投資顧問の闇」 その❶ …… 222
- 2012年3月12日……闇株新聞が踏み込む「AIJ投資顧問の闇」 その❷ …… 224
- 2012年3月13日……闇株新聞が踏み込む「AIJ投資顧問の闇」 その❸ …… 226

[付録]闇株新聞　あらゆる世界に「闇」はある【社会・国際・歴史】縮刷版

- 2011年2月1日……神の国で何が行われてきたか　バチカン銀行の深い闇　その❶ 228
- 2011年2月2日……神の国で何が行われてきたか　バチカン銀行の深い闇　その❷ 230
- 2011年2月28日……テンプル騎士団とフリーメーソン　その❶ 232
- 2011年3月1日……テンプル騎士団とフリーメーソン　その❷ 234
- 2011年3月4日……テンプル騎士団とフリーメーソン　その❸ 236
- 2012年3月16日……マドフ巨額詐欺事件で「被害者」に支払命令下る!? 238
- 2012年5月16日……JPモルガン・チェース巨額損失事件の不思議　その❶ 240
- 2012年5月17日……JPモルガン・チェース巨額損失事件の不思議　その❷ 242
- 2012年7月20日……スイス銀行も通報義務がある？ マネーロンダリングの話 244
- 2012年7月4日……英国バークレイズ銀行LIBOR事件の背景　その❶ 246
- 2012年7月6日……英国バークレイズ銀行LIBOR事件の背景　その❷ 248
- 2012年12月13日……英国バークレイズ銀行LIBOR事件の背景　その❸ 250

第1章 闇株的見方

為替をどう見るか？ その①

闇株的見方 第1章 為替をどう見るか？ その1

米ドル

2013年4月4日に、新体制となった日銀が「異次元」の金融緩和を発表し、当然のように円安が進んでいます。2012年11月16日の衆議院解散の直前、円は対ドルで80円前後、対ユーロで102円前後だったのですが、4月5日のNY終値では対ドルで97・52円、対ユーロで126・67円となりました。実に対ドルで22％、対ユーロで24％もの円安です。

さて日本は「異次元」つまり全く未知の金融緩和に踏み出したのですが、今後の為替を予想するためには、もっと基本に立ち返って為替を理解する必要があります。「金融緩和を行えば通貨は下落する」というのも、実は比較的最近の考えなのです。

その為替の理解に役立ちそうなことを、出来るだけたくさん書きます。過去の出来事が多いのですが、単なる「むかし話」ではなく、すべて今後の為替予想に役立つと思います。

米ドル、ユーロ、人民元の順番に書きます。円は？と思われるかもしれませんが、どちらから見るのかだけの違いですので、米ドル、ユーロ、人民元についてです。

それから「現在の為替レート」としては特にお断りしない限り、2013年4月5日（異次元の金融緩和の発表直後）のNY終値、1ドル＝97・52円、1ユーロ＝1・2990ドル、1ユーロ＝126・67円、1ポンド＝1・5335ドル、1ドル＝6・2010人民元、1

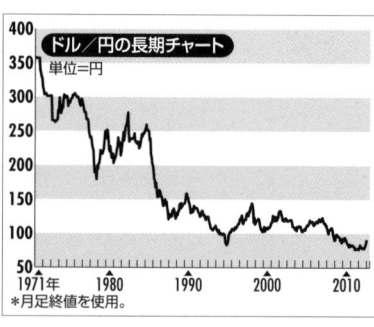

ドル／円の長期チャート
単位＝円
*月足終値を使用。

人民元＝15・72円、金は1オンス＝1582ドルで、すべて統一してあります。

それでは米ドルから始めます。ドルは現在も世界の基軸通貨です。基軸通貨の意味はいろいろあるのですが、ここでは「世界中で誰も受け取りを拒否しない通貨」と考えて下さい。世界の貿易や金融は、この「世界中で誰も受け取りを拒否しない通貨」がないと機能しません。

しかし、この「世界中で誰も受け取りを拒否しない通貨」が、ドルになったのは比較的最近のことです。ここではまず、国際通貨体制がどのように変遷し、今日の姿になったのかを解説します。いくつかの時代に分かれますので、順番に書いて行きます。

＊　＊　＊

「金本位制時代」（1817年〜1937年） すべての価値の基準が「金」だった時代

金に自国通貨を固定することが国際社会の一員になる条件だった

1817年にイギリスが1ポンドの「**ソブリン金貨**」を発行し、整備された**金本位制**が始まります。この金貨は自由に鋳造・溶解が認められており、まさに金（きん）そのものが通貨価値の基準とされ、また同時に流通していました。

これが世界の基準に広まって19世紀末には国際通貨体制として確立しました。つまり、金が世界の価値の基準となったのです。日本でも日清戦争後の1897年、金のみを通貨価値の

キーワード Keyword

【ソブリン金貨】

ソブリンとは「君主」のこと。元々は、1489年、英国がヘンリー7世の時代に発行した新しい240グレイン（＝0.06479891ミリグラム）の金貨に、国王が描かれていたことに由来する（この金貨は1604年に製造中止）。1817年に正式に金本位制がスタートした時、1ポンド金貨に当時の国王ジョージ3世の肖像が刻まれていたことから、この愛称で呼ばれるようになった。

キーワード Keyword

【金本位制】

金（きん）を貨幣とする制度。基本は金貨＝お金で、額面は金の量に比例する。紙幣や硬貨は、あくまで流通不足や持運びの不便を解消する為であり、中央銀行がいつでも定められた比率で交換を約束する。紙幣や硬貨の信用度は、すなわち「金に交換する約束がきちんと守られるか」で決まった。

15　第 1 章｜為替をどう見るか？　その1

世界経済の不均衡是正効果があった金本位制

基準とする貨幣法を制定し、金本位制となりました。当時は「世界中で誰も受取を拒否しない通貨」は金だけだったので、金本位制でなければ国際社会の一員になれなかったのです。

もちろん各国では、金貨だけでなく紙幣も流通していたのですが、すべて金（金貨）への交換が各国政府によって保証された兌換（だかん）紙幣でした。当時の世界経済の中心は英国で、ポンドが基軸通貨だったとも言われています。これは、ポンドを金に交換する英国政府の約束が世界で一番信用できたからで、あくまでも真の基軸通貨は金だけでした。

ちなみに金本位制下では、純金1トロイオンス（約31・1グラム）＝4・247ポンド＝20・67ドル（つまり1ポンド＝4・866ドル）で固定されていました。また1897年に金本位制となった日本では、1円＝純金0・75グラム、純金1トロイオンス＝41・443円、100円＝49・875ドル（1ドル＝2・005円）でした。

2013年3月8日現在は、純金1トロイオンス＝1582ドル、1ポンド＝1・5335ドル、1ドル＝97・52円なので、金はドルに対して76倍、ポンドに対して243倍、円に対して3722倍になっています。意外な感じもするのですが、金本位制時代の金に比べ、減価が一番激しいのが円なのです。

金本位制時代では、貿易赤字国は金が流出して国内の貨幣量（つまりマネーサプライ）が減少し、不況（デフレ）になります。その結果、貿易収支が改善して金が流入し、貨幣量（マネーサプライ）が増加して景気が回復します。

また、世界の貨幣量（マネーサプライ）は**世界の金の量**によって決められるため、どこ

キーワード Keyword【世界の金の量】

金は紀元前4000年頃から掘り出しているのですが、現在まで人類が掘り出した金の総量は165,000トン程度です。よく言われるオリンピックプール3杯分ですが、これを全部買い占めても800兆円程度で日本の国債発行残高より少ないことになります。

金は現在も年間2700トンほど生産されていますが、残る世界の埋蔵量が5～6万トンとされており、あとオリンピックプール1杯分しかありません。

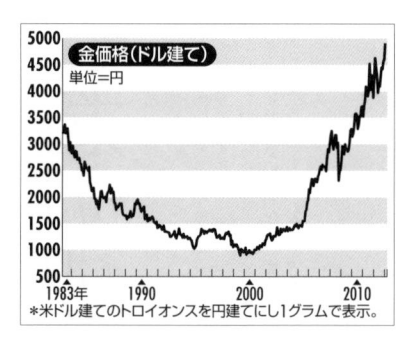

金価格（ドル建て）
単位＝円

*米ドル建てのトロイオンスを円建てにし1グラムで表示。

かで大金鉱でも発見されない限り、世界には常にデフレ圧力がかかっていました。

事実、第一次世界大戦（1914年〜1918年）を挟んで、世界各国が金本位制を中断しています。金本位制では増加する戦費を賄えなかったからです。その後、金本位制に復帰するのですが、結局は世界の流動性不足が1929年の大恐慌を招いたとも言えます。

日本でも1930年1月、濱口雄幸内閣が「金輸出解禁（金本位制復帰）」としたのですが、翌1931年12月に犬養毅内閣の**高橋是清**蔵相が再び「金輸出禁止（金本位制の中断）」としました。今とよく似た「思い切ったデフレ対策」だったわけです。

当時の世界では、自国通貨を金に対して切り下げることは、国際的に信用を失うので踏み切れず、あくまでも一時的に金本位制を中断して、また同じ比率で復帰していました。特に日本は、かなり無理をした復帰だったようです。

結局、1937年には、すべての国が金本位制を中断してしまいました。つまり、世界の全ての通貨が金の裏付けなしに、第二次世界大戦に突入していったのです。どの通貨も金に対して減価したはずですが、円はドルに対しても減価し、1941年には1ドル＝4・2円程度になって太平洋戦争に突入しました。短期間に円は半値以下になっていたのです。

ところで、金本位制の優れたところは、金だけが唯一の「世界中で誰も受け取りを拒否しない通貨」であることと、金本位制を維持することによって「世界経済の不均衡是正効果」があることです。

それゆえに金本位制には、今でも根強い信奉者がいます。昨年の米国大統領選で共和党の副大統領候補だった**ポール・ライアン**氏も、それに近い考え方のようです。また、現在のユーロの仕組みにも、この考え方が入っています。次章の「ユーロ」に出てきます。

この「世界中で誰も受け取りを拒否しない通貨」が、現在は金からドルに代わっていま

キーワード Keyword

【高橋是清】

日本の政治家（1854〜1936年）。第20代内閣総理大臣。日銀総裁を経て、1913年の山本内閣で大蔵大臣に就任。財政政策の手腕を発揮し、蔵相を6回歴任。1931年、犬養内閣で4度目の蔵相の時、金輸出再禁止、日銀による国債引受け、公定歩合引下げなど次々に行ってデフレを食い止め、世界恐慌からいち早く立ち直った。1936年「二・二六事件」で暗殺された。

キーワード Keyword

【ポール・ライアン】

米国の政治家（1970―）。ウィスコンシン州選出の下院議員。共和党所属。2008年5月、大胆な歳出削減と財政再建法案を盛り込んだ予算案『米国の将来に向けたロードマップ』をまとめ注目される。2012年1月、オバマ大統領の一般教書演説に対する反対演説に登壇。同年の大統領選では、共和党候補のミット・ロムニー氏が副大統領候補に指名した。「歳出削減」「減税」「規制緩和」「小さな政府」が信条。

「ブレトン・ウッズ体制」（1944年〜1971年）金の役割をドルが補っていた時代

米ドルが世界の基軸通貨になっていく道のり

す。その経緯をよく考えてみますと、現在の国際通貨体制の問題点が見えてきます。

第二次世界大戦末期の1944年7月、米国ニューハンプシャー州のブレトン・ウッズに連合国45か国が集まり、戦後の国際通貨体制を取り決めました。国際通貨基金（IMF）や国際復興開発銀行（世銀）の設立とともに、純金1トロイオンス＝35ドルで固定し、そのドルに対して各国通貨の交換比率を固定しました。この国際通貨体制を「ブレトン・ウッズ体制」と言います。

基本的には金本位制への復帰が基本だったのですが、ドルだけが1トロイオンス＝35ドルの固定価格で金との交換を約束し、各国通貨は一定比率でドルに固定される仕組みでした。つまりドルは世界共通の兌換紙幣となったのです。

戦前の金本位制では、英国は金との交換を必ず行うと信用されていたのでポンドが基軸通貨とも考えられたのですが、あくまでも真の基軸通貨は金だけでした。ところが、第二次世界大戦直後は、米国が世界の金準備の8割以上を独占する圧倒的な経済力を保持していたため、ブレトン・ウッズ体制では（もちろん金との交換も約束されていたのですが）ドル自体が金と並んで基軸通貨と認識されるようになっていきます。

ブレトン・ウッズ体制では1ポンド＝2・8ドルに固定されたのですが、円は戦後日本

【キーワード】Keyword

【トロイオンス】

ヤード・ポンド法の質量の単位。貴金属や宝石の計量に用いられる。1トロイオンス＝31・1034545グラム（四捨五入による）。記号では「oz」等と表記される。

視点

1949年3月7日、GHQ経済顧問として来日していたジョセフ・ドッジの勧告により、財政金融引き締め政策が実施されます（ドッジ・ライン）。この中で円は1ドル＝360円で固定されました。戦前の金本位制下の1ドル＝2・005円から、円は実に180分の1になったわけですが、その原因はもちろん戦後の急激なインフレでした。ドッジ・ラインの結果、日本国内は大不況となったのですが、インフレは急速に沈静化しました。今になって冷静に考えると、この1ドル＝360円の固定レートは、インフレが鎮静化していく中で「割合に有利な為替レート」だったのかもしれません。

の猛烈なインフレにより、終戦直後の1ドル＝15円から1949年に1ドル＝360円まで切り下げられ、固定されました。戦前の金本位制下と比べ、金はドルに対して1・69倍、ポンドに対しては2・94倍、円に対しては実に304倍になったことになります。

第二次世界大戦を挟んでも、ドルは金に対してあまり減価しませんでした。米国はそれだけ戦争中に国力を温存し、戦後世界のリーダーとなっていくのです。日本がいかに状況を冷静に分析することなく無謀な戦争をしてしまっていたかが分かります。

戦後の米国は、共産主義陣営と対峙するため、世界の自由主義圏に軍事基地を作り、軍隊を駐留させ、ソ連・東欧の共産主義陣営に近い欧州諸国に復興資金を提供し（マーシャルプラン）、自由主義諸国から積極的に製品を購入しました。

これらの支払いはすべて金ではなくドルでした。しかし、この自由主義諸国にばら撒かれたドルが流動性を供給し、戦前の金本位制下とは比較にならない経済成長を世界にもたらしたことは事実です。つまり、これら米国の政策によって、最終的に資本主義が共産主義に勝利したとも言えます。

また米国政府は、ばら撒いたドルの金との交換も拒否していたわけではありません。その結果、まもなく米国内の金準備が主に欧州諸国の交換要求で枯渇してしまい、これ以上金への交換を続けることが困難になってしまいました。

ブレトン・ウッズ体制はソビエト共産陣営の陰謀だった!?

ところで、このブレトン・ウッズ体制を実際に考案したのは誰だったのでしょう？

それは、フランクリン・ルーズベルト政権のヘンリー・モーゲンソー財務長官の下、財

【キーワード Keyword】

マーシャル・プラン

第二次世界大戦後の、米国による欧州復興支援計画のこと。国務長官G・C・マーシャルの提案によることから。1948年から1951年までの3年間に、約130億ドル超が投入された。大半が米国製品や余剰農産物の購入に充てられたため、米国の輸出拡大に寄与した。資金受入れのため、西側諸国16カ国はOECD（経済協力機構）を組織。反ソ連・反共産主義の枠組となった。

務次官補を務めていたハリー・デクスター・ホワイトという男です。実はこのホワイトは1941年11月、日本を太平洋戦争に追い込んだ最後通牒「ハル・ノート」の実質起草者でもあります。それだけルーズベルト大統領の信認も厚かったのでしょう。

ところが、1948年の夏、とんでもないことが発覚します。下院の非米活動委員会が米国内にいるソ連のNKGB（国家保安人民委員部、KGBの前身）のスパイを何人か特定したところ、その中にホワイトの名前があったのです。

ホワイトは非米活動委員会に召喚された直後に自殺します（公式発表は病死）。ホワイトはボストン生まれのリトアニア系ユダヤ人でしたが、いつ頃からソ連のためにスパイ活動をしていたのかは不明です。しかし、少なくとも「ハル・ノート」を起草した時には、コミンテルンまたはGRU（ソ連赤軍参謀本部情報総局）の工作員と接触していたことが分かっています。

つまり、日本はソ連側の謀略によって太平洋戦争に突入させられたとも言えるのですが、それでは同じくホワイトが考案したブレトン・ウッズ体制にも、ソ連側の意図が入っていたのでしょうか？ 真相は分かりませんが、その可能性もあります。なぜなら、結果として見事に米国の金準備が枯渇してしまったからです。

だとすると、ここまではソ連側の思惑通りだったのかもしれません。

「ニクソンショックと変動相場制」（1971年〜1985年）
金との交換を停止したドルが価値の中心になっていく時代

【視点】

最終的には、第二次世界大戦時のフランクリン・ルーズベルト政権のなかに、何と300人ものソ連側スパイが入り込んでいたことが、1980年にまとめられた「ベノナ・ファイル」に書かれてあります。この文書は1995年に機密解除されています。

【キーワード】Keyword

【ハル・ノート】

太平洋戦争直前の1941年11月26日の日米交渉で、米国側から示された交渉案。正式名称は「日米諒解基礎概要案」だが、交渉にあたった国務長官コーデル・ハルの名前にちなんでこう呼ばれる。日本の中国およびインドシナからの即時全面撤退などが要求されており、これを以って日本は太平洋戦争に踏み切ったとされている。

1971年8月15日、ニクソン大統領がドルと金の交換を停止してしまいます。ここで「ブレトン・ウッズ体制」が終わるのですが、突然に強行してしまいました。確かに、米国行政の最高責任者であるニクソン大統領がこれを議会にも諮らず、自国通貨であるドルの金との交換を停止することは、あくまでも米国行政および米国大統領権限の範囲内とも言えるのですが、それでは国際通貨体制における基軸通貨としてのドルの責任をどう考えたかなどの問題は残ります。

ニクソン大統領は若かりし頃、下院議員でホワイトらを摘発した非米活動委員会のメンバーでした。ニクソン大統領がドルと金の交換を強引に停止してしまったのは「共産陣営の陰謀に気がついた」というのは考えすぎなのでしょうか？ そのニクソン大統領も1974年8月9日「ウォーターゲート事件」で辞任に追い込まれてしまいます。 実際に世界各国は外国為替市場を閉鎖し、再開後も変動相場制としました。しかし、何故か日本だけは固定相場のまま市場を開け続け、固定相場で認められていた下限の1ドル＝357・30円で、世界中から大量のドルを買い支えてしまいました。

同年12月、ワシントンのスミソニアン博物館に各国の蔵相が集まり、ドルと各国通貨の交換比率を変更して固定相場制に復帰します。ドルは切り下げられて純金1オンス＝38ドルとなったのですが、金との交換は再開されませんでした。また、円はドルに対して最大の16・88％切り上げとなる308円となりました。

その後も、米国の経常収支の赤字は拡大を続け、世界中でドル売りが続き、1973年2〜3月には、すべての主要国が再び変動相場制に移行し、二度と固定相場制に戻ることなく現在に至っています。

キーワード Keyword

【コミンテルン】

1919年3月、レーニンの呼び掛けによって結成された、共産主義の国際組織。正式名称は「共産主義インターナショナル」、別名「第3インターナショナル」とも。ロシア共産党を中心に各国共産党を支部と位置付け、共産主義の拡大を目指した。1943年5月に解散。日本共産党はれっきとしたコミンテルンの日本支部です。

キーワード Keyword

【ウォーターゲート事件】

1972年に発覚した米国の政治スキャンダル事件。再選を目指す共和党ニクソン大統領陣営の人間が、民主党本部であるワシントンD.C.の「ウォーターゲート・ビル」に進入して盗聴器を仕掛けようとした。政権の関与や捜査妨害が明らかになり、ニクソン大統領が任期中に辞任に追い込まれた。

正式には1976年1月に、ジャマイカで開催されたIMF暫定委員会で「変動相場制」が承認されました。あまり使われない呼び方ですが、開催場所から「キングストン体制」といいます。

基軸通貨で米国が手にした「特権」

「変動相場制」でのドルは当然に不安定となり、1978年には1ドル＝175円台になってしまいます。しかし、1981年1月にロナルド・レーガンが大統領に就任するとドル高に転じ、1985年初めには1ドル＝260円台を回復します。

FRBのボルカー議長の徹底的なインフレ対策で長期金利が10％を超え、日本をはじめ世界の機関投資家が、大挙してドル債投資を急拡大したこともこの頃でした。気がつくとドルは、基軸通貨つまり「世界中で誰もドル債投資を拒否しない通貨」の役割を、金に代わって担っていたわけです。日本の郵貯・簡保がドル債投資を始めたのもこの頃でした。

これは第二次世界大戦後、ドルが金と並んで国際通貨体制の中で存在感を増していたこともあるのですが、何と言っても1980年代前半のレーガン大統領がスローガンとした「強いアメリカ」と、それを反映した軍備再拡張などの政策を背景に、世界中でドルの保有が進んでいったからです（レーガノミクス）。

逆説的な言い方ですが、世界中にドルがばら撒かれていたのはドルが金に代わって基軸通貨になれたのです。これは「ユーロ」のところでも書いていますが、非常に重要なポイントです。

当時のニクソン大統領やレーガン大統領が、自国通貨のドルが基軸通貨となる「特権」

キーワード【レーガノミクス】

ニクソン大統領による「ドルと金の交換停止」以後、米国の信用は低下を続けた。これを逆転しようと1981年、ロナルド・レーガン大統領が「強いアメリカの復権」を掲げて経済再建に乗り出した。その施策は、歳出削減、減税、規制緩和、投資促進、金融引締だった。しかし、期待した効果を生まず、逆に財政収支と経済収支が赤字に陥る「双子の赤字」に苦しめられることになった。

をどれほど理解していたかは不明です。その"特権"とは、米国政府（FRB）がドルを印刷すれば、その瞬間にそれがかつての金と同じ"価値"を持つことを意味します。喩えるなら、米国政府とFRBは紙幣を印刷する輪転機ではなく、金を作り出す魔法の装置を手にしたことになります。まさに「錬金術」が完成したのです。

しかし、米国政府（FRB）は2008年9月のリーマンショックまで、この"特権"を濫用することはありませんでした。"節度を持って"ドルを発行していたのです。現在は、その節度が大きく崩れてしまっているのですが、その影響については後で考えます。

「プラザ合意とその後の国際通貨体制」（1985年〜2000年）基軸通貨・ドルを、米国が自国の事情で変動させていた時代

大幅な下落にも基軸通貨としての地位は揺るがず

1985年になると、さすがにドル高で米国産業界から悲鳴が上がります。そこで1985年9月22日、ニューヨークのプラザホテルに先進5カ国の蔵相・中央銀行総裁が集まり、為替レートの安定化について合意しました。これを**プラザ合意**といいます。

この合意は「主な非ドル通貨の秩序だった上昇」という変な表現になっていました。「国際通貨体制で唯一の基軸通貨であるドルを"下落させる"という表現は避けるべき」との配慮が働いたようです。

ただ合意しただけでなく、参加5カ国（米・英・仏・独・日本）は協調して、外国為替市場でドルを大量に売りました。最初の1日で、ドルは1ドル＝235円から215円ま

【キーワード Keyword】

プラザ合意

会議に出席した各国蔵相は、ゲルハルト・シュトルテンベルク（西ドイツ）、ピエール・ベレゴヴォワ（フランス）、ジェイムズ・ベイカー（米国）、ナイジェル・ローソン（英国）、竹下登（日本）。

で下落します。1986年末には160円を突破して、さらに下落を続けます。さすがに1987年2月には、ドルの下落に歯止めをかける合意（**ルーブル合意**）がなされるのですが効果がなく、1988年の初めには1ドル＝120円になってしまいます。少なくとも主な非ドル通貨（特に円とマルク）にとっては、「秩序ある上昇」では済まされなかったことになります。

しかし、一度確立されたドルの地位は、価値の大幅な下落でも揺らぐことはありませんでした。ドルを基軸通貨とする国際通貨体制が出来上がってしまうと、今度は逆に全員で守ろうとする心理が働くからで、プラザ合意とはまさにそういう世界の心理のもとに行われたのです。

日本政府と日本銀行の失策が招いた「失われた20年」

プラザ合意後の日本政府や日本銀行（以下、日銀）の対応は、非常に問題のあるものばかりでした。横道にそれるのですが重要なことなので、少し詳しく書くことにします。

日本経済は輸出主導型であり、円高の悪影響は非常に大きかったはずです。加えて1980年代の前半は、機関投資家、事業法人、個人投資家までが巨額の外債を購入していました。つまり、当時から日本経済にとって（今でもそうですが）円高のダメージは非常に大きかったにもかかわらず、プラザ合意後の日本政府や日銀は、一切その辺の配慮がなく「全力を挙げて」円高へ誘導していました。

公定歩合を5％に維持しただけでなく（当時の金融政策と言えば公定歩合の変更でした）、同年10月24日、日銀は唐突に短期金利を8％まで引き上げる「短期金利の高め誘導」

キーワード Keyword

【ルーブル合意】

1978年2月22日、旧ルーブル宮殿で開かれた先進7カ国蔵相・中央銀行会議。プラザ合意を機に進んだドル安に歯止めを掛けるため「これ以上のドル安は好ましくない」と声明を発表。急激な動きには各国が協調して市場介入することになった。しかし、日米欧の足並みが乱れ、ドル安の流れを止めることはできなかった。

を行います。日本経済は、突然の円高と金利高のダブルパンチに見舞われたのです。ちょうど日本国債の先物取引が始まったばかりだったのですが、先物価格で10％以上の暴落となりました。証拠金率が1～3％と低かったので巨額の損失が多くの投資家に発生し、その最大の被害者は山一證券でした。この暴落で損失を飛ばしたことが1997年の経営破綻の遠因となったはずです（山一證券は法律的には自主廃業です）。

日銀が公定歩合を5％から4.5％に引き下げるのは、1986年1月になってからです。すると今度は利下げを続け、最後には1987年2月に2.5％まで引き下げて、そｎを1989年5月まで維持します。ここでの問題は利下げが遅れたこととより、利下げ（金融緩和）を続け過ぎたことです。

1987年頃の日本経済は急激な円高でインフレ率が落ち着いている中で金融緩和が続き、金融機関の貸出し競争で巨額の資金が不動産・株式に集中し、明らかなバブル状態となっていました。最後の利下げとなった1987年2月は、ドルの下落に歯止めをかける「ルーブル合意」が行われた前後で、実際にドイツのブンデスバンクは間もなく利上げに踏み切ります。しかし、これが1987年10月の「ブラックマンデー」を引き起こしてしまったこともあり、日銀が公定歩合を上げる（金融引き締めに踏み切る）のは1989年5月まで遅れます。

日経平均株価が3万8915円の史上最高値をつけるのは1989年の年末で、1990年1月からは急落し、同年9月には2万円を割ってしまいます。1990年に入るとすぐにバブルが弾けたことになります。日経平均株価が急落を続ける中、日本政府および日銀の迷走はさらに続きます。日銀が公定歩合を1990年3月と8月の2回にわたって公定歩合を6％まで引き上げ、さらに1990年

視点

バブル崩壊の直接の原因は、1989年12月26日、大蔵省証券局が「営業特金」「売買一任勘定」などを禁止し、1990年3月末までにすべて解消するように通達を出したことです。

キーワード Keyword

【ブラックマンデー】

1987年10月19日にニューヨーク市場で起こった、歴史上最大規模の株価暴落。ダウ平均が前週末比508ドル（22.6％）下落、日本市場にも飛び火して、日経平均株価は3836円48銭安の2万1910円となり、ヨーロッパ市場へも波及した。しかし、金融当局が政策協調をとるなど対処した結果、世界恐慌には至らず、翌日・翌々日には急反発した。

つまり、3月になって土地関連融資を総融資伸び率以下に抑える行政指導（総量規制）を行います。

つまり、明らかにバブルが弾けてから「バブル潰し」を徹底して行い、日本経済が現在まで苦しむ「失われた20年」を引き起こしてしまったのです。

いよいよ米国のやりたい放題が始まった！

1985年9月の「プラザ合意」から1995年夏頃までの10年間は、米国内の産業保護の観点から、徹底的にドル安が誘導された時代でした。1993年1月に発足した1期目のクリントン政権では、特に日本に対して「数値目標」などの通商要求を突きつけ、反応が遅いと容赦ないドル安誘導を行いました。1995年4月には1ドル＝79・75円の史上最高値となり、これは2011年3月に破られるまで円の対ドル最高値記録でした。

しかし、1995年に財務長官に就任したゴールドマン・サックス出身のロバート・ルービンは、ドル高政策に転換します。これはべつに「日本経済は円高で大変だろう」と考えてくれたわけではなく、1994年12月に発生した「メキシコ通貨危機」の影響などで世界から米国に資金を流入させ、経常赤字を埋めようとしたのです。「強いドル」を前面に出すことによって米国からの資本流出が懸念されていたからです。ドル建て債務が多かったロシア、タイ、韓国、アルゼンチンなどで経済危機が起ってしまいます。

ドル高は1995年4月の1ドル＝79・75円から、1998年8月の1ドル＝147・64円まで上昇します。しかし、このドル高により、ドル建て債務が多かったロシア、タイ、韓国、アルゼンチンなどで経済危機が起ってしまいます。

ところで、プラザ合意後に米国が「ドル安誘導を行った」とか「ドル高政策に転換した」と書いたのですが、具体的にはどうしたのでしょう？

キーワード Keyword

【メキシコ通貨危機】

1994年12月20日、メキシコ通貨当局が、政情不安に起因する外貨流出を食い止めるため為替バンドの介入幅を拡大。通貨ペソをドルに対して15・27％切り下げたことで信認が揺らぎ、1ヵ月で40％も暴落した。これでメキシコは変動相場制に移行。経済危機を食い止めるため、米国やIMFが総額500億ドル以上の緊急融資を行った。

ドル安誘導は、米国政府が経常収支の赤字拡大やドルの下落に対して一切懸念を表明せず、主に日本の市場開放の遅れなどを非難し続けます。そうすると市場は「米国政府は市場開放が十分でない国（つまり日本）に対し、ドルをどんどん下落させるつもりだ」と考えるので、実際に円高になります。つまり、まったくの〝口先介入〟だけだったのです。

同じように、ルービン財務長官のドル高政策は、「米国政府は強いドルを望む」と表明すればよかったのです。ただ、この時は珍しく日米協調のドル買い介入も行っています。

つまり、プラザ合意によるドル安も、1995年までの特に円に対する更なるドル安も、その直後のルービン財務長官によるドル高も、すべて米国の事情を優先したものでした。

そしてドルは「かなり」米国政府の思惑通りに動いていたことになります。

クリントン政権は、これらの巧みな為替政策と、特に「金融市場における規制緩和」で米国経済を拡大させ、政権終盤には何と財政黒字化に成功していました。

米国政府が基軸通貨としてのドルを最大限に利用していた時代だったといえます。

せっかくの円安と対外投資にブレーキをかけた日本政府と日本銀行

また横道にそれるのですが、1999年1月、ユーロ圏で統一通貨・ユーロがスタートします。その背景にはドルの「やりたい放題」をユーロ首脳が見ており、ドルに対抗する基軸通貨を持たなければならないと考えたことがあるはずです。この後の「ユーロ」に出てきます。

日本側の事情では、1998年に施行された「**外為法改正**」がドル高を加速させました。この法改正によって、日本の企業や個人（居住者）の海外（非居住者）との外貨取引に際

［キーワード］ Keyword

【外為法改正】

［視点］

1993年に制定されていた、銀行の自己資金を使った投資業務などを禁止する「グラス・スティーガル法」を1999年11月に完全撤廃しました。金融危機後は、再度規制する方向の「ドッド・フランク法案」が制定されています。

それまで日本の企業や個人（居住者）が海外（非居住者）と取引する場合や、他の日本企業・個人と外貨取引をする場合には、事前の許可や届出が必要だった。それがこの法改正より原則不要となり、外貨預金の保有、対外貸借、居住者間の外貨建て取引、クロスボーダーの証券取引、相殺・マルチネッティング等の決済が自由に行えるようになった。街に外貨両替所が出来たり、「外為証拠金取引」（FX）がスタートしたのも、この法改正による。

し、事前の認可や届け出などが原則不要となりました。

当然、対外投資が活発になって「円安・ドル高」が進むのですが、実はその最中に日本政府と日銀が何と「ドル売り介入」を行います。これ以上のドル高を望まない米国の意向を聞き入れたと思われるのですが、これによってせっかく盛り上がっていた対外投資の気運が急速にしぼんでしまいました。この介入だけが理由ではないのですが、1998年8月の1ドル＝147円から2000年初めには1ドル＝103円まで円高が進んでしまいます。

日本では1998年10月に日本長期信用銀行が破綻するなどの金融危機があり、1999年2月から世界最初のゼロ金利政策がとられる中での円高進行という、現在の考え方では非常に説明しにくいことが起こってしまいました。

極端な言い方をすれば、外為法改正で「どんどん対外投資をしましょう」としておきながら、梯子を外してしまったようなものです。これが日本人に対外投資への漠然とした恐怖心を植え付け、その後の円高が進みやすい体質を作ってしまったとも言えます。

「未曾有の金融緩和時代 前半」（2001年～2008年10月）
米国の代理で日本が積極的に金融緩和した時代

さて、いよいよ現在に至る未曾有の金融緩和時代のドルについてです。実はこの時代は、「リーマンショック」を含む金融危機まで（前半）と、その後（後半）に分けて考える必要があります。分かりやすく区別しますと、前半は米国（FRB）が自ら金融緩和を行わず、後半は自ら金融緩和を行っていることです。

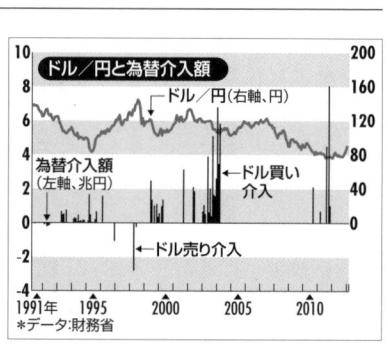

最初にも書いたのですが、米国政府（FRB）が積極的に量的金融緩和を行って、ドルが大量に発行されるとドル安になり、日銀が積極的に量的金融緩和を行えば円安になると考えられ、実際にそうなっています。今日の異次元の金融緩和もこの考えが根底にあります。

この議論は、日銀が2001年3月から2006年3月まで、世界に先駆けて量的金融緩和を行い、実際に「円安・株高」となったので定着したように思います。しかし、いくつか重要なポイントが抜けています。「ドルの話」なのですが、しばらくは日銀の量的金融緩和について説明します。

2001年12月に突然大胆になった日本の量的緩和

日銀は2001年3月に量的金融緩和に踏み切り、2006年3月まで続けます。確かにその間は、そしてその後も「円安・株高」が続き、2007年7月に1ドル＝124円台、日経平均株価も2007年2月に1万8300円のバブル後高値をつけます。

まさに日銀の積極的な金融緩和が円安・株高を進行させ、これが現在の安倍政権の金融経済政策の大きな柱になっているのですが、実は当時の前提が現在と大きく違っています。

日銀は2001年3月19日の政策決定会合で、金融市場調節の操作目標を従来の「無担保コール・翌日物」から「日銀当座預金残高」に変更しました。世界で初めて量的金融緩和に踏み切ったわけですが、その当座預金残高の目標はわずか5兆円でした。

それまでも当座預金残高は4兆円前後あったので、実際にはわずか1兆円の量的緩和だったことになります。その後同年8月14日にも増額されるのですが、それもわずか1兆円

キーワード 【無担保コール・翌日物】

金融機関同士が資金を融通し合う専用の金融市場。貸付も返済も翌営業日までに決済するやり取りで、担保は取らない。金融機関は日銀の口座内で一時的に不足する金を維持することが義務付けられているが、日々の決済などで一定以上の預金に近づけることで金融機関は資金を調達しやすくなるので、融資もしやすくなる場合などに利用される。この金利をゼロ市中にお金が供給されやすくなることが期待される。これを「ゼロ金利政策」という。

増額の6兆円になっただけでした。まさに「恐る恐る」の量的緩和だったわけで、日銀の体質をよく表しています。

ちなみにその頃の米国は、2001年に「ITバブル」が崩壊、同年9月11日に「同時多発テロ」で、経済が急速に悪化します。それと呼応するかのように、**日銀の当座預金残高**目標は2001年12月19日に突如10〜15兆円に増額されます。そこから急激にスピードアップし、2004年1月20日には30〜35兆円となり、量的緩和が一旦解除される2006年3月9日まで維持されます。スピードアップが始まる2001年12月19日が、「米国同時多発テロ」の直後であることに注目してください。

これを受けて日銀のバランスシートも、2002年初めの116兆円台から2006年初めの155兆円台まで、39兆円も増加します。ちなみに異次元の金融緩和が発表される直前の2013年3月31日では164兆円です。

それだけでなく、日本政府は2004年初めに「突如」巨額のドル買介入に踏み切り、短期間に35兆円相当のドルを買い込みます。その平均コストは1ドル=115円程度で、別に慌ててドル買介入しなければならないほどドル安（円高）水準でもありませんでした。

つまり、2002年初めから2006年初めに日銀が市中に供給した資金は、日銀のバランスシートの増加分と同じだとすると39兆円で、これに加えて政府が介入で買い支えたドルに見合う35兆円が市中に供給されたのです。

キャリートレードで米国市場を潤した日本の量的緩和

なぜ日銀が、突然こんなに積極的に緩和したのでしょう？ それに、ドル買介入は常に

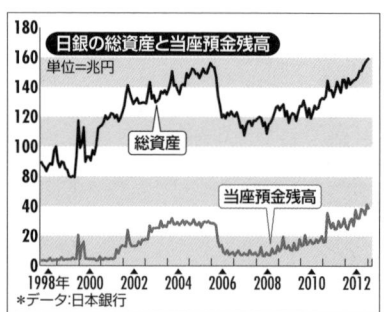

日銀の総資産と当座預金残高
単位＝兆円
*データ：日本銀行

キーワード 【日銀当座預金残高】

金融機関は日本銀行に当座預金を保有している。「法定準備預金」という一定残高以上の維持が義務付けられていて、それ以外の分については出し入れ自由で、現在も0.1％の利息がついている。金融機関は日銀に預けてある当座預金残高に応じて融資を行える。日銀が金融機関から国債や手形を買い取ることで当座預金の残高が増えると、銀行はその分融資できる枠が増えることになり、市中にお金が供給されやすくなることが期待される。これを「量的緩和政策」という。

米国政府のお伺いを立てながら行っているのに、なぜ突然に35兆円ものドル買介入を行ったのでしょう？ 2001年12月から2006年3月までの日銀の「積極的」な金融の量的緩和も、2004年初めの「積極的」なドル買介入も、米国政府の強い意向だったとしか考えられません。

米国（FRB）自身が積極的な金融緩和に踏み切れなかった理由は、米国内にインフレ懸念があったからです。結果的に日銀がこの間に供給した39兆円と、日本政府がドル買介入した35兆円に見合う円資金が市中に供給され、そのかなりの部分がキャリートレードを通じて主に米国に投資資金を供給したはずです。

同時に、ドル買介入した35兆円相当のドルは、米国金融システムを直接支えたことになります。つまり米国経済は、日銀の金融量的緩和の恩恵を最も受けたと言えるのですがもちろん日本経済にも恩恵がありました。

先程も書いたのですが、キャリートレードによる円売りで、2007年7月には124円台まで円安になり、日経平均も同年2月に1万8300円となりました。2001年12月から2006年3月は、米国をはじめ世界に旺盛な資金需要があった中、日銀だけが唯一積極的に量的緩和を行いました。その大量の資金が海外に流出する過程で円安になり、米国をはじめ世界の株価を上昇させ、結果的に日本にも投資資金が回ってきたのです。

ただ、これら日本からの潤沢な資金が、サブ・プライムローン問題を含む米国発の金融危機の原因となったことも事実です。

視点一

「キャリートレード」とは、日銀から日本の金融機関にほとんどゼロ金利で大量に供給された円資金を、海外のヘッジファンドなどが借入れてドルに転換して米国株式などに投資することを言います。実際には日本の金融機関がヘッジファンドに直接貸し付けていたわけではないのですが、当時の日銀の世界で唯一の量的緩和が米国に豊富な投資資金を供給し、それがニューヨーク株式市場や不動産価格の上昇を通じて米国経済を回復させたことは事実です。

「未曾有の金融緩和時代 後半」(2008年11月〜現在)

米国自身が金融緩和に踏み切った時代

この時代は従来と違い米国(FRB)もユーロ圏(ECB)も、自ら積極的な量的緩和を行っているため、日本からの資金は必要ないということです。そもそも、現在の世界経済の不振は資金不足によるものではありません。従って円安には限界があります。日銀に対する"積極的な"金融緩和要請もなく、白川総裁時代の日銀は本来の消極的な金融緩和に戻ってしまっていたのです。

米国政府とFRBが踏み切った積極的な量的緩和

米国では2007年の夏頃から「サブプライムローン問題」が持ち上がり、2008年9月にFNMA(ファニーメイ)、FHLMC(フレディマック)が国有化、AIGも実質国有化されます。メリル・リンチはバンク・オブ・アメリカの傘下に入り、引き受け手がいなかったリーマン・ブラザーズは破綻しました(この後の『闇株新聞縮刷版』44〜53ページに詳しい経緯が書いてあります)

米国政府とFRBは、未曾有の金融危機とその後の経済低迷に対処するため、歴史上初めて積極的な量的緩和に踏み切り、現在もそれを拡大・継続中です。

FRBは、2008年11月〜2010年6月の「**QE1**」で、1兆2500億ドルの**住宅ローン担保証券(MBS)**と3000億ドルの米国国債を含む、合計1兆7250億ド

32

ルの長期債券を買い入れました。続いて、2010年11月〜2011年6月の「QE2」で6000億ドルの長期国債を買い入れ、さらに2012年9月からの「QE3」では月額400億ドルのMBS、2013年1月からは月額450億ドルの主に長期国債を"期限を定めず"に買い入れています。

FRBの総資産は「QE1」開始直前の2008年10月の「8800億ドル」から、2013年3月28日現在では「3兆2459億ドル」と、約3.7倍にもなっています。このまま、MBSと米国国債の買い入れを続ければ、2014年の年末には5兆ドル近くまで膨んでしまう計算です。

「金との交換停止」以降、ドルは金に対して45分の1になった

先ほど「ドルが金に代わって世界の基軸通貨になった後も、米国はその"特権"を濫用することなく、節度をもってドルを発行してきた」と書きました。それにより、ドルを唯一の基軸通貨とする国際通貨体制が維持されていたとも言えます。

それが2008年11月以降、この節度は崩れ去ってしまったことになります。決して大げさではなく、ドルにとっては、1971年の「金との交換停止」に匹敵するくらいの、大きな変化だったはずです。その影響はどのように出てくるのでしょう?

まず、金価格と比べてみます。ドルは金に代わり基軸通貨となっているので、ドルの価値が金に対して大きく減価するのは、好ましいことではありません。「世界中の誰も受け取りを拒否しない通貨」が大きく値下がりすれば、いろいろな意味で問題があるからです。

金価格は金自体の生産量や、工業用・産業用・退蔵用、金準備などの実需、そして何よ

【キーワード Keyword】

【QE】

米国の量的金融緩和政策。QEは「Quantitative easing」の略。FRBが米国債、住宅ローン担保証券(MBS)、エージェンシー債を買い取ることにより、金融機関の当座預金残高量を拡大させ、市中にお金が供給されやすくなることを狙った金融政策。

【キーワード Keyword】

【住宅ローン担保証券・MBS】

モーゲージ証券とも言う。住宅ローンなど不動産投融資の債権を担保に発行される証券。米国では、例えば住宅ローンを融資している銀行が、この貸出債権を「ファニーメイ」や「フレディマック」といった政府系金融機関に売却、政府系金融機関は元利金支払保証などを付けた「MBS」として信用を高め、投資家に販売していた。

[出典] Federal Reserve statistical release

り投機資金の動向に大きく左右されますが、依然として金は「通貨の信認を計るバロメーター」です。金は、ドルよりもはるかに長い間、基軸通貨だったからです。金がドル換算で値上がりしているのではなく、ドルが金に対して値下がりしていると考えるべきなのです。

「ブレトン・ウッズ体制」では、1トロイオンス＝35ドル、1ポンド＝2・8ドル（1008円）、1ドル＝360円だったので、2013年4月5日現在の1トロイオンス＝1582ドル、1ポンド＝1・5335ドル、1ドル＝97・52円と比べると、金はドルに対して45倍、ポンドに対して83倍、円に対して12倍となっています。戦後だけで見ると、円はドルやポンドに比べて金に対する減価が「非常に少ない」ことになります。

ユーロについては次章で詳しく書きますが、ユーロがスタートした1999年1月には1ユーロ＝1・95583マルクで固定され、2013年4月5日現在は1ユーロ＝1・2990ドルなので、もし、マルクが現存していれば、金はマルクに対して16倍になっています。

「金価格は中央銀行の通信簿」と日銀高官が仰っているようですが、確かに「ブレトン・ウッズ体制」後の通信簿では優等生の順に、円→マルク（ユーロに統一されてからやや変質していますが）→ドル→ポンドとなっています。

ドルは1971年に金との交換を停止して以降、金に対して45分の1になりました。これは逆にいえば、ブレトンウッズ体制下に比べて45倍のドルが印刷されて、結果的に世界経済の発展を支えていたことになります。

34

金融危機〜現在 各通貨は金に対してほぼ等しく減価

それでは金融危機後、「QE1」が始まる直前の2008年10月頃から現在までの「通信簿」を見てみましょう。2008年10月頃は世界の金融市場が大混乱だったので、それぞれ同月の平均値を使うことにします。1ドル＝100・33円、1ユーロ＝1・330ドル、1ユーロ＝133・49円、1ポンド＝1・689ドル、1ポンド＝169・44円、そして金は1トロイオンス＝809ドルでした。

2008年10月と現在（2013年4月5日）を比較すると、金はドルに対して1・95倍、ユーロに対して2・00倍、ポンドに対して2・15倍、円に対して1・90倍と、どの通貨も驚くほど「同じような通信簿」になっています。金融危機以降、どの主要国もそれぞれ金融緩和を行った結果、それぞれの通貨がほぼ等しく金に対して約半分の価値になってしまっています。

また円の水準は、2013年4月4日の「異次元」金融緩和の発表を反映しているのですが、少なくとも金融危機以降の円高は、ほぼ修正されていることになります。

先ほど、1971年にドルが金との交換性を停止して以降、金はドルに対して45倍になったと書いたのですが、FRBが未曾有の金融緩和に踏み切った2008年11月以降では、金はドルに対して1・95倍にしかなっていません。その間にFRBのバランスシートは2008年10月の8800億ドルから、2013年3月28日の3兆2459億ドルまで3・7倍になっています。歴史的に見ると、中央銀行のバランスシート拡大が通貨下落の主要因であるとも言い切れないのです。

さらに日銀のバランスシートは、2008年10月末の116・8兆円から2013年3

[注] バランスシートと並んでマネタリーベースが使われることもあります。マネタリーベースとは現金と貨幣と中央銀行預金の合計ですが、バランスシートの資産とほぼ同じです。ここでは中央銀行の動きとほぼ同じバランスシートを使って書いています。

月29日の164・3兆円と1・4倍になっているだけです。それでも金は円に対して、ドルとあまり変わらない1・90倍になっています。つまり中央銀行のバランスシート拡大の度合いが通貨下落の度合いに正確に反映されているわけでもありません。

それらの理由の1つは、中央銀行のバランスシートには銀行から預かったままの預金（日銀なら当座預金）が含まれており、これ自体は中央銀行に留まっている限りは経済活動に何の関係もなく、為替水準にもあまり関係が無いと考えられるからです。

2013年4月4日に発表された日銀の「異次元」金融緩和も、結局この当座預金を急増させるだけであれば、今後の円安には限度があることになります。

FRBは長期債の塊、米国のインフレ動向に注意

FRBのバランスシートの話を続けます。実は大変心配なことがあります。先ほど、2013年3月28日現在のバランスシートが3兆2459億ドル（316兆円）と書いたのですが、その資産の大半が「1兆7944億ドルの米国国債」と「1兆709億ドルの住宅ローン担保付債券（MBS）」です。これらは現在も拡大しており、米国国債は毎月450億ドル、MBSは毎月400億ドルずつ買い増しされています。

一方、FRBの負債は、これも大半が「1兆1776億ドルの現金（ドル紙幣）」と「1兆8296億ドルの準備残高」となっています。準備残高とは、FRBが市中から買い入れた国債などの資産の代金をそのまま預かっているもので、日銀の当座預金残高と同じようなものです。その残高が円換算で178兆円もあるのです。日銀の当座預金残高は2013年3月29日現在で58兆円です。

FRBの供給した資金の大半が、貸出などを通じて市中に出て行かず"滞留している"のですが、問題はこれではありません。「あくまでも極端なケースですが」、仮に何かのきっかけで米国のインフレが加速を始めると、この178兆円の準備残高が一気に貸出や投資に回り、ますますインフレを加速させる恐れが出てきます。

そうなればFRBは即座にQE3を打ち切る必要があります。仮にQE3を打ち切ってMBSと国債の買入れを停止したとしても、FRBは「すでに供給した資金を178兆円も銀行から預かったまま」なので、銀行がこの資金を引き出して一斉に貸出しなどに使うことをFRBは止めることが出来ません。それが健全な貸出し増加ならよいのですが、行き過ぎると資産価格の上昇からますますインフレになってしまいます。

そこでこの178兆円を回収しなければならないのですが、そのためにはFRBが保有する資産を市中に売却しなければなりません。しかしFRBの保有する資産の大半は、残存年数30年までの長期国債と、これも長期債で流動性の落ちるMBSです。つまりFRBは「巨大な長期債の塊」なのです。もともとFRBの金融緩和とは、資金供給が目的ではなく、長期国債とMBSを市中から吸い上げることによって長期金利（特に住宅ローン金利）を低めに維持し、景気回復を図ることが主目的のはずです。従って簡単に長期国債やMBSを市中に売却するわけにもいきません。

仮にこのような状態になった場合、FRBはQE3を打ち切りバランスシートの拡大が止まるものの、逆に銀行から市中に貸出しなどを通じて供給される資金が増加することになり、「緩和打ち切りにもかかわらずドル安」となることも考えられます。

日銀のバランスシートについては、後の「国債」のところで詳しく書きますが、「今のところ」こういった心配は全くありません。しかし日銀の「異次元」金融緩和で、今後長

[注] FRBは2011年9月～2012年12月に、残存年数3年未満の国債を7～30年の国債に入れ替える「ツイストオペ」を総額6670億ドルも行い、保有する国債はすべて長期債になっています。

視点一

そもそもFRBが、2008年11月～2010年6月に、「QE1」として1兆2500億ドルものMBSを買い入れたのは、金融危機で経営危機に陥った住宅金融会社2社（ファニーメイとフレディマック）とAIGを実質国有化したときに引き取ったMBSの受け皿が必要だったからです。また2012年9月以降に「QE3」として、月額400億ドルのMBS買い入れを国債に先行して開始したのも、それらの国有化時に投入した公的資金の回収を早める必要が出てきたからです。それほどMBSとは市場の流動性に欠けるものなのです。

期国債の保有が急速に進むことになるため、早晩FRBと同様の心配が出てくることになります。

結局ドルはどうなる?

インフレ率の低い国の通貨は、インフレ率の高い国の通貨より「強くなる」と言われ、日本政府が掲げる「2％物価上昇目標」の理由にもなっています。逆に、円が1ドル＝75円台でも、1994年の1ドル＝79円台に比べれば「円安だ」という人もいました。

2002年以降10年間の消費者物価上昇率（年平均）が、日本はマイナス0・2％、米国はプラス2・4％だそうです。つまり、日米の消費者物価上昇率の差は、毎年2・6％あったわけで、これを10年複利で計算すると29％ほどになります。2002年の年間平均は1ドル＝125円なので、29％の円高は約89円です。長期的に見ると、2002年より円安になっているのは「何となく当たっている」ような気がします。現在その89円より円安になっているのは「将来の日本のインフレ上昇率」を少し先取りしていることになります。

それでは、今後の円相場（対ドル）はどうなるのでしょう？ ポイントだけ挙げます。

1) リーマンショック以降の円高修正はほぼ完了しています。

2) 2013年4月4日に発表された「異次元」金融緩和の影響も、単に日銀当座預金残高を急増させるだけなら、今後の円安は限界的になります。

3) さらに一層の円安には、日本からの資本流出が加速する必要があります。外国人によ

[注] 2012年12月の、米国消費者物価指数は前年同月比プラス1・7％と落ち着いています。

る円調達・円売りが期待できないため、日本人による外債投資・直接投資が加速する必要があるのですが、その「原資」ともいうべき経常収支の黒字が大幅に減少しているので、劇的に増加することは難しいと思われます。

4）FRBのQE3は、バーナンキ議長の発言や投票権のある理事の顔ぶれから、簡単に打ち切られることはありません。ただインフレ率の上昇や、特に銀行の貸出増加の兆候が見えてくると要注意です。しかしその場合、QE3の打ち切り＝ドル高とはならないかもしれません。

2010年12月7日 マネタリーベースは3倍超にあふれるドルの行方

米国はリーマンショック以降の経済の落ち込みを緩和するため、未曽有の金融緩和に踏み切っています。

2010年11月初旬にも、FRB（米連邦準備制度理事会）は6000億ドルにも上る米国債買い入れを含む、追加金融政策を発表しました。先週末もFRBのバーナンキ議長が、更なる緩和の可能性を示唆したとかで、米国株式市場は雇用統計の悪化にもかかわらず上昇しました。

それでは、米国の金融緩和がどの程度のものなのかを数字を挙げてみましょう。

＊＊＊

マネタリーベースは、2000年頃は6000億ドルくらいで、リーマンショック直前の2008年秋頃は8000億ドルくらいになっています。ところが現在は、2兆ドルにもなっています。いかにリーマンショック以降、FRBがなりふり構わず金融を緩和してきたかが分かります。

米国内の金融機関が、このマネタリーベースを使ってどれほど信用創造しているかを、マネーサプライ（M2）で見てみましょう。

M2は、2000年頃は4.5兆ドルくらいだったのが、リーマンショック直前の2008年秋頃は7.5兆ドルまで膨らんでいました。実にマネタリーベースの増加の10倍以上の信用創造ができており、経済活動が非常に健全であったと言えます。

普通、金融の緩和度合いを測るのに、マネタリーベースが使われます。マネタリーベースとは、米国内の現金残高に金融機関の準備預金を足したもので、米国内の金融機関は、これをもとに信用創造をして経済が発展していく大変重要な数字です。

しかし、現在のM2は8.5兆ドルくらいで、その間のマネタリーベースの増加額にも足らないのです。これはリーマンショック以降、金融機関の信用創造機能が損なわれていることを示しています。

もうひとつ言えることは、その間のマネタリーベースの増加が、貸し出しなどの増加に回らない分、有り余る資金が米国債や米株式、海外の債券や株式、金などの資源へと向かっていると言えます。

ここからは、FRBがマネタリーベースを増加させようとする限り（つまり量的緩和を続ける限り）、また、マネタリーベースを増加させることをやめたとしても、それを減少させようとしない限り、世界の債券や株式、そして金などの資源は上昇を続けるはずです。

不動産については金融機関の貸

し出しが不可欠なので、それほど期待できないかも知れません。

＊　＊　＊

これは、経済実態が上向かなくても、債券や株式市場が上昇することにより、資産効果からいつの間にか経済が回復していくことがよくあるので、今のところ正しい政策であると言わざるを得ません。

世界の流動性を見るとき、米国のマネタリーベースに、米国外の中央銀行等が外貨準備として持つ米国債の残高を加えたワールドダラーが使われます。現在海外の中央銀行の保有する米国債残高は2兆5000億ドルにも上り、これもリーマンショック以降1.8倍くらいになっています。

つまり、現在のワールドダラーも4兆5000億ドルとリーマンショック以降2倍になっているのです。

2000年のワールドダラーを100とすると、リーマンショ

ク直前の2008年秋頃が180、現在が360となっています。これに対して世界の名目GDPの伸びを見ると、リーマンショックまではワールドダラーの伸びときれいに一致していました。その後世界の名目GDPは増えていないため、ワールドダラーのみが2倍になってしまっているのです。

＊　＊　＊

ここから言えることは、世界の債券や株式、資源などはバブルになるまで上昇するはずであるということです。そしてたぶん、経済実態が自然に上向く前に、資産効果で世界的に経済が上向くという順番だと思います。

しかし、これは例えば、世界の株式市場が等しく上昇するということでは決してありません。当然世界の株式市場間で厳しい選別が行われます。少なくとも日本の当局が、日本の株式市場が活発になるように本気で取り組んでいると

は全く思えないため、今回も、その流れ（まず株式市場等が上昇し、資産効果から経済が回復する）から取り残されてしまうのだと思います。

＊　＊　＊

あふれるワールドダラーの一部は、ドル以外の外貨に換えて投資されるため、ドルも長期的に弱含みとなります。その際も、ドルの受け皿が何かということは考えなければなりません。それは、市場が大きく、米国ほど極端な金融緩和をしていないユーロしかないだろうと思われます。

あとは豪州、カナダなどの資源国とスイス、シンガポールなどで政情が安定している国の通貨だと思います。

ドルが長期的に弱含むとしても円に対してはどうなのでしょうか？　私は、いくらドルが世界であふれているとしても、この閉塞感のある日本に更に大量の資金が

流れてくるとはとても思えません。ドル円の最高値（79円75銭）の更新は、もうないと思っています。

＊　＊　＊

【出版にあたってつけ加え】

最後のところは「外れ」ました。東日本大震災後の2011年3月17日早朝76・25円、同年10月31日に75・32円と市場最高値を更新しました。まだあまり中央銀行のバランスシートやマネタリーベースと為替相場との関係が、あまり議論されていなかった頃の記事です。その時点では、ドルが基軸通貨なので海外の外貨準備に占めるドル資産も加えた「ワールドダラー」を重視した記事になっているのですが、最近では誰も言わなくなってしまいました。

そして2013年4月4日に、新体制下の日銀もマネタリーベース重視の金融政策に踏み切りました。

ニッポンの轍は踏むな！金融抑制の弊害を警戒する米国

2011年5月19日

米国で「金融抑制」（Financial Restraint）についての議論が活発になってきています。「金利の上昇を直接・間接的な方法で抑え込むこと。そのために国内で国債の引き受け手を作ること」で、極端に言えば政府の歳入不足を、金融市場を通じて穴埋めすることです。

似たような言葉に「金融抑圧」（Financial Repression）がありますが、こちらのほうは国内の産業保護などのために政策的に金利を低くすることで、金融抑制とは違います。

＊　＊　＊

し続けながら、米国長期国債（10年）の利回りは3・1％台と低めに維持されているのです。

リーマンショック以降の超金融緩和で、米国のマネタリーベース（現金プラス中央銀行預け金）は8000億ドル台から直近の2兆20000億ドル台と、2・5倍に膨れ上がっています。

しかし、これだけ資金を供給しても米国内のマネーサプライ（M2）は、リーマンショック直前の年率8％の増加から、やっと4％程度の増加までしか回復していません。

つまり、貸し出し等の経済活動を活発化させる方向に資金が行かず、その分、国債投資が増えているのです。

その理由は、経済活動が思ったほど活発にならないため、機関投資家としては株式への配分を少なくして国債投資を増やし、同じような理由で商業銀行は貸し付けを

金融抑制は、まずFRBが市場から国債を買い入れるなど、金融政策として進めることもあるのですが、それ以外にリーマンショック以降、米国機関投資家や商業銀行が国債保有高を3割から5割も増やしているなど、自然な市場の動きを指すこともあります。

結果的に、巨額の財政赤字を出

＊　＊　＊

増やさず国債投資を増やしているのです。

＊　＊　＊

なんだか、日本の金融情勢のことを言っているようですが、米国では早くもこの金融抑制の弊害が叫ばれてきているのです。バブル期以降の日本の金融政策の失敗を米国がよく研究していることもあります。

なぜ、経済にとって悪いかというと、国民はインフレ率を十分にカバーする投資機会を奪われて、実質的に資産が目減りしていくことになり、銀行や年金も安定運用を強いられるために、国債の引き受け手に組みこまれ、それ以外の収益機会を奪われるからです。

つまり国民経済からみて、成長が阻害されることになり、好まし

米国最大の債券ファンド・PIMCO（パシフィック・インベストメント・マネジメント・カンパニー・エルエルシー＝ピムコ）は、国債残高をゼロにしてしまったようです。国債利回りは人為的に低く抑え込まれているので、魅力がないということです。

米国の第2次量的緩和（QE2）は予定通りに6月で終了するようですが、FRBがすでに保有している国債や住宅ローン担保証券が償還を迎えると、国債で再投資するようです。FRBが国債などを買い入れている時は長期金利が下がり、終了すると長期金利が上がるもので、今回も下がり始めています。

これは、米国の金融抑制が、金融政策による直接的な金利引き下げ（つまり量的緩和）や、機関投資家や商業銀行による安定運用志向に加えて、景気が落ちれば更に

いことではないのです。

　　　＊　　＊　　＊

金融抑制に関して大先輩である日本では、1990年代の半ばから、大量発行で国債が暴落すると常に言われてきましたが、確かに国債残高は想定以上のペースでつみあがったものの、長期国債（10年）利回りは、いまも1.1％台です。

一方、全国銀行の集計で、預金残高がこの10年間で100兆円も増え570兆円ほどになっているのですが、貸付残高は逆に50兆円減って410兆円程度なのです。

る量的緩和があるはずという期待感・安心感が、すでにビルトインされていることになります。

これでは、ますます米国内が安定志向になり、景気がいつまでたっても本格的に上向かず、長期国債金利が長期にわたって低く維持され、まさに日本のようになってしまうリスクが出てきているのです。

制の結果、銀行は安定志向で貸し付けを引き上げて産業界を疲弊させ、低金利の国債運用を増やして国債金利を自ら引き下げ、預金金利を引き下げ（というよりほとんどゼロにして）預金者の収益機会を奪い、結果、日本経済が疲弊しきってしまいました。

ここで、日本の轍を踏まないように、米国がどう対処していくのか、非常に興味が持たれます。そしてそれを、遅まきながら日本でも真剣に検討しなければな

その差額で全国銀行は120兆円以上の国債を買っているのです。10年以上の長期にわたる金融抑らないのです。

　　　＊　　＊　　＊

【出版にあたってつけ加え】2013年3月末現在、米国長期（10年）国債の利回りは1.8％～2％程度です。この記事を書いた時期よりはるかに「金融抑制」がすすんでいることになります。

米国金融危機であまり説明されてない救済劇・1

2012年8月27日 闇株新聞 縮刷版

リーマン・ブラザーズが破綻するなど米国発の金融危機がピークを迎えた2008年9月から、ほぼ4年が経ちました。

当時の米国では数多くの金融機関に対する破綻処理や民間企業による救済合併があったのですが、今から考えてみると「最初から税金を使って(つまり公的資金で)救済することになっており、民間企業を一切関与させなかった」金融機関が3つあったと思います。

その3つとはFNMA(ファニーメイ)、FHLMC(フレディマック)、AIGです。これらの救済劇の内幕は何故かあまり明かされていません。そこで、改めてこれらの救済劇を振り返ってみたいと思います。

* * *

まずFNMAとFHLMCから始めます。この2社は別会社なのですが、業務内容などすべてが似通っているため、同時に解説します。2社同時に、リーマン破綻の1週間前の2008年9月8日に国有化されています。

FNMA(連邦住宅抵当公庫)は、1938年に米国内の住宅供給を目的として設立された政府系金融機関です。1968年に民営化され株式公開しました。一方、FHLMC(連邦住宅金融抵当公庫)は1970年に設立された民間企業で、業務内容はFNMAと全く同じものでした。

つまり両社とも純粋な民間会社なのですが(FNMAは政府系金融機関だった組織が後に民営化さ

れた)、何故かGSE(政府支援法人)という「極めて曖昧」な位置付けとされていました。両社の債務は法的には何ら根拠がないものの、「暗黙の政府保証」が付けられていると理解されていたのです。

する社債は米国国債とほとんど変わらない利回りで流通していました。

さらにこの2社は、紛れもない金融機関なのですが、なぜか商業銀行に比べて「驚くほど低い自己資本比率」しか求められていませんでした。このことは、巨大なレバレッジ取引を可能とします。また、当局による監督体制も全くナ

一方、2008年3月にJPモルガンに救済合併されたベアー・スターンズ、2008年9月15日に破綻したリーマン・ブラザーズ(※注)、同日バンク・オブ・アメ

リカに救済合併されたメリルリンチなどは、民間企業による救済劇であったため、その経緯は比較的よく知られています。

これは米国内だけでなく日本や中国を含む国際債券市場でも"理解"されており、この2社の発行

分ではありませんでした。なぜこういうことが長年続いてきたのかと言いますと、この2社が政府関係者の天下りを受け入れ、多額の政治献金をし、活発なロビー活動を繰り広げてきた成果でした。日本の特殊法人みたいなことが、米国でもあったのです。

＊　＊　＊　＊

かくしてこの2社は、巨額の住宅ローン債権（モーゲージ）の保証料と証券化の手数料、米国債並みの利回りで調達した豊富な資金を使い、自ら巨額の住宅ローン債権（モーゲージ）を保有する利鞘で巨額の利益を上げていました。2008年には、これら2社の合計で、全米の住宅用モーゲージの約半分を保有もしくは保証しており、その額は4兆4000億ドルにも上っていました。そのうちのかなりの部分は証券化され、格付け機関の「甘い」格付けで、世界中の機関投資家に販売されてい

ました。

ITバブル崩壊や9・11同時多発テロによる景気後退を回復させるための低金利は、米国に空前の住宅ブームを引き起こしました。その原動力となったのが、信用力の乏しい低所得者を対象にした「サブプライムローン」でした。

＊　＊　＊　＊

サブプライムローンは、2004～2007年の短期間で急増し、残高が1兆3000億ドルにもなっていました。当時の全米のモーゲージ残高（住宅だけでなく商業用も含む）は13兆ドルにも上り、当時のGDPの14兆ドルに比べても非常に巨額であったことは明らかです。そのうち6兆6000億ドルほどが証券化され「誰が保有しているのか分からない」状態になっていました。

こうした中、2006年の年末頃から不動産市況に陰りが見え始めます。特に、サブプライムロー

ンの延滞率が急上昇し、住宅の差し押さえが続きます。サブプライムローンの融資額が多かった貯蓄貸付組合の経営不安が囁かれ始めたのですが、この時点ではFNMAやFHLMCの経営まで傾くとは、誰も夢にも思っていませんでした。

そして2007年8月9日、最初の火の手が欧州から上がるので
す。（つづく）

（※注）リーマンも破綻するその日まで英国・バークレイズによる救済合併が期待されていました。当時の社長が先日のLIBOR不正操作事件で辞任に追いやられたボブ・ダイヤモンド前CEOです（写真の人物）。交渉経緯などは省略しますが、そこで米国金融界の中で英国金融当局・バークレイズ・ダイヤモンド氏に対する「不信感」が残ったことは事実で、LIBOR不正操作事件摘発の遠因となっているのかもしれません。

2012年8月28日 米国金融危機であまり説明されてない救済劇・2

2007年8月9日、フランス銀行最大手のBNPパリバが、傘下の3つのファンドを凍結したと発表します。欧米金融機関のモーゲージ担保証券に投資する3つのファンドを凍結したと発表します。欧米金融機関の「問題発覚」第1号でした。

この日を境に欧米の信用市場が急速に逼迫して、モーゲージ関連の巨額損失が相次ぐことになります。しかし、NYダウが最高値の1万4164ドルをつけるのは、その2カ月後の10月9日のことでした。

＊　＊　＊

よくこの金融危機は「サブプライム問題」だと言われるのですが、正確に言うと2007年時点で13兆ドルに上った米国内の全モーゲージ（住宅用と商業用の合計）の担保不動産の価値が2兆ドルほど下落し、その2兆ドルを全世界（特に欧米）の金融機関が負担した構造と言えます。ピークの残高が1兆3000億ドルだった「サブプライムローン」は、引き金にはなったものの、問題のすべてではありません。

それよりも、特に欧州の金融機関がこれらの損失をすべて表に出していないとも言われ、不動産市況の更なる下落が再度の金融危機を引き起こす構造は何も変わっていません。

しかし、当時のモーゲージ市場の混乱は、かえってFNMAとFHLMCのシェアを上げるという皮肉な現象を招きました。新規のモーゲージ組成に占める両社の割合が、危機前の46％から76％へ跳ね上がりました。それだけ社債発行による資金調達と（いくら低い自己資本比率が認められているとは言え）資本増強が必要となってきていたのです。

＊　＊　＊

2008年3月にベアー・スターンズが行き詰まり、最終的にJPモルガンが救済合併するのですが、当然FRBは損失が発生した場合の補填を財務省に求めます。それよりも、銀行持ち株会社でない投資銀行のベアー・スターンズにFRBが「いくら担保があるとは言っても」融資すること自体が非常に"無理筋"でした。

ところが財務省は反財政赤字法により、議会が認めていない「損失補填」ができません。そこで苦し紛れに、財務省の「FRBの措置」

そこで、この資産を担保にニューヨーク連銀から300億ドルを融資することにした（つまり最終的な損失をFRBに押し付ける）のですが、当然FRBは損失が発

イモンCEO（次ページに写真）が300億ドルの不動産関連資産（商業用と住宅ローン担保証券）の引き取りを拒否します。

が、最後になってジェイミー・ダイモンCEO

置を支持する」という曖昧な書簡(※注1)と、モーゲージ運用大手・ブラックロックのローレンス・フィンクCEOに書いてもらった「十分な調査をしたところ、融資は十分な担保によって裏付けされている」というもっと曖昧な書簡と、最後の最後にジェイミー・ダイモンが呑んだ11億5000万ドルの劣後ローン(つまりこの金額までの損失はJPモルガンが負担する)の3点セットでFRBに押し込んでしまいました。

この300億ドルの資産はメイデン・レーンLLC(メイデン・レーンはニューヨーク連銀の前の通りの名前です)というSIV(特別目的会社)が保有し、FRBの資産にしっかりと計上されています。

＊　＊　＊　＊

だいぶ話が横道にそれてしまったのですが、要するに不動産とモーゲージを取り巻く市況が日に日に悪化していく中で、FNMAとFHLMCの資金調達(増資と債券発行)も非常に困難となってきます。両社の決算も赤字が続き、株価も2008年7月11日にはFNMAが10・25ドル、FHLMCが7・75ドルと急落しました。

その時点から、ホワイトハウスと財務省は、両社を公的救済するために議会と折衝を始めます(※注2)。両社が発行ないし保証している債券残高は5兆ドルもあり、少なくとも1兆ドルは海外投資家が保有しています。「米国政府が暗黙に保証」している(と理解されている)両社の破綻は、まさに「米国の信用」が問われる事態になるからでした。

米国政府としては「救済」以外の選択肢が無かったのですが、問題は山ほどありました。ホワイトハウスが共和党のブッシュ政権(しかも任期があと半年もない)で、議会は民主党に過半を握られていました。両社や住宅関連事業に関係する議員も多く、政府の介入を快く思わないのが議会の基本的な考えでした。

さらに両社に対して唯一法的監督権限のある連邦住宅金融庁(FHFA)も7月に設置されたばかりで、お世辞にも強大な権限があるとは言えなかったのです。(つづく)

＊　＊　＊　＊

(※注1)こういった書簡は当時の財務長官ヘンリー・ポールソンの「得意技」のようです。その後、モルガンスタンレーの株価が急落している時にも三菱UFJに対して「米国政府は海外投資家の投資活動を支持する」という曖昧な書簡で、まんまと1兆円を投資させています。

(※注2)米国の行政の最高責任者は大統領で、その下に財務省など各省庁があり行政の実務を行います。一方大統領には議案提出権がなく、法律改正や新規立法はすべて議会の権限となります。議会はまさに「有権者の利益を代表して」これらの立法に当たります。つまり米国では、政府(行政・大統領)と議会(立法)の関係が非常に明確に分かれているのです。

2012年8月29日 米国金融危機であまり説明されてない救済劇・3

具体的にFNMAとFHLMCの救済方法を見ていきましょう。

2008年7月30日に「住宅公社支援法」が成立します。これは連邦住宅金融庁（FHFA）に完全に新設する両社の督権権限を、ポールソン財務長官（写真）に与え、両社への融資限度（当時は22億5000万ドルずつだった）を「無制限に」引き上げる権限、財務省には両社の株式を臨時に取得する権限を与えました。後の2つは2009年12月31日までの暫定措置でした。

権限が与えられたと言っても連邦住宅金融庁は甚だ頼りなかった前身の連邦住宅公社監督局を改称しただけで、依然として両社に弱腰のままで財務省も「無制限の融資」をちらつかせるだけで、危機が沈静化すると思っていたようです。

＊　　＊　　＊

ところが両社の「資産内容の劣化」「資金繰りの悪化」「株価の下落」が一向に止まらず、ついに2008年9月7日（日曜日）「公的救済」が発表されます。この内容は最後まで両社に全く知らされず、両CEOに「全面承認のための取締役会の招集」と「クビ」が告げられたのが9月4日の夕刻でした。

この「公的救済」の最重要ポイントは、財務省が両社それぞれ1000億ドルを上限に上位優先株式を購入（つまり資本注入）し、同時に両社の普通株式の79・9％を購入する権利（ワラント）を得るというものでした。与えられていた権限の「無制限の融資」だけでは資本の増強にならず、しかも2009年末までの暫定措置だったので、ほとんど効果が無かったからです。

財務省（つまり米国政府）が購入する上位優先株式には10％の配当が支払われますが、両社が既に発行している普通株式や優先株式は無配となりました。法的整理ではないので既存の普通株式や優先株式が「消滅」したわけではありませんが、実際にはほぼ無価値となったわけです。両社の普通株式は2010年7月に上場廃止（時価が1ドルを回復できなかったため）となりました。

＊　　＊　　＊

財務省が10％の配当を得るといっても、つい最近まで毎四半期ごとに上位優先株式を追加購入しておき（毎四半期ごとにさらなる資本注入が必要だった）、その残高は両社で1900億ドル近くにもなっていました。当初の上限（1000億ドルずつ）に近づいていたのですが、オバマ政権になってから念のため2000億ドル

つまり、米国政府は、健全な住宅ローン市場の壊滅を防ぎ、1兆5000億ドルに減らすことになっていました。ちなみに2012年6月末現在では1兆2541億ドルになっています。

それ以外に、財務省が両社の保有する住宅ローン関連証券（MBS）を取得することになっていたのですが、これは巧みに2008年11月～2010年6月のQE1で、FRBに1兆2500億ドルもの「住宅ローン関連証券」（MBS）を押し込んでしまいました。

そのかなりの部分が、FNMAとFHLMCの保有していた証券だったはずです。

QE1には「景気を回復させるための金融量的緩和」という大義名分の裏に、両社の公的支援というい重要な目的があったのです。もちろん、現在もこの時のMBSは、FRBの資産にしっかりと組み込まれています。付け加えますと、これはFRBの権限内で行われている対市場オペレーション（資産購入）なので、その「損失」はFRBの責任（結局は税金ですが）となります。

海外投資家に対する体面を保つという「国策的見地」から、FNMAとFHLMCを丸抱えで救済したのです。

＊　＊　＊

2012年8月17日、財務省は公的資金の「回収」を強化すると発表しました。今まで上位優先株ごとに毎四半期ごとに上位優先株式を追加購入する必要が無くなったからのようです。

両社の収入は「住宅ローンの保証料」と「保有する住宅ローン関連証券のポートフォリオと調達コストとの利鞘」なのですが、後者については意味が無くなっているため、2008年には1兆8000億ドルほどあったポートフォリオを2022年までに5000億ドルに減らすことになっていました。ちなみに2012年6月末現在では1兆2541億ドルになっています。

発表ではこれを2018年まで前倒しするとしています。ポートフォリオの売却は利益ではないのですが、その売却代金も回収するために、財務省の出資分を回収するために、また新たに7500億ドルほどのMBSが市場に出てくることになります。

＊　＊　＊

【出版にあたってつけ加え】これを新たにFRBに押し込むために2012年9月より同額400億ドルのMBSを「無期限」に買い入れるQE3がスタートしているのです。

（つづく）

米国金融危機であまり説明されてない救済劇・4

2012年8月30日 闇株新聞縮刷版

米国金融危機で「最も危険だった日」は2008年9月14日（日曜日）のはずです。休日にもかかわらず、リーマンが破産申請し実際に破産法の適用を申請した時は日付が変わっていました）、メリルリンチがバンク・オブ・アメリカの傘下入りを決めた日です。

しかし恐らく、この日の米国当局にとっての「最大の恐怖」はAIG（アメリカン・インターナショナル・グループ）だったはずです。少なくとも前年までは「世界で最も強大な保険会社」だったはずのAIGが、いつの間にか巨額の不動産関連の不良債権を抱え込んでいたのです。しかも、巨額のCDS（クレジット・デフォルト・スワップ）を引き受けており、「膨大な追加保証金」で資金繰りが急速に悪化していました。

そして、この日（9月14日）になってやっと、資金ショートが500億ドルにものぼり、9月17

日にも破綻することがわかったのです。

＊　＊　＊　＊

AIGの生命・損害保険契約者は数千万人にのぼり、個人年金の保証金額も数百億ドルに達していました。1兆ドルのバランスシートを通じて世界中の金融機関・政府・企業と取引があり、大規模なデリバティブ事業を持ち、大規模なデリバティブ間違いなくシステミックリスクがあり、FNMAとFHLMCと同じように米国政府として「潰せない」企業だったのです。

ところが翌9月15日（月曜日）、AIGは格付各社によって格下げされたため、膨大な「追加担保」が発生し、資金ショートが850億ドルにもなってしまいました。FRBは、AIGの保険子会社などを担保に850億ドルの融資に踏み切ります。条件はLIBOR（ロンドン銀行間取引金利）＋8.5％（！）で、融資期間は2

年でした。保険会社はFRBの融資対象ではないため、あくまでも「緊急時でかつ十分な担保があれば」という例外措置の発動です。この時点ではFRBですら「AIGは資本不足ではなく、単なる流動性不足である」と信じていたようです（※注1）。

＊　＊　＊　＊

ところが、AIGは2008年通年決算で992億ドルという「途方もない赤字」を出し、間もなく「資本も全く不足している」状態であることが判明します。そして後日、難産の末に発効する7000億ドルのTARP（不良資産救済プログラム）から、438億ドルもの資本注入を受けることになります。（※注2）

この際、資本注入の窓口であるFRBが、SIV（特別目的会社）のメイデン・レーンⅡとⅢで、AIGの抱えるMBSやCDSを525億ドル分も引き取ります。同年3月にベアー・スターンズのMBSを300億ドル分引き取った時に作ったSIVの、別シリーズです。

同時に最初の融資850億ドルの金利、LIBOR＋8.5％も、LIBOR＋3％まで下げました。これは、その後の資産売却などで返済されています。

2012年8月23日、このメイデン・レーンの資産売却が完了し、94億ドルの利益が出たことが発表されました。最初にメイデン・レーンで引き取ったベアー・スターンズのMBSは、まだ評価損となっているようです。

＊　＊　＊

ここで2008年9月14日時点でFRBの融資対象でなかったリーマンブラザーズとメリルリンチが、なぜ同じように救済されなかったのかを考えてみましょう。

それは最初から「民間で解決する」と決められていたからです。つまり、これら投資銀行はAIGやFNMAやFHLMCと違って、不特定多数の米国民を危機に陥れることはなく、また米国や世界の金融市場は揺るがしても「米国やドルの信認が揺らぐ」ほどのものではなく、逆に「国民の税金が毀損した時のダメージ」の方が大きいと判断していたとしか考えられません。

米国政府は、リーマンブラザーズにもメリルリンチにも、救済に向け努力を惜しまなかったことは事実ですが、それはあくまでも「どこかが救済合併できるように取り計らう」ことでした。（つづく）

＊　＊　＊

【出版にあたってつけ加え】

2012年7月にAIGの元CEOモーリス・グリーンバーグ氏が、米国政府がAIGから不当に収益をあげていたとの理由で250億ドルの損害賠償を求める裁判を起こしました。さすがにAIGそのものは原告に加わらなかったようですが、これが米国なのです。

（※注1）ガイトナーNY連銀総裁（写真）は、「健全な保険会社の上にヘッジファンド（本社）が乗っかっているようなもの」と絶妙の説明をしています。

（※注2）一度否決された後、2008年10月2日に上下院で同日承認されました。ちょうど大統領選の直前だったため、格好の政治材料に使われたようです。その名の通り最初は「不良資産買入れ基金」だったのですが、その後より大きな効果が見込まれる「健全な金融機関への資本注入」に使われます。ゴールドマン・サックスとモルガン・スタンレーもそれまでに銀行持ち株会社になっていたため資本注入を受けることができました。しかしその後は、このAIGやGMや「健全な金融機関」として資本注入を受けた後、さらに資本不足に陥ったシティバンクやバンク・オブ・アメリカなどへの「後ろ向きの資本注入」にも使われることになります。

米国金融危機であまり説明されてない救済劇・5

2012年8月31日
闇株新聞 縮刷版

このシリーズの最終回です。これまでは米国政府が「民間企業」であるはずのFNMA、FHLMC、AIGを、新しい法律を作ってまで「公的救済」してきたことを書きました。

しかし、投資銀行に対しては明確に「公的救済」を拒否していました。

1999年に投資銀行と商業銀行の兼業を禁止していた「グラス・スティーガル法」が完全撤廃されたのですが、金融危機当時の投資銀行の専業大手は（財務体質の弱い順に）ベアー・スターンズ、リーマン・ブラザーズ、メリルリンチ、モルガン・スタンレー、ゴールドマン・サックスでした。

金融危機は、まさにこの順番で経営悪化が露呈し、2008年3月、まずベアー・スターンズをJPモルガンが吸収合併しました。

今から考えると一番良い条件で投資銀行を手に入れたことになります。

＊　＊　＊

2008年9月になって、リーマン・ブラザーズとメリルリンチが危機に陥ります。問題は、この時点で「吸収合併」する体力のある金融機関が、バンク・オブ・アメリカしか残っていなかったことです。

バンク・オブ・アメリカは西海岸を発祥とする持ち株会社の名前ですが、実態はノースカロライナ州シャーロットで開業し、全米で数多くの銀行を吸収合併して巨大化していったネーションズバンクでした。

バンク・オブ・アメリカはその時点では投資銀行業務をほとんど行っておらず、リーマン・ブラザースの吸収合併を勧められても当初は全く興味を示しませんでした。しかし、2008年9月14日「かなり唐突に」メリルリンチの吸収合併を決定します。

メリルリンチは、もともと個人営業に強みを持つ銀行でしたが、何故か当時のスタンレー・オニールCEOが突然MBS業務にのめり込み、急速に財務体質が悪化してしまいました。そのオニール退任後にCEOとなったのが、ゴールドマン・サックス出身でNYSE・ユーロネクストCEOだったジョン・セイン（写真）です。

＊　＊　＊

ジョン・セインは、瀕死のメリルリンチを、何と500億ドルでバンク・オブ・アメリカに売りつけます。その時点のメリルリンチの時価総額を、70％も上回る価格です。ベアー・スターンズの救済でもリーマン・ブラザーズの含でも、必ず「保有するMBSの含み損」が最大の問題となったので

すが、不思議なことにバンク・オブ・アメリカのケネス・ルイスCEOがこの点を問題にした形跡は全くありません。

ゴールドマン・サックスで揉まれたジョン・セインに、規模だけ大きな田舎の銀行トップのケネス・ルイスが、まんまと言いくるめられたのでしょう。

さすがのケネス・ルイスも2008年12月になって、メリルリンチの四半期決算が220億ドルもの赤字になることを知って「騙された」と気がつきます。合併は2009年1月1日付けでした。そこで、不測の事態が発生した時に買収を撤廃できる「MAC条項」の適用を検討するのですが、既に両社の株主総会が承認しているため、どうしようもありませんでした。

米国政府は、TARPからバンク・オブ・アメリカに200億ドルの追加出資（優先株の引き受け）

を行い、何とか予定通りに合併を完了させました。しかし、ジョン・セインは合併数日前に巨額のボーナスを自分やメリルリンチ幹部に支払い、合併直後にはさっさと辞めてしまいました。

＊　＊　＊

さて、バンク・オブ・アメリカが興味を示さず「進退が窮まっていた」リーマン・ブラザーズですが、実は破綻が決まる2008年9月14日のほんの数日前に、「思わぬ話」が飛び込んできていました。英国のバークレイズが救済に興味を示してきたのです。

リーマン・ブラザーズが敬遠された最大の要因は、他の投資銀行に比べMBSの資産内容が「飛びぬけて悪かった」ことでした。ですからバークレイズは520億ドル相当のMBSを、買収対象から外してきました。そのMBSは、どう見ても100億〜170億ドルもの含み損を抱えていたからで

した。

しかし、バークレイズは運命の2008年9月14日、「英国当局が承認しない」と買収を断ります。ロンドン証券取引所の上場基準では一定以上の買収に対しては株主総会の決議が必要とされているのですが「例外は認められない」というものでした。

＊　＊　＊

後から考えると、仮にバークレイズが了承しても、取り残される100億〜170億ドルの含み損を抱えるMBSは処理できず、リーマン・ブラザーズは「破綻」しかなかったような気がします。

それでも、当時の財務省、FRB、金融界の落胆は大きく、さらにバークレイズを破綻後のリーマン・ブラザーズを格安で買収していったため「嵌められた」と感じたはずです。

その「怨念」が2012年の「LIBOR不正操作事件」で、バー

クレイズ、ロバート・ダイヤモンドCEO（当時は交渉の前面に立っていた社長）、アリスター・ダーリング財務大臣（最後通告をした担当大臣）らへの「復讐」になっているような気がしてなりません。

2013年1月15日
FRBは通貨を発行していない!?　米国連邦債上限の抜け道

米国連邦債務が法律上の上限に近付いているので、いくつか「抜け道」が議論されています。

例えば「額面1兆ドル（約93兆円）のプラチナ記念硬貨を発行する」というのも、その一つです。

紙幣の発行はFRB（連邦準備制度理事会）の権限ですが、プラチナを用いた記念硬貨なら財務長官の裁量で発行できます（合衆国法典第31編第5112条）。そこで、財務長官が1兆ドルのプラチナ硬貨を発行してFRBに預け、その預金口座から1兆ドル分の小切手を振り出して資金調達をするという「奇策」です。

＊　＊　＊

米国連邦法では、連邦政府の債務に上限を定め、その設定を連邦議会に委ねています。そのため2011年8月1、2日に上下院で連邦債務上限を14兆2900億ドルから16兆3940億ドルに引き上げたのですが、再び2012年末に上限に達してしまいました。

その都度、歳出削減とか増税かの議論になるので、それはそれで良いような気がしますが、最も簡単なのは「連邦債務上限の設定は行政の範囲内（つまり大統領の権限の範囲内）」との判断を、連邦最高裁判所に求めることです。

1971年8月、ニクソン大統領は、議会にも諮らずドルと金の交換を停止してしまいました。「ドルの交換性の変更は行政の範囲内である」と勝手に判断したのです。

もっと単純そうなのは、連邦政府が保有する資産（例えば金など）を売却することです。米国連邦政府は8133.3トンの金を保有しているはずで、時価換算すると4400億ドルほどになります。

恐らく、連邦政府の財産は米国民のものなので、勝手に売却できません。また、債務上限の問題なので担保にして借り入れることもできません。ではどうするか？

連邦政府の金のコストは、1オンス＝35ドルのままだと思います。そこで例えば1オンス＝1000ドルほどに「値洗い」すれば、2600億ドルほど連邦資産が増えることになります。そうすれば、現行上限内でもあと2600億ドルの国債が発行できます。「こじつけ」ですが、これで2～3カ月はもつでしょう。

＊　＊　＊

「1兆ドルのプラチナ記念硬貨」は、金・銀・銅貨は発行が制限されているのでプラチナ硬貨にする案ですが、重要なことは、これが連邦政府（財務省）の通貨発行権行使だということです。米国でも連邦政府は補助通貨として政府が発行しているのだと思いますが、高額の記念硬貨は立派な通貨です。

通貨とは通貨発行権者が「1兆ドル」と決めれば、例えばコストが10セントの「そら豆」でも、1兆ドルの価値を持ちます。

それでは、米国の通貨発行権者は誰なのか？ 連邦法には「米国の通貨発行権は米国政府（正確には米国議会）にある」と、はっきり書かれています。米国政府は通貨（ドル）を発行しているのか？

いいえ、発行しているのはFRBです。では、FRBは米国政府と同じ？ 実は全く違います。

＊　＊　＊

FRBとは、1913年にウッドロウ・ウィルソン大統領が、議員の大半がクリスマス休暇の間隙に強行裁決して発足した、民間銀行です。正確にはユダヤ系の銀行がすべての株式を保有しています。ではFRBがドルを発行しているのは連邦法違反なのでしょうか？ もちろん「通貨」を発行すれば違反です。しかしFRB発行

のドルは、連邦政府の負債（国債）を買い入れ、それを小口に分けて、連邦法違反ではありません。したがって、連邦法違反ではありません。

少し前までは、米国国債にはかなりの利息が支払われていましたが、「資産（国債）担保付債券」は無利息です。従って、米国国債の利息がまるまるFRBの利益であり、株主のユダヤ系銀行の利益だったようです。今は、利益は国庫に納付されているはずです。

＊　＊　＊

政府債務上限の問題は、突き詰めれば「通貨発行権を米国政府に取り戻せばよい」だけの話なのです。でも、そう言ってしまうと、なかなか微妙な問題になってしまうようです。ジョン・F・ケネディは、これをやろうとして暗殺された〈大統領行政命令第11110号・政府紙幣発行〉との説も、結

闇株新聞 Q&A
米国はどのように基軸通貨の地位を守るのですか？

【質問】
ドルの信認が低下する中、米国はドルが基軸通貨の地位から滑り落ちないようにする「他通貨が基軸通貨にならないようにする」です。

【答え】
最初の答えは簡単で、米国は「ドルが基軸通貨の地位から滑り落ちないようにする」「他通貨が基軸通貨にならないようにする」です。

それに逆らって円を基軸通貨化することが、日本の「国益」になるのです。前・民主党政権は野田首相時代に、IMFに600億ドルも拠出してユーロの基軸通貨化に協力したり、人民元建て中国国債やウォン建て韓国国債を購入して通貨の国際化に協力していまし

いそうになれば、阻害してくるでしょう。それが米国の国策です。

次に、円が基軸通貨（世界中が円の受け取りや保有を喜ぶように）になるメリットはこれは計り知れません。石油代金の支払いでも、外国企業の買収でも、円を刷って渡せばいいのですから。もちろん、実際の売買にあたるのは民間企業ですが、日銀がそれだけ金融を緩めればいいのです。

米国の「国策」には反しますが、それが日本の「国益」になる

た。それが、いかにピントのぼけたことだったがわかるでしょう。

構根強いようです。

為替をどう見るか？ その2

闇株新聞的見方 2

闇株的見方
第2章 為替をどう見るか？その2

ユーロ

財政も経済も優秀な国だけが参加してドルに対抗する基軸通貨になるはずだった

ユーロは1999年1月1日、ドイツ、フランス、イタリア、オランダ、ベルギー、ルクセンブルグ、スペイン、ポルトガル、アイルランド、オーストリア、フィンランドの11カ国でスタートしました。最初の3年間は決済用の「仮想通貨」として運用され、実際に通貨「ユーロ」が流通するのは2002年1月1日からです。

その後、2001年1月1日にギリシャ、2007年1月1日にスロベニア、2008年1月1日にマルタとキプロス、2009年1月1日にスロバキア、2011年1月1日にエストニアが加盟し、現在は17カ国で構成されています。

ユーロに加盟するためには、以下の基準をクリアする必要がありました。この基準は現在も全く同じで、これから加盟する国にも適用されます。

視点1

ユーロは2012年7月の1ユーロ＝94円から上昇し、2013年3月29日現在は120.76円となっています。この間、28％も上昇したことになります。

ユーロは、ドルやポンドと比べて歴史が浅く、その誕生には明らかに政治的な背景があります。したがって、ドルとは少し違った見方をしていかなければなりません。

(1) EUに加盟していること

(2) 単年の財政赤字がGDPの3％以下、累積財政赤字がGDPの60％以下であること

(3) インフレ率が、構成国で最も安定している3カ国の平均を1.5％以上、上回っていないこと。

(4) 長期金利が、構成国で消費者物価上昇率が最も低い3カ国の平均を2％以上、上回っていないこと。

(5) 過去2年間は自国通貨の切り下げを行っておらず、**欧州為替相場メカニズム（ERM）**の基準値から上下2.25％の範囲内を維持していること。

1999年1月にスタートしたユーロとは、財政赤字もインフレ率も長期金利も為替の安定性（すなわち貿易収支）も、すべて基準をクリアした「優秀」な11カ国の通貨の集合体でした。逆に言えば「優秀」な国だけが加盟を認められることになっていました。

さらに、これら「優秀」な国を集めることによって、米国に対抗できる経済規模とドルに対抗のできる市場規模を持った国際通貨（基軸通貨）を作り出す意図があったはずです。「ドルの話」のところで書いたのですが、ユーロの考え方は「金本位制」に非常に近いものでした。つまり「加盟予定国が何の疑いもなく受け入れる価値の基準」として、それぞれの通貨の加重平均である**欧州通貨単位（ECU）**を使い、それぞれの加盟予定国の通貨の価値を維持しようとするため不均衡是正効果が発揮され、結果的にその集合体であるユーロに対する自国通貨の価値が維持されるというものでした。

ところが、2009年10月に**ギリシャ**で政権交代があり、前政権時の財政赤字が公表数

キーワード Keyword1

【**仮想通貨**】

ユーロは実際の通貨を流通させる前段階として、1999年1月1日から3年間、決済用の「仮想通貨」として運用された。ユーロ参加予定国の通貨どうしの為替レートが固定され、域内の商取引はユーロ換算の各国通貨で行われた。また、市中では価格表示でユーロとその国の通貨での価格が併記されるなどの経過措置がとられた。

キーワード Keyword1

【**欧州為替相場メカニズム・ERM**】

欧州内の為替相場の変動を抑制するための制度。あらかじめ定めた変動幅を超えると通貨当局が介入し、安定させる。1979年3月、欧州通貨制度（EMS）の一環として導入された。許容される変動幅は、当初は中心レートから上下2.25％だったが、1993年の欧州通貨危機再燃で上下15％に拡大された（ドイツマルクとオランダギルダーは2.25％で変わらず）。ユーロが誕生した1999年以降は「ERMⅡ」と改称した。

ユーロが導入された途端に各国の財政規律が緩み スタート直後から2年足らずで約3割の暴落

1999年1月2日、記念すべきユーロの「初値」は1ユーロ＝1・1792ドル、対円では1ユーロ＝132円でした。繰り返しですが、この時のユーロは厳しい参加基準をクリアした11カ国の通貨の集合体で、間違いなく申し分のない経済ファンダメンタルズを背景に"満を持して"スタートしたはずでした。

ところが、ユーロはスタート直後から暴落し、2000年10月26日には1ユーロ＝0・8252ドル、対円で1ユーロ＝89円になってしまいました。2年弱でユーロは対ドルで30％、対円で33％もの暴落となりました。当時の加盟国はスタート時の11カ国のままで、急にファンダメンタルズが悪化したわけではありません。ましてやギリシャも加盟前であり、現在のような債務危機問題は全くありませんでした。

それではどうして暴落してしまったのでしょう？　先ほど書いたユーロの基準の中で、最もハードルが高かったのが「欧州為替相場メカニズム（ERM）変動幅

字と違っていたことを発表します。また近年は、ギリシャ以外にもユーロ導入後に財政赤字などの基準を満たせなくなった国が続出しているのですが、その場合のペナルティや退出ルールが定められていないため問題を抱えたまま現在に至っています。

ユーロの問題点は、一度参加してしまえば守るべき基準が昔の厳しいままなので、参加できる国がほとんど無くなってきています。2014年1月にラトビアが参加予定と言われていますが不透明です。

たに参加するための基準が昔の厳しいままなので、参加できる国がほとんど無くなってきています。

キーワード Keyword

【欧州通貨単位・ECU】

1979年3月、欧州通貨制度（EMS）により、通貨統合の前段階として導入された「バスケット通貨」。ユーロ参加予定12カ国の通貨で構成された。読み方は「エキュ」。ユーロ導入後は、1エキュ＝1ユーロで移行した。

キーワード Keyword

【ギリシャ】

2009年10月、ギリシャ総選挙で実施され、政権交代によりゲオルギオス・アンドレアス・パパンドレウ政権が誕生する。これにより前政権が行っていた財政赤字の隠蔽が発覚。従来、GDP比5％程度とされていた財政赤字が、実は12・7％（後に13・6％とさらに下方修正）だったことが公表される。ギリシャ政府は財政健全化3カ年計画を発表するが、通しの甘さから信用不安が相次いでギリシャ国債の格付を引き下げ、格付会社が見通しの甘さから信用不安が相次いでギリシャ国債の格付を引き下げ、格付会社が見債務不履行の懸念から国債価格は暴落、信用不安が欧州全体に飛び火した。

の維持」でした。

ERMの基本的な考え方は1979年3月に創設された「欧州通貨制度」で導入され、ERM加盟国はそれぞれの通貨の加重平均である欧州通貨単位(ECU)を基準とし、その上下2・25%の範囲に自国通貨を維持しなければなりませんでした。ただし「イタリア・リラ」だけは、上下6%まで認められていました。なぜ、イタリアだけが優遇されていたのかは、後で説明します。

つまり、ユーロ加盟予定国は、自国通貨も基準値である欧州通貨単位(ECU)も日々時々刻々と公表されるため、常に財政赤字やインフレ率や貿易収支を良好に保つ努力を続けなければならず、それなりに緊張感をもった経済運営が必要でした。

ところが、ひとたびユーロを導入してしまうと、途端に経済不均衡是正効果がなくなってしまいました。これは「性悪説」を言しているのではありません。つねにその水準に「やきもき」させられていた自国通貨が消えたことで、各国の規律(特に財政規律)が緩んでしまい、その集合体であるユーロの価値も下がってしまったのです。ユーロは一度導入されれば、守るべき義務の基準がありません。そのことが、今日の債務国問題の遠因にもなっているはずです。

もう1つの暴落の理由は、当時はまだユーロは「欧州の地域通貨」であり、国際通貨(基軸通貨)として認められていなかったことがあります。ドルと違って国際金融市場での存在感がまだ確立されていなかったため、欧州以外での流通・保有がそれほど進んでおらず、暴落中は特に積極的な買い手が現れなかったのです。

【米ドル】の項で書いたのですが、戦後は国際通貨体制の中でのドルの役割が大きく、「ニクソン・ショック」で金との交換性を突然中断しても、「プラザ合意」で強引に水準を引

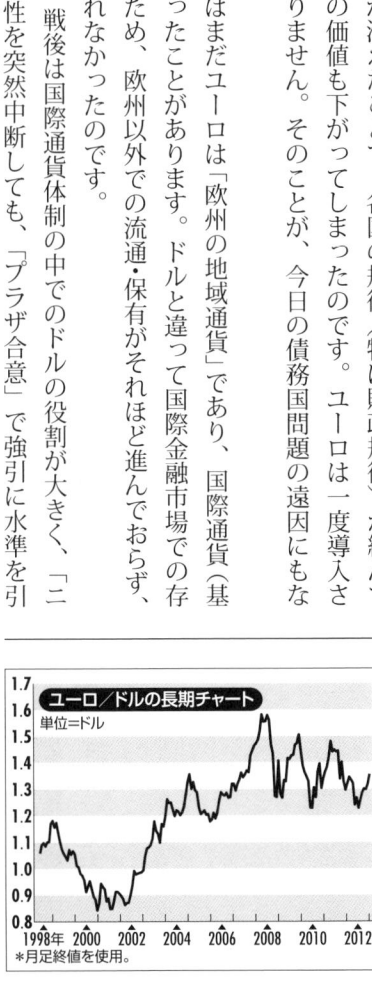

ポンド危機―ヘッジファンドとの戦いに敗れERMを離脱した英国とその後の好景気

き下げても、結局はドルの基軸通貨としての地位は確保されていました。その時点のユーロは、まだそこまで世界中に受け入れられていなかったのです。

少し横道にそれるのですが、ポンドとERMの話です。

英国は1990年からERMに加盟しましたが、当初から脆弱な経済状況で、ERMの変動幅を維持できないと考えられていました。

1992年9月15日～16日、**ジョージ・ソロス**などのヘッジファンドが、大量のポンドを売り浴びせます。英国当局はポンドのERMの下限を守るために買い支えていたのですが、もともと無理な水準を維持しようとしているため「早晩、ERMからの離脱（ポンドの切り下げ）に追い込まれる」と、予想されていたからです。

イングランド銀行（中央銀行）もメンツをかけて防戦します。9月16日に公定歩合を2度にわたって10％から15％に引き上げ、徹底的にポンド買い介入をしたのですが、ポンド売りは止まりません。そして翌17日、ついに万策尽きてERMを脱退し、変動相場制に移行します。英国当局がヘッジファンドに屈した瞬間でした。

英国当局の最大のミスは、ノーマン・ラモント蔵相（写真）の「100億ポンド使ってもヘッジファンドと戦う」という発言でした。きっちり100億ポンド売られてしまったのです。敵（ヘッジファンド）に懐事情を教えてしまった致命的ミスでした。

この2日間でイングランド銀行は33億ポンドの損失を被ったと言われています。当時の

【キーワード Keyword】ジョージ・ソロス

米国の著名投資家。1930年ハンガリー生まれのユダヤ人。1969年、著名投資家ジム・ロジャーズとヘッジファンド「ソロス・ファンド・マネジメント」（後に「クォンタムファンド」と改称）を設立。1992年、イングランド銀行を相手にポンドを総額100億ポンドも売り浴びせ、9億5800万ドルの利益を上げたエピソードはあまりにも有名。これにより英国は、ERM脱退を余儀なくされた。1997年の「アジア通貨危機」ではヘッジファンドによる売りが暴落を招いたとして、マレーシアのマハティール首相（当時）から「悪魔」と非難された。最近も円売りで10億ドルの利益をあげたようです。

ドルに次ぐ「国際通貨」としての地位が徐々に確立され
8年間上昇を続けたユーロだったが…

イングランド銀行の介入水準が1ポンド＝250円前後だったのですが、変動相場制に移行した半年後には1ポンド＝150円ほどになってしまっていました。同じようにヘッジファンドの標的になった、スウェーデンとデンマークもERMを離脱します。

しかし、ERMの呪縛から逃れた英国は思い切った金融緩和を行い、またポンド安による輸出増もあって空前の好景気にわきます。これは示唆に富む話ですが、ユーロは一度加盟してしまうとERMと違って簡単に離脱できません。

1999年1月にユーロがスタートした後は、ユーロを基準値として自国通貨を上下2・25％に維持する「ERMⅡ」がスタートし、これを2年間維持できたギリシャが2001年1月から加盟します。その後のユーロ加盟国も、同じ基準をクリアしています（※注）。

話を「ユーロ」に戻します。

2000年10月を底に、ユーロは約8年間上昇を続けます。リーマンショック直前の2008年7月15日には、1ユーロ＝1.6038ドル、対円で1ユーロ＝170円直前の高値を付けます。安値から実に対ドルで94％、対円で91％もの上昇でした。要するに「8年で倍近く」になったのです。

統一通貨ユーロの導入でギリシャなど大半の国で調達金利が劇的に下がり、ユーロ圏全体の景気が上向き、世界中から投資資金が集まってきたからです。当時は、ギリシャ10年国債の利回りも5％程度まで低下していました。

[注] なお、英国とスウェーデンは「ERMⅡ」に加盟していないため、すぐにユーロに加盟することはできません。また、そのつもりもないはずです（デンマークは「ERMⅡ」に加盟しています）。

63　第2章｜為替をどう見るか？　その2

またその過程で、世界の金融市場でもユーロの流通・保有が進み、ドルに次ぐ国際通貨（基軸通貨）としての地位が確立されていきました。ユーロ圏の登場で、世界中でユーロを「ある程度」保有する必要性が認識されたのです。

一例を挙げますと、世界の外貨準備に占める通貨別内訳は、1998年末ではドルが69・3％、ユーロが17・0％（※注）、円が6・2％だったのですが、2009年末にはドルが62・1％、ユーロが27・6％、円が2・9％となりました。

2009年末がユーロの通貨別内訳のピークなのですが、ユーロ登場以前に比べて10・6％も上昇しています。その間にドルは7・2％、円は3・3％減少していますから、その分がそっくりユーロに置き換わったことになります。もちろん外貨準備だけでなく、世界中でユーロの流通・保有が飛躍的に増大していたはずです。

この間はユーロの長所ばかりが強調され、好調な欧州経済と資本流入がユーロの導入直後から起こっていた規律（特に財政規律）の緩みを、さらに増長させていったものと思われます。その直後に、米国発の金融危機が起こります。発端はサブプライムローン問題から「住宅ローン担保証券」（MBS）が暴落したからですが、気がつくと好景気を背景にユーロ圏の銀行も膨大なMBSを抱えており、巨額の損失を被ります。

世界の膨大なユーロ買い需要の中には、かなりの「仮儒」つまり「投機的なポジション」が含まれていたようで、ユーロは高値をつけてからわずか3カ月後に1ユーロ＝1・24ドル台、対円でも1ユーロ＝112円まで急落してしまいます。対ドルで23％、対円では34％もの下落でした。この下落幅は、「リスク通貨」の代表であるオーストラリア・ドルのそれに近いもので、この時点でのユーロはまだ本格的に「基軸通貨」として世界から認められていたわけではなかったことになります。

[注] この時点ではユーロは存在していません。この数字は、欧州通貨単位（ECU）やドイツマルクなど「ユーロに変換される外貨準備を合計したもの」ですが、大半は欧州諸国が保有していたものと思われます。

債務国問題が深刻化していく中で逆に「基軸通貨」として安定感を増していった

基軸通貨とは環境の変化にかかわらず"ある程度は"世界で保有され続ける通貨のことです。皮肉なことにユーロはその後、本格的に債務危機問題が出てくる中で、米国経済とドルに対する信認の低下もあって、基軸通貨としての地位を確保して行くのです。

2009年末ころから、**ギリシャ、アイルランド、ポルトガル**と債務国問題が次々と発生し、もう一度ギリシャ、そして**イタリア、スペイン**と広がって現在に至っています。

その間のユーロ相場は、債務国問題の深刻化とともに下落するものと反発し、2012年は1ユーロ=1.2~1.35ドル、2013年に入ると3月8日で1ユーロ=1.27~1.37と、徐々に変動幅が小さくなっていきます。債務国問題が露呈した後の方が、安定的な値動きになっていることがポイントです。

確かにECB(欧州中央銀行)の積極的な金融緩和とか、**EFSF(欧州金融安定基金)** やそれを引き継ぐEMS(欧州安定メカニズム)の整備などの対策が出てきているのですが、ギリシャなど多数の債務問題国の状況を根本的に解決するものではありません。

つまり、ユーロは導入直後の「申し分ない経済ファンダメンタルズの通貨」ではなくなっているのに、逆に国際通貨制度における地位は向上していることになります。

先ほど書いた世界の外貨準備の通貨別内訳は、2012年3月末でドルが62.2%(2009年末が62.1%)、ユーロが25.0%(同、27.6%)、円が3.6%(同、2.9%)で、確かに比率ではユーロは減少しています。しかし、それほど極端に減少してい

キーワード Keyword1

【PIIGS】

2008年頃、ユーロ圏で金融・財政問題の深刻な国の頭文字を取って使われた言葉。P(ポルトガル)、I(アイルランド)、I(イタリア)、G(ギリシャ)、S(スペイン)の5カ国。貯蓄率が比較的ましなイタリアを除いて「PIGS」が使われることもあった。借金まみれで欧州諸国に迷惑をかける「豚ども」(Pigs)という、侮蔑的な意味合いも込められていた。

るわけでもありません。

世界の外貨準備総額はユーロ導入時の2兆ドルから、現在は10兆ドルほどになっていますが、いずれにしても外貨準備として保有されているユーロの総額は増加を続けていることになります。

同じように、世界の金融市場ではユーロの保有・流通が進んでいることになります。ここにきてユーロは、「ドルを補完する基軸通貨」としての意味は、世界がドルとユーロを一定の比率で保有し、米国の金融緩和などドルにとっての悪材料が出れば、ドルを少し減らしてユーロを少し増やし、債務危機問題の深刻化などユーロにとっての悪材料が出れば、ユーロを少し減らしてドルを少し増やすということです。

つまり国際金融市場では、ユーロは極端に減らしたり、ゼロにしてしまうことが出来ない通貨になったのです。だから、ユーロの対ドル相場は、仮に債務危機問題が深刻化しても、以前に比べて〝安定的〟になっているのです。大雑把にいって、現在の国際通貨体制での役割分担はドルが3分の2、ユーロが4分の1くらいです。しかし、ユーロ圏の経済規模や人口などは米国を上回っています。2011年の数字ですが名目GDPは米国の15兆756億ドルに対し、ユーロ圏17カ国の合計は15兆5250億ドルになります。

基軸通貨としてのドルとユーロの差は、「ドルは昔から基軸通貨だった」ということだけです。時間が経てば、国際通貨体制の中でユーロの役割は増加することは間違いありません。これはドルの役割低下を意味し、ユーロの対ドル相場を少しずつ上昇させるはずです。

しかし相次ぐユーロ圏諸国の債務危機や、最近のキプロス情勢など、問題が起きるごとに世界中で「本来あるべきユーロの比率を減らしてしまう」ことになり、「本来あるべ

キーワード Keyword

【欧州金融安定基金・EFSF】

2010年、ギリシャ危機を契機に設立された基金。資金繰りに窮した国に金融支援を行うのが目的。最大7500億ユーロの融資枠は、欧州安定化システム（ESFM）から600億ユーロ、EFSFから4400億ユーロ、国際通貨基金（IMF）から2500億ユーロから成る。必要の際には「EFSF債」を発行して資金を調達する（ドイツやフランスなど最上位格付の国が債務保証する）。ギリシャ（2010年）、アイルランド（2011年）、ポルトガル（2011年）への支援に活用された。2013年以降は、欧州安定メカニズム（EMS）に移行する。

債務問題があってもユーロ崩壊はあり得ない

歴史的・政治的背景からその役割を理解する

きユーロの水準」より割安な状態が続くことになります。繰り返しになりますが、一度基軸通貨として認められると、多少問題があっても基軸通貨のままです。それだけ世界中で保有が進んでいるので、全部売却して「もう使わない」というわけにはいかないからです。

時間がかかっても、世界のユーロの保有は進み、ユーロの対ドル相場は上昇するはずです。中期的な目途としては、金融危機直前の1ユーロ＝1・60ドルは買われすぎで、ユーロ圏の債務危機が深刻化した時の1ユーロ＝1・20ドルは売られすぎです。現在はその売られすぎの水準に近づいているのですが、中期的にはそのレンジの中間である1ユーロ＝1・40ドルあたりが落ち着きどころと考えます。

「いずれユーロは崩壊するのではないか」と心配している人も多いと思うのですが、「絶対に崩壊しません」。正確には「絶対に崩壊させません」。なぜなら、ようやく基軸通貨としての役割をドルと分担出来るようになったからです。ユーロ当局がその「特権」を、ここで放棄してしまうわけがないのです。

ここでユーロについてもっと理解するためには、経済的だけでなく政治的背景を理解しておく必要があります。なぜならユーロとは、全ヨーロッパで経済だけでなく外交・安全保障・司法・内務など広範囲にわたる協力枠組みを目指すEU（欧州連合）における経済政策の１つの通貨政策だからです。

視点

2009年12月発効のリスボン条約でEUからの離脱ルールがようやく制定され、「当該国が希望して」「加盟国」の過半数が賛成したら「2年後に離脱」出来ることになりました。つまりEU加盟国は「勝手に出ていく」ことも「離脱を希望しない加盟国を追い出す」ことも出来ません。ついでに言いますとユーロ導入はEU加盟が条件のため、ユーロから離脱するにはEUから離脱するのが唯一の方法のはずです。

EUの歴史は、1958年にその前身である「欧州経済共同体」（EEC）が、ドイツ、フランス、イタリア、オランダ、ベルギー、ルクセンブルグの6カ国で発足したところから始まります。この6カ国は「ローマ帝国」（西ローマ帝国）が476年に滅んだ後にゲルマン人が建てた「フランク王国」が分裂して出来たもので、もとは同じ国でした。

EECは、当初は旧フランク帝国の6カ国の経済協力のために集ったもので、加盟国の拡大には消極的だったようです。それでも1973年に英国、デンマーク、アイルランド、1981年にギリシャ、1986年にスペインとポルトガルが加盟します。旧フランク王国の6カ国以外に最初に加盟した英国については、ド・ゴール・フランス大統領が「英国はアメリカのトロイの木馬だ」と言って加盟を認めず、ド・ゴールの退任後にようやくデンマーク、アイルランドと共に加盟が認められました。1993年11月、EECを改組してEUが発足します。1990年頃から東欧諸国で政変が続き、自由主義連合への参入が予想されたため、全ヨーロッパを視野に入れた拡大政策に転じたのです。

この時点で、それまでの「旧フランク王国を中心とした西欧諸国の経済協力」を目的としていたEECが、冷戦終了後の世界で全ヨーロッパの協力関係を強化して「米国と対抗する一大勢力になろう」という政治目的を持ったEUに生まれ変わったのです。

EUは、1995年にオーストリア、スウェーデン、フィンランドが加盟して15カ国になり、1999年1月、そのうちの11カ国でユーロが導入されます。その後、2004年にキプロス、マルタ、チェコ、スロバキア、ハンガリー、ポーランド、スロベニア、エストニア、リトアニア、ラトビア、2007年にルーマニア、ブルガリアが加盟して27カ国まで拡大しています（※注）。

【キーワード Keyword】
欧州経済共同体・EEC

まず1952年、フランス、ドイツ、イタリア、ベルギー、オランダ、ルクセンブルクが、石炭と鉄鋼の生産や価格を共同管理する「欧州石炭鉄鋼共同体」（ECSC）を設立した。この枠組みで1958年に「欧州経済共同体」（EEC）ができ、域内の関税や輸出入障壁の引下げ、資本や労働の自由な移動、社会保障制度や労働条件の統一を図った。また同年には「欧州原子力共同体」（Euratom）も発足。1967年にこの3共同体が統合され「欧州共同体」（EC）となった。本文にある通り1973年にデンマーク、アイルランド、イギリスが加盟。その後、徐々に加盟国が増え、1993年「欧州連合」（EU）に移行した。

ドラギ総裁による絶妙の舵取りで安定しているECBのバランスシート

EUの主導権は、依然として旧フランク王国の6カ国が握っており、ユーロの主導権も同じです。先ほどユーロ導入以前のERMで、イタリアだけが変動幅を上下6％まで認められていたと書きましたが、イタリアはEU（当時はEEC）の中核メンバーであり、その通貨政策であるユーロには「多少曲げてでも」参加させなければならなかったのです。

同じように考えていくと、EUでは英国は「よそ者」であるため、明らかに英国の金融界に不利な銀行同盟とか取引税が決められてしまいます。英国はこれから「ユーロ離脱」のカードをチラつかせることになりそうです。また、今後の債務国問題でも、スペインと中核メンバーであるイタリアへの対応は、違ってくるはずです。

繰り返しですがユーロとは「全ヨーロッパの広範囲な協力体制を目指して、米国に対抗するEUの重要な通貨政策」です。そのユーロが、ようやくドルに対抗する基軸通貨として認められているのです。少しくらい（少しではないかもしれませんが）債務問題を抱えた国が出てきたとしても、後退させることは絶対にありません。

今後のユーロを考える時、その発行体であるECB（欧州中央銀行）の健全性も考えておく必要があります。ユーロの価値とは、根本的にECBの資産の健全性と負債とのバランスに影響されるからです。

2013年3月29日現在、ECBのバランスシートは2兆6481億ユーロ（335兆円）です。資産勘定の主なものは、金準備が4253億ユーロ、域内金融機関に対する

キーワード Keyword1
【東欧諸国の政変】

1989年、東欧ハンガリーで民主化運動が起こり、一党独裁体制が終わる。5月、西側・オーストリアへ通じる国境が開かれると、そこを通って1000人以上の東ドイツ国民が一斉に亡命、西ドイツへ渡る（汎ヨーロッパ・ピクニック）。これを機に「ベルリンの壁」が崩壊、1989年12月にはマルタ会談で「冷戦の終結」が宣言される。ここからチェコスロバキア、ルーマニア、ブルガリアなど東欧諸国が次々に民主化していった。

[注] EECの頃にノルウェーとスイスが加盟を認められたのですが、国民投票で否決されてしまい、両国は今もEU未加盟です。同じくEECの頃から加盟を申請しているイスラム国のトルコは、今も加盟が認められていません。

資金供給が9036億ユーロ、ユーロ建て有価証券（大半が域内の国債）が6180億ユーロです。一方、負債勘定の主なものは、通貨が8963億ユーロ、域内金融機関の預金が6698億ユーロ（約84兆円、これが日銀の当座預金に相当）、資本金・積立金が4066億ユーロです。

ECBは、2011年11月にイタリア人のマリオ・ドラギ総裁が就任してから、積極的な金融政策を矢継ぎ早に打ち出してきました。まず、就任直後から2カ月連続で利下げを行い、政策金利を1・5％から1・0％へ引き下げます。

次に2011年12月と2012年2月に、合計約1兆ユーロの資金を域内の金融機関に供給します（長期資金供給オペレーション＝LTRO）。これは「希望するだけ」の金額を政策金利（1％）で最長3年間、供給するというものでした。利回りが急上昇している債務問題国の国債を、金融機関に購入させるためでした。

1兆ユーロと言っても、既存の資金供給オペからの乗り換えもあるため、ネットの資金供給増加は5000億ユーロほどでした。そのうち2000億ユーロがスペイン、1200億ユーロがイタリアの金融機関に供給されたようです。

加えて2012年7月には、域内金融機関のECBへの預金金利を0・25％からゼロにしたのですが、これは効果があまり出ず、7月下旬にイタリア10年国債の利回りが6・6％、スペイン10年国債が7・7％まで上昇してしまいました。

そこで、2012年8月、ECBが債務問題国の国債を残存年数1～3年に限り「無制限に購入する」と発表しました。ただ、この購入はまだ始まっておらず、資産にあるユーロ建て有価証券6180億ユーロのうち2100億ユーロは、2010年5月に始まった「証券市場プログラム」（SMP）によるギリシャなど債務問題国の国債です。

視点

基軸通貨の特権はいろいろありますが、最大のメリットは「財政赤字のファイナンスが世界中でできる」ことです。本紙は今こそ「円の国際化＝基軸通貨化」を推し進めるべきだと考えます。円が世界中で流通すれば、その運用手段として日本国債が世界中で保有されることになります。日本は貿易収支の黒字が増加し、経常収支の黒字も激減しています。円が地域通貨である限り、世界中で変動幅も大きいままです。現在、世界中でリスク分散の一環として「ドル」が、リスク保有されている「ドル」、「ユーロ」が、でも円に置き換わるだけで、諸問題が解決します。

視点

最近、スペインのカタルーニャ州やバスク州で「独立」を求める動きがあります。実現性はさておき、もし独立した場合、彼らはそのまま「ユーロ」が使えるのでしょうか？ 厳密に言えば、新たにEUに加盟申請しなければ認められません。しかし、もともとフランスフランが流通していたアンドラやモナコ、イタリア・リラが流通していたサンマリノやバチカンは、EUにもERMも加盟しないまま、ユーロが流通しています。そう考えると、カタルーニャ州やバスク州が独立してもユーロが使えることになりそうです。

70

2013年1月には、2011年12月のLTROが1372億ユーロ、2012年2月分が611億ユーロ返済され、ピークには3兆600億ユーロほどあったECBのバランスシートも、2013年3月8日には2兆6481億ユーロまで減少しています。

それを受けて、特に2013年に入ってからは一時的にユーロ高となっていました。ECBの資産であるLTROにも保有国債にも、ギリシャ・スペイン・イタリアなどの債務問題国が含まれていることは事実です。しかし、同時に負債であるユーロ高というわけでもありません。

つまり、ECBのバランスシートは比較的バランスがとれており、「ドルの話」に書いた「長期債の塊」であるFRBのような問題はあまりありません。

ユーロは発足直後の「欧州の地域通貨」から「ドルを補完する基軸通貨」さらに「ドルと並ぶ基軸通貨」となり、中期的にはドルに対して「じり高」となるはずです。世界中で、ドルからユーロへのシフトが、もう少し進むはずだからです。

ただ、ユーロ圏の経済は、2012年10〜12月期に前期比マイナス0.6%（年率マイナス2.3%）と低迷しており、ECBの予想する2013年の成長率もマイナス0.5%へ下方修正されています。とりあえずは、一層のユーロ高は好ましくないはずです。

しかし一方で、ECBのバランスシートは縮小し始めています。FRBのバランスシートは拡大を続けており、日銀のそれは今後急拡大となります。だとするとやはりユーロはじり高となります。

総合して考えると、FRBの緩和が早期に打ち止めにならない限り、ユーロは対ドル・対円ともじり高になるはずで、逆にキプロス問題や、今後さらにイタリア、スペインなどの債務問題が深刻化してユーロ安となったところは、格好の「買い場」となりそうです。

【キーワード】**マリオ・ドラギ**

第3代欧州中央銀行（ECB）総裁。1947年、ローマ生まれ。米国マサチューセッツ工科大学で経済学博士号を取得、フィレンツェ大学で教授。世界銀行理事、イタリア財務省局長、ゴールドマン・サックス副会長、イタリア中央銀行総裁を経て現職。

【キーワード】**証券市場プログラム・SMP**

ギリシャ債務危機に端を発する欧州国債市場の動揺と信用低下に対処するため、欧州中央銀行（ECB）が市場から国債を買い入れる制度。2010年5月、最初のギリシャ問題が格下げになった時に約2100億ユーロ（約21兆円）の国債を購入。ドラギ総裁就任後に中断→打ち切りとなったが、2012年に再開し、スペインとイタリアの国債が購入されたとされる（購入した国債の内訳は未公表）。

2010年11月25日 銀行立国を目指したアイスランドの金融危機

「アイスランド」はユーロ構成国でもなく、欧州連合（EU）加盟国でもありません。しかし、2010年に起こった「アイルランド」の危機とそっくり同じことが、その2年前に「アイスランド」で起こっていたので、まず、これについて書いてみます。

＊　＊　＊　＊

「アイスランド」は、地球で最もマグマに近いところにある国だと言われています。数多くの活火山や温泉があり、2010年4月には氷河の下の火山が爆発し、舞い上がった噴煙で航空機の運航に大規模な支障が出ました。

もともと無人島だったのですが、9世紀頃ノルマン人（バイキング）やケルト人が移住して住み着いたようです。ちなみにノルマン人は字の通りノルウェーから、ケルト人はスコットランドやアイルランドから移住していきました。だから「アイスランド」も「アイルランド」も人種的には似通っていることになります。

クイズ番組的に言うと、「アイスランド」は930年、世界で最も古い民主議会「アルシング」が開催された国です。一時、デンマークの主権下にいたのですが、1944年に独立しました。戦後は冷戦下の重要ポイントとして米軍の空軍基地がありましたが、今はありません。面積は約10万平方キロ（北海道と四国を合わせたくらい。アイルランドより広い）で人口は32万人です。

＊　＊　＊　＊

さて、この地の果てにあり、漁業くらいしか産業のなかったアイスランドですが、1990年代から銀行立国を目指しました。たぶんスイスやルクセンブルクの真似をしようとしたのです。公定歩合は12％くらいだったので、ユーロ発足で金利が下がったユーロ加盟国（具体的に言うと英国とオランダ）から、高い金利を求めて預金が殺到しました。国内に優良な貸付先などあるはずがないため、アイスランドの銀行はその有り余る預金を、海外の不動産や株式投資に振り向けました。一部はアイスランドの狭い不動産市場にも向かったので、あっという間にバブルになりました。

アイスランドの銀行の総資産はGDP（200億ドルくらい）の10倍にもなりました。もちろん、大半は海外からの預金と海外への投資残高でした。一時はユーロ圏だけでなく世界の経済が活発で資産価格が上昇したため、アイスランドの銀行の資産内容は非常に良く見え、結果アイスランド経済も好調、1人当たりGDPは世界最高水準となっていました。

※2013年3月のキプロス金融危機では、100億ユーロの金融支援の条件に58億ドルのキプロス銀行預金者の負担が求められました。キプロスはユーロ加盟（2008年1月）以前からオフショアセンターを目指しており、10％の法人税や配当への実質無税などで主にロシアの新興財閥「オリガルヒ」の預金を大量に受け入れていました。ユーロ圏の負担でこれらの預金まで救済することは出来なかったからです。

アイスランドは2ケタの高金利国だったので、キャリートレードの資金もかなり入っていたようです。これが一気に引き上げられたので、アイスランド・クローナはあっという間に半値以下になってしまいました。

＊　＊　＊

これがアイスランド金融危機のあらましなのですが、現在起こっているアイルランド危機は、ユーロの構成国である「アイルランド」が、法人税率を12・5％と低くしてユーロ圏内から投資資金を集め、その結果アイルランド国内で不動産バブルなどが発生、銀行の経営危機が起こったということで、アイスランドとほとんど同じような構造なのです。

問題は、アイルランドはユーロ構成国なので、為替調整による対策が取れないことと、ユーロそのものの信認維持のために各国の思惑が違うことなどです。

＊　＊　＊

ところが、リーマンショックで世界の株式や不動産が暴落すると、海外からの預金の引き上げが殺到。あっという間に身動きが取れなくなってしまいました。アイスランド中央銀行は国内の3大銀行を政府管理下に置きましたが、全てのデフォルト状態でした。国内最大のカウプシング銀行は、円建て債を日本で780億円も出していましたが、デフォルトしました。そもそも、1銀行の社債を、その国のGDPの約4％も引き受けるというのも異常です。もしこれが日本なら、ある大手銀行が1行で20兆円も社債を発行するのと同じことです。

預金も凍結となりました。問題は海外（特に英国とオランダ）の預金者です。英国政府は「反テロ法」を発動してまで、アイスランドの英国内の資産を差し押さえようとしました。

闇株新聞コラム　その後のアイスランドはどうなったか

アイスランド政府はIMFから21億ドルの金融支援を受け、破綻した3大銀行を管理下に置きました。公的資金を投入すれば、銀行の負債はすべて政府（つまり国民）が引き受けることにもなります。

ところが、アイスランド国民はそれを、国民投票により拒否してしまいました。この時点での債務者はあくまで銀行のため、アイス・ランドクローナまで増えています（もっともドルベースでは69億ドルの減少ですが）。

その上、同国居住者の預金は全額保護とし、不動産ローンは担保の時価110％を超える部分を「返済免除」としたそうです。

これに対し英国やオランダは「反テロ法」を持ち出して自国内の戦犯だった中央銀行総裁ら関係者は投獄されたそうです。

にあるアイスランドの資産を差し押さえようとしたものの、泣き寝入りに終わりました。大和証券SMBCと野村証券が主幹事となり、カウプシング銀行が発行した円建て外債もデフォルトしました。

その後、経済はアイスランド・クローナの大幅下落を背景に輸出主導で急回復を遂げ、IMFの救済支援を完済。名目GDPもバブルのピークだった07年の1兆3085億アイスランド・クローナから、12年には1兆7547億アイス・ランドクローナまで増えています（もっともドルベースでは69億ドルの減少ですが）。

少なくともアイスランド国民の生活は大きな被害を受けることもなく、平和な漁業中心の生活に戻りました。ちなみに、バブル最大

2010年11月26日 為替レート調整の手が使えないアイルランドの金融危機

「アイルランド」は1990年代から、規制緩和と法人税率の引き下げを行い（12・5％と日本の3分の1）、それに当時は比較的低かった賃金水準や英語を母国語としているメリットなどもあって多くの外資系企業が入ってきました。特に製造業の活動が活発になり、成長率は10％を超えていました。

ユーロがスタートすると、アイルランドも構成国になったため、域内の為替リスクがなくなり、金利水準がやや高めのアイルランドに、今度は大量の預金が流れ込できました。

銀行は有り余る資金を国内の不動産融資に振り向け不動産バブルになったところへ、サブプライム問題とリーマンショックが直撃します。結果、銀行は大量の不良債権を抱え込むことになったのです。それをアイルランド政府が支援したため、同国の財政赤字は一気に膨らんでしまったのです。

＊　＊　＊

財政安定化支援基金から900億ユーロの緊急融資が行われることになり、ひとまず落ち着いたようです。

「アイスランド」の預金も貸し出しも大半が海外、という「空中戦」とは違い、「アイルランド」では、有り余る資金の行く先が、主に国内の不動産等であったのが違う点です。もうひとつ「アイルランド」はユーロ構成国なので、今後も為替レートの調整という処方箋が使えません。

そもそも、今回の緊急融資は「アイルランド」政府に対して行われるわけで、その意味は「早く財政再建をしなさい」ということです。ユーロ構成国は単年の財政赤字を、GDPの3％以下にするというルールがあります。構成国それぞれがこの財政規律を守り、それがユーロの信認を支えるという基本的な考えからきています。

当たり前のことですが、今回の緊急融資は財政規律を守らせるために「とりあえず助けた」ので、当然、外資依存型の「アイルランド」経済の目玉である12・5％の法人税率も見直しの圧力がかかるはずです。

＊　＊　＊

緩和しない、為替調整もやらない（もちろん域内の調整は不可能なのですが、それに加え、ユーロ自体を割安にするという方法もとらない）、財政規律は少し時間がかかっても守らせる、という処方箋を選んだのです。

ユーロ圏としては、「アイルランド」に対して、金融はこれ以上

最後に、「アイルランド」について、もう少し説明しておきまし

ょう。アイルランドはケルト人の国です。ケルト人と言うのは、もともとイギリスや欧州北部に住んでいたのですが、イギリスにゲルマン人の一種であるアングロ・サクソン人が入り込んできたため、アイルランドやスコットランドに住みつきました。

アイルランドは、1801年にイギリスに併合、19世紀ごろに大飢饉があり、当時800万人くらいいた人口が半分になってしまいました。この時、多くのアイルランド人が米国に移住しました。米国にはアイルランド系移民の子孫が3600万人いると言われています。本国の現在の人口が450万人であることからすると、いかに多くの人々が米国に活躍の場を求めたかがわかります。しかし、初めのころは米国でも、アングロ・サクソン系の移民から差別を受けていたようです。

アイルランド系米国人の中には、ジョン・F・ケネディ、ロナルド・レーガン、ビル・クリントンの元大統領がいます。現職の副大統領のジョセフ・バイデンもアイルランド系です。

＊　＊　＊

アイルランドはどちらかといえば、ユーロ圏の中で「虐げられてきた国」であるため、比較的簡単に支援のコンセンサスが得られたのではないかと思います。

ギリシャは、欧州で最も早くから文化が発達した国であり、これも、「尊敬すべき国」ということで支援のコンセンサスが得られたのではないでしょうか。

その考え方で行くと、スペイン、ポルトガルは「虐げられてきた国」とも「尊敬すべき国」とも言い難く、問題が深刻化しても、簡単に支援のコンセンサスは得られないような気がします。

【アイスランド】

●面積／10.3万平方キロメートル ●人口／31万9575人 ●首都／レイキャビク ●通貨／アイスランド・クローナ（ISK）●主要産業／水産、アルミニウム精錬、観光 ●GDP／140億ドル ●一人当たりGDP／4万3088ドル ●実質経済成長率／3.05% ●失業率7.43% ●特徴／再生可能エネルギーが85.7%（地熱と水力）

【アイルランド】

●面積／7万300平方キロメートル ●人口／459万人 ●首都／ダブリン ●通貨／ユーロ(EUR) ●主要産業／製造業、酪農畜業 ●GDP／2212億ドル ●一人当たりGDP／4万8289ドル ●実質経済成長率／0.4%（見通し）●失業率14.8%（見通し）●特徴／輸出好調でプラス成長も国内需要は依然脆弱。緊縮財政に取り組み中。

外務省データベースより

2011年7月12日 ヨーロッパの歴史からユーロの行方を探る その1

ユーロの行方を考えるにあたり、ヨーロッパの歴史をもう一度振り返っておく必要があると以前から考えていました。ユーロの行方を考えるときにも、世界の政治・経済の中心であったヨーロッパの歴史は絶対に理解しておく必要があると思います。

＊　＊　＊

現在のヨーロッパが歴史に初めて現れるのは、紀元前8世紀のギリシャです。

しかし、その周辺のエジプトでは、紀元前3000年頃から初期の王朝が生まれ、紀元前27世紀には、早くもピラミッドを建設した古王朝が成立していました。

中東でも紀元前3000年頃から都市国家が建設され、紀元前24世紀にはアッカド王朝、紀元前19世紀には古バビロニア王朝（ハンムラビ法典で有名）、紀元前9世紀にはアッシリア王朝、紀元前6世紀にはアケメネス朝ペルシャがこの地域を統一していました。

イスラエルの地でも紀元前11世紀にはダビデ・ソロモン王によりヘブライ王国が建設されていました。

＊　＊　＊

ギリシャの近くのエーゲ海では、紀元前3000年頃から海洋文化が発達していたのですが、紀元前12世紀頃からギリシャ人が南下してきて、紀元前8世紀頃には今のギリシャの地に幾つもの都市国家（ポリス）がつくられました。だいたい2000個くらいあったようです。

その中で、ギリシャとスパルタが特に強大となりました。当時、中東を支配していたアケメネス朝ペルシャとの間で何度も戦争をしていますが、ポリスの連合で切り抜けました。紀元前490年「マラトンの戦い」は有名です（現在のマラソンの起源になっています）。有力ポリス同士の戦争を一時休戦して行ったスポーツ対抗戦が古代オリンピックです。

しかし、ギリシャは紀元前338年、新興国マケドニアに滅ぼされて、長く歴史の表舞台から姿を消してしまいます。ギリシャがオスマン帝国から独立したのは何と1830年のことでした。この間2200年近く、ギリシャという国は「無かった」のです。

＊　＊　＊

ここで、マケドニアとアレキサンドロス大王についても触れておきましょう。

ギリシャの北隣のマケドニアで生まれ、紀元前334年に父親から王位を譲られた22歳のアレキサンドロス大王は、破竹の勢いで国土を広げ、33歳で急死するまでの

11年間でギリシャからインドにいたる広大な帝国を築きました。征服した70以上の都市の統治は、移住させたギリシャ人に任せていたのですが、これだけ広大な帝国にこれだけ短期間に征服した例は、歴史上では他に13世紀のモンゴル帝国しかありません。

しかし、これだけ広大な帝国もアレキサンドロスの急死後、あっという間に分裂してしまいました。1999年にマケドニアがユーゴスラビアから分離独立するのですが、これはアレキサンドロス大王と直接関係のないスラブ人の国家です。

＊　＊　＊

次に登場するのがローマ帝国です。紀元前6世紀末、ラテン人の都市国家ローマが、エトルリア人の王を追放して共和政を開始します。紀元前3世紀頃にはイタリア半島を統一しますが、ローマは西地中海の制海権を求めて北アフリカ（今のチュニジア）のカルタゴと3回にわたって戦い（ポエニ戦争。敵将がハンニバル）、紀元前146年にこれを滅ぼします。

ローマは、さらにイベリア半島南部や北アフリカを手に入れ、そのあとマケドニアやエジプトやイスラエルなども支配下にして地中海の制海権を完全に取得し、経済発展の基盤を確保します。

そして、紀元前27年にオクタヴィアヌスが皇帝となり、帝政が始まりました。ローマの領土は紀元98年に即位したトラヤヌス帝の時代に最大となり、今の英国を含むヨーロッパ全域、北アフリカ、トルコなど中東を含む地域を支配していました。

ここで、初めて現在のヨーロッパの中心地域が、ローマの属州として歴史に出てきます。現在のウィーンやパリやロンドンは、この時代にローマ様式を取り入れて建設された都市です。（つづく）

闇株新聞コラム キプロス問題は欧州の新たな火種となるか

2013年3月16日、突然「キプロス騒動」が起こりました。

キプロス政府がユーロ圏財務相会合で合意した100億ユーロの金融支援策の条件として、国内の10万ユーロ超の預金から9.9％、それ以下の預金から6.7％の課徴金を徴収するとしました。課徴金を徴収しなければキプロス大手銀行2行が破綻し、結局、預金は引き出せなくなるというのです。

実はキプロス国内の預金700億ユーロのうち、200億ユーロほどはロシアからの預金です。主な大口預金者は新興財閥「オリガルヒ」で、タダ同然で手に入れた国家財産をせっせと海外に移して税金逃れをしていました。プーチン大統領はオリガルヒと徹底的に対立していたので、ロシア国内にあれば間違いなく没収されたお金です。彼らにとっても「半分でも残れば悪くない」のです。

ロシア政府はキプロス政府に25億ユーロの債権があり、その保全のために同国の資源に手に付けたい気です。ロシア政府としては債権が保全され資源に手を出すきっかけになれば、オリガルヒの預金が半分になろうと構わず、あまり文句は言わないと思います。

最新の報道では10万ユーロ以上の預金37.5％（60％との報道も）が、銀行の株式で払われることが決まりそうだとか。紙くずでしょうが、無償放棄にはなりません。

しかし、これで乗り切れたみたいなことをする国が出てきそうで、さしあたってはスロベニアの名前が囁かれています。

2011年7月14日

ヨーロッパの歴史からユーロの行方を探る その2

ローマ帝国は「五賢帝」時代まででは繁栄と拡大を続けましたが、その後は広大な領地に設置した属州が力を付けてたびたび反乱を起こすようになり、政治・経済が次第に混乱してきました。

306年に即位したコンスタンティヌス1世は、313年に「ミラノ勅令」を出してキリスト教を公認します。ここでいうキリスト教とは、ローマの属州のひとつイスラエルで、ユダヤ教の形式性を批判して磔にされたイエス・キリストの教えで、それまでのローマでは迫害の対象になっていました。

コンスタンティヌス1世の決断は、高度に政治的計算によるものと思われ、それ以降もキリスト教は、常に各国の権力者と密接な関係を保ちながら強大化していき、ヨーロッパの歴史の中で非常に重要な要素となります。

コンスタンティヌス1世は、330年、首都をローマからコンスタンチノープル(今のイスタンブール)に移します。この背景には、コンスタンティヌス1世自身が今のセルビアあたり(つまり属州)の出身だったこともあるかもしれません。

その後ローマ帝国は395年に東西に分裂してしまいます。その理由は、ローマ帝国自体の政治的混乱もあるのですが、直接の理由は4世紀後半に始まったゲルマン民族の大移動であり、ここから中世ヨーロッパが始まり、世界の中心となっていくのです。

＊　＊　＊

ゲルマン人は、もともとバルト海沿岸地方(ドイツ北部、スカンディナビア南部)に居住していた民族ですが、紀元前後からライン川、ドナウ川の北方まで居住地を拡大していました。

その一部は、3世紀頃には人口増による土地不足から、傭兵や小作人としてローマ帝国内(属州を含む)に入り込み始めていました。従ってそのころは、ローマ人(ラテン人)に比べ、野蛮な民族と思われていたようです。

その動きに拍車をかけたのが、アジアからの遊牧民族であるフン族の西進でした。フン族は375年に黒海北部まで進出し、追い出された西ゴート族がローマ帝国内に侵入しました。

＊　＊　＊

ここで出てくるフン族とは、中国史に出てくる匈奴(きょうど)の末裔だと思われます。匈奴は、モンゴル高原を中心に活躍した遊牧騎馬民族で、秦や漢を常に脅かしていました。万里の長城は匈奴が中国内に侵入しないように作られたものです。

匈奴は紀元48年に南北に分かれ、南匈奴が後漢と手を結んで北匈奴を滅ぼすのですが、フン族はその北匈奴の末裔ではないかと言われています。匈奴は古い中国語読みでは「フンヌ」と言うそうです。

＊　＊　＊　＊

　余談ですが、北欧のフィンランドは、フン族の建てた国家だと言われています。しかし、フィンランド人はモンゴル人です。何年か前にF1で世界チャンピオンになったキミ・ライコネンと朝青龍の祖先が同じだと言われても、とても信じられません。

　しかし、フィンランド語が他のヨーロッパ語とはかなり違うそうです。フィンランド語は似ているのはハンガリー語だそうです。ハンガリー人もアジア人種と言われており姓のあとに名前が来ます。ジョージ・ソロスはハンガリー系ユダヤ人ですが、やはりアジア人には見えませんね。

　話を元に戻しますと、分裂していた西ローマ帝国は476年に、ゲルマン民族の傭兵隊長オドアケルによって皇帝が廃位され、滅亡します。

　一方の東ローマ帝国はビザンツ帝国として1453年まで存続してきたものです。

　一方、キリスト教はローマ市内のヴァチカンに作られたローマ法王庁（カトリックの総本山）に対し、ビザンツ帝国のコンスタンティノープル（東方正教会の総本山）が対立し、1054年に双方が破門してしまいます。

　そこでもう一度、このゲルマン人とは何かを考えてみたいと思います。主にローマ帝国内（属州を含む）に流れ込んだゲルマン人が、その後どうやってヨーロッパの、そして世界の覇権を握ったのかを考えてみます。（つづく）

闇株新聞コラム　ロシアに巨大な隕石が落ちてきた！

　2013年2月15日、ロシアに隕石が落ちました。直系17メートル、重さ1トンで、時速6万4000キロメートルで大気圏に突入してしまったという伝説のようです。情景から小惑星の衝突のように読めます。

　天文学者は、紀元前31-23年6月29日に直径1・25キロメートルの小惑星がアルプス上空で爆発した形跡があり、「塩の柱」はそるかに凌ぐ大きさのものも多数あったことでしょう。歴史や伝説を紐解くと、「それらしいもの」が幾つも見つかります。

　ところで直径22キロメートルもある小惑星エロス（こういう名前です）が、114万年後に地球に衝突する可能性があるそうです。恐竜を絶滅させた小惑星よりはるかに大きいのですが……そんな未来のことを心配しても仕方がありませんね。

　すぐに思いつくのが旧約聖書に出てくる「ソドムとゴモラ」です。ユダヤ人の始祖とされるアブラハムの甥のロトが暮らすソドムの町は、大変に風紀が乱れていました。唯一の神・ヤハウェが怒り、隣町のゴモラと共に滅ぼすことに決め、ロトにだけ家族を連れて逃げるように言い、その際ヤハウェは「決して振り向くな」と命ずるのですが、妻がつい振りかえってしまい「塩の柱」にされてしまったという伝説です。

2011年7月19日 ヨーロッパの歴史からユーロの行方を探る その3

当時の西ローマ帝国内には侵入したゲルマン人の部族国家があちこちに出来ており、一方、防御する西ローマ帝国側も実働部隊はオドアケルのようなゲルマン人でした。

＊　＊　＊

主にローマ帝国内に侵入したゲルマン人は、西ゴート族（スペインへ進出）、東ゴート族（まずイタリア半島へ進出）、ランゴバルド族（そのあとイタリア半島へ進出）、ヴァンダル族（当時の穀倉地帯だった北アフリカへ進出）などですが、彼らはみんな長い距離を移動する間に他民族と混ざってしまい、何よりローマ人（ラテン人）と混血して民族のアイデンティティを失っていきました。

逆にゲルマン人の中で、ローマ帝国の周辺であるドイツ北部やガリア（フランス）地方に移動したアングロ族や、イギリスに移動したアングロ族とサクソン族は、移動の距離が比較的短かったこともあり、民族のアイデンティティを失わなかったようです。

ブリタニア（今のイギリス）に移動したアングロ族とサクソン族は、9世紀に統一国家をつくるのですが、当時のイギリスは殆ど歴史の表舞台に出てこないとんでもない辺境のようでした。イギリスの歴史は、あとでもう少し詳しく書きます。

＊　＊　＊

ここで、次のヨーロッパを支配するのがフランク族です。

フランク族はドイツ北部やガリア（フランス）地方に移動後、さらに小さな部族集団に分かれていましたが、これらの小国を481年に統一したのがメロヴィング家のクローヴィスでした。

クローヴィスがフランク王国の基礎を築くのですが、なぜ数あるゲルマン人の中でフランク族のクローヴィスが次々にヨーロッパを支配することができたかといいますと、ローマ教会（カトリック）へ改宗したからです。

長くなるので簡単に書きますが、ゲルマン人も当時はキリスト教を信じていたのですが、カトリックとは違う宗派でした。そこへ、クローヴィスはフランク族を全部まとめてカトリックに改宗させたのです。まあ、はっきり言ってローマ教会（カトリック）の威光を利用するための打算に宗教が使われたのです。

ただクローヴィスの死後、メロヴィング家は徐々に力を失い、代わって勢力を持つのが宮宰（きゅうさい）と言われる官僚です。この中で全国の宮宰となってフランク王国の実権を握ったのがカロリング家のカール＝マルテルです。

＊　＊　＊

カール=マルテルの最大の功績は732年にピレネー山脈を越えて攻めてきたイスラム軍を撃退したことです（トゥール・ポワティエの戦い）。610年頃にムハンマドによって興されたイスラム教は、当時すでに広大な領土を獲得しており、スペイン半島では西ゴート族を滅ぼして後ウマイヤ朝を成立させていました。マルテルはかろうじて、ヨーロッパの中心にイスラム教徒が入り込むのを食い止めたのです。

カール=マルテルの息子のピピン3世がメロヴィング朝の王を追放し、751年にカロリング朝が成立します。ピピン3世は、イタリアのランゴバルド族の領土を奪ってローマ教会に寄付します。これがローマ教皇領の始まりで、20世紀までローマ教会（バチカン）の勢力の源泉となります。

先程書いたように、フランク族が民族全体でカトリックに改宗したことに次ぐ、ローマ教会（カトリック）に対する大サービスでした。

＊　＊　＊

一方、フランク王国という後ろ盾を得たローマ教会は、再び東ローマ帝国（ビザンツ帝国）のコンスタンティノープル教会に対して勢力争いをはじめ、その後キリスト教は完全に東西に分裂してしまいます。西のローマ教会（バチカン、カトリックの総本山）と東のコンスタンティノープル教会の総本山、ギリシャ正教ともいう）となります。

＊　＊　＊

ピピン3世の息子のカール大帝の時にフランク王国の領土は最大となり、カール大帝は800年にローマ教皇からローマ皇帝の冠を授かります。まさにローマ帝国の威信が復活したのです。

カール大帝はゲルマン人でローマ人ではなく、フランク王国内にローマがあるわけでもないのですが、この時代のヨーロッパの最大の権威はやはりローマ帝国であり、本来のローマ帝国である東ローマ帝国（ビザンツ帝国）に対抗して、ローマ教会がローマ皇帝を新たに公認したのです。つまり東西の教会が色んな意味で政治の中心にいたのです。

紀元前338年にマケドニアに滅ぼされてギリシャは国が消滅したのですが、当時のヨーロッパの東の権威はビザンツ帝国とギリシャ正教で、その中心でギリシャ人はしっかりと生き残っていたようです。

＊　＊　＊

一方、西ローマ帝国も476年にゲルマン人によって滅ぼされるのですが、当時のヨーロッパの西の権威は依然としてローマ帝国（名前だけ）とカトリックで、その中心はまだローマ人（ラテン人）でした。フランク族はその権威を利用して大きくなっていったのです。

カール大帝の死後、フランク王国は西フランク・東フランク・中部フランクの三国に分裂します。それぞれ今のフランス・ドイツ・イタリアで現在のユーロ構成国の重要国なので、次回でそれぞれを詳しく見てみます。（つづく）

ヨーロッパの歴史からユーロの行方を探る その4

2011年7月20日 闇株新聞 縮刷版

前回は、カール大帝の死後フランク王国が3つに分裂したところまで書きましたが、それぞれを少し詳しく見てみましょう。

＊　＊　＊

中部フランクは今のイタリアですが、すぐにカロリング家が断絶してしまい、国家的統一はなくなります。北部にはベニスやジェノアなどの自由都市が発達し、中部にはローマ教皇領、南部とシチリア島はイスラム勢力に支配される分裂状態が続きます。

イタリアがサルディニア王国によって統一されるのは1861年のことです。民族的にも、元々ラテン人の地域でフランク族も間もなく同化してしまうので、イタリアはゲルマン人の国ではなく、結局ローマ帝国時代からのラテン人の国ということになります。

＊　＊　＊

東フランク帝国は今のドイツですが、10世紀初めにはカロリング家が断絶し、有力諸侯から選挙によって王が選ばれるようになります。10世紀にはローマ教皇がオットー1世にもローマ皇帝の冠を授けてしまいます。

最初に冠を授けたカール大帝のフランク王国が分裂してしまっているからなのですが、ちょっと安直すぎる気がします。これにより以後ドイツは神聖ローマ帝国と呼ばれ、これまた1866年にプロイセン王国に統一されるまで存続します。

ただ東フランク帝国は、民族的には唯一ゲルマン人のアイデンティティを残して現在に至っています。

＊　＊　＊

西フランクは、今のフランスです。ここでも10世紀後半にはカロリング家が途絶え、有力諸侯の中から王が選ばれるようになります。ユーグ・カペーが987年にカペー朝を興しますが、カペー家もパリ周辺を治めているだけの諸侯の一族でした。

しかしカペー家は、その後分家のブルボン家も含めて、フランス革命を挟んで19世紀まで続くフランス王室を独占します。

今日のドイツ・フランス・イタリアはもともとゲルマン人のフランク王国から分裂したのですが、民族的には違いが生じることになります。

＊　＊　＊

民族的にフランス人は、ゲルマン人がラテン人や先住民族のケルト人などと混血し、ゲルマン人でもなくラテン人でもない独特のアイデンティティをもったフランス人となっていきます。

ゲルマン人で、フランク人と並んで重要なのがノルマン人（バイキング）です。

ノルマン人（バイキング）は、原住地にとどまったノルマン人は、ノルウェー・スウェーデン・デンマークを建国します。だからこの3国は、今でもスカンジナビア航空（SAS）を共同運行するなど親密なのです。偶然かも知れませんが、この3国はいまだにユーロ構成国ではありません。ノルウェーに至ってはEU（欧州連合）にも加盟していません。

フィンランドはフン族が建てた国と言われ、近隣ですがこの3国とは民族・言語が違います。国王てユーロ開始以来の構成国です。そしてまた最近ユーロ構成国になったエストニアも民族・言語がフィンランドに近いそうです。

＊　＊　＊

さて、ここからが重要なのですが、今のイギリスにはゲルマン人のアングロ族とサクソン族が王国をつくっていたのですが、11世紀に入りノルウェー・スウェーデン・デンマークの王を兼ねるクヌート王（もちろんこの人もノルマン人）が一時占領しイギリス王も兼ねます。

そこへ、1066年にノルマンジー公ウィリアムがイギリスを征服しノルマン朝を建てます。ウィリアムは海賊の親玉ロロの子孫で、ウィリアム征服王と言われ現在まで続くイギリス王室の始祖です。（イギリス王室は海賊の子孫なのです！）

ここでイギリスとフランスの関係がややこしくなります。つまり、イギリス国王となったノルマンジー公ウィリアムは、実際はフランス王の臣下であり、フランス国内にあるノルマンジー公国はイギリス領ということになってしまいました。

さらに、その後イギリス王にフランスの王位継承権があったりしてねじれ現象が続き、「百年戦争」（1337年〜1453年）の原因となっていきます。

今のノルウェー・スウェーデン・デンマークの沿岸部に住んでいました。他のゲルマン人の移動が落ち着いた9世紀頃から船に乗って移動を始めます。だからバイキングは「海賊」の代名詞なのです。移動を始めた理由は、他のゲルマン人と同じく人口増加による食料の不足だったようです。

そして911年、フランス北海岸のノルマンジー地方に上陸しノルマンジー公国を建てます。国王はロロといい、まあ海賊の親玉だったのでしょう。

当時のフランスは、フランク王国が分裂した直後で、カロリング家の王がまだいたのですが武力的に強くありません。そこで強そうなノルマン人にノルマンジー地方を与え、ロロをフランス王の臣下のノルマンジー公とする取引をしたのです。

＊　＊　＊

現在でもイギリスとフランスの関係が割合微妙なのは、この辺の影響もあると思います。（つづく）

2011年7月26日 ヨーロッパの歴史からユーロの行方を探る その5

今回は、ここまで国名が挙がらなかった、ポルトガルとスペインについて見ていきます。

イベリア半島は、もともとローマ帝国の属州だったのですが、ゲルマン人の移動によって西ゴート人が入り込みます。711年には、北アフリカから侵攻したイスラム教徒のウマイヤ朝にイベリア半島北部のポルトガル、カスティリア、アラゴンの3王国が勢力を増し、イスラム教徒を南に追いやっていきます。

＊　＊　＊

その中で、最も早くイスラム教徒を追放し国家の体制を整えたのがポルトガル王国でした。15世紀にはエンリケ航海王子のもとで積極的に海外に進出し、大航海時代が始まります。

ポルトガル人は、イタリア商人に制海権を独占されていた地中海を避け、まずアフリカ大陸西岸を攻めながら南下します。1488年、バスコ・ダ・ガマが喜望峰を回り、インドに到着し、ゴアを領有します。その後、高級品だった香辛料を求めてマレー半島のマラッカ、モルッカ諸島（インドネシア）などを領有し、1543年に日本の種子島に到着します。また、1557年にマカオを領有し拠点とします。

ポルトガルが世界経済に大きく影響を与えたのは、1500年にインドを目指していてたまたま到達したブラジルでした。原住民を使ってサトウキビの大規模栽培を行い、また金山の発見などもあって巨額の富を得て、その後のヨーロッパ諸国の植民地経営の先駆けとなります。

＊　＊　＊

一方、スペインは1479年にカスティリアのイザベル女王とアラゴンのフェルナンド国王が結婚してスペイン王国となり、14 92年に最後のイスラム教徒の拠点グラナダを攻め滅ぼしてイベリア半島を完全に取り返します。

その少し前から、スペインも海外進出をするのですが、ドル箱であるアフリカ回りのインド航路はポルトガルが独占していました。そこでジェノア出身のコロンブスが大西洋を西進してインドへ向かい、結果的にアメリカ大陸を発見します（もっともコロンブスは最後まで、そこがインドだと思っていたようですが）。

以後、スペインが中南米への進出を本格化させ、1521年にエルナン・コステスがアステカ王国（今のメキシコ）を、1533年にフランシスコ・ピサロが南米のインカ帝国に侵略し、広大な植民地を得ます。

スペインも原住民を使って大農場や鉱山（1545年に発見されたボリビアのポトシ銀山など）で強制的に働かせ、巨額の富を収奪します。

＊　＊　＊

スペインでは1516年にハプスブルク家のカルロス1世が即位（イザベル女王の娘と結婚した）、その息子のフェリペ2世（在位1556年〜1598年）の時代に、南北アメリカ、ネーデルラント（今のオランダ）を領有、1580年にはポルトガル国王も兼ね、「日の沈まぬ帝国」と言われる最盛期となりました。

しかし、植民地からの巨額の富を国内産業の育成などには使わず、ヨーロッパ諸国との領土争いや宮廷の浪費で使ってしまいます。そうして1588年に無敵艦隊がイギリス海軍に敗れ大西洋の制海権を失うと、あっという間に衰えてしまいます。

もう一つ、この過程で見逃せないのが奴隷貿易です。ブラジルに始まったポルトガル、スペインの南北アメリカ植民地経営では、不足する労働者を補うためにアフリカから総計で1000万人もの奴隷を連れてきたと言われます。

「奴隷」と言うと、ヨーロッパ人がアフリカへ行って奴隷狩りをしたと思われがちですが、実際に奴隷狩りをしたのはアフリカのベニン（いまのベナン共和国）、ガーナ、ソンガイなどの黒人王国です。

つまり、大航海時代を切り開いたポルトガルとスペインは植民地経営で巨額の富を得たものの、国内に留めることができず浪費してしまい、その恩恵を十分に引き継いだイギリス、フランス、オランダなどが資本の充実をすすめ、その後産業革命で更なる発展を遂げ、世界の覇権を握るのです。

一方、当時神聖ローマ帝国だったドイツとイタリアは、こういった流れに完全に遅れてしまい、その後の無理な世界大戦の遠因となっていくのです。

＊　＊　＊

ここまでで、主なユーロ構成国の歴史的な流れを見てきました。現在のユーロを支えるのはドイツ、フランス、オランダなどで、問題国がギリシャ、アイルランド、ポルトガル、そしてスペイン、イタリアです。

そしてノルウェー、スウェーデン、デンマーク、イギリス（やや語弊がありますが）といったノルマン人（バイキング）の国はユーロと距離を置いています。

2012年10月22日
国家分裂の火種 抱えるスペイン 独立問題は意外なあの国にも！

本日（10月21日）スペイン北部のガリシア州とバスク州で州議会選挙があります。月曜日の早朝には結果が判明しているはずですが、スペイン政府がECBにスペイン国債を購入してもらうために必要なユーロ圏への支援要請に影響が出る可能性があります。

スペイン現政権の緊縮財政に反対する政党が勝利を収めると支援要請ができず、金融市場が混乱するうえに、これらの州（自治州）の分離独立機運が一層高まってくるからです。

さらに11月25日には、バルセロナを含むカタルーニャ州でも州議会選挙があります。

　　　　　＊　　＊　　＊

ラホイ現首相の出身地でもあるガリシア州には、衣料品大手のインディテックス（ZARA）本社があります。また、カタルーニャ州は人口730万人（スペインの全人口は4700万人）を抱える経済の中心地であり、それぞれ「何でスペイン全体の経済不振のために緊縮財政を強いられるのか？」との不満があります。

また、バスク州はもともと民族の団結と誇りの強いバスク人の州で、所得水準も比較的高く、最も分離独立機運の強いところです。

　　　　　＊　　＊　　＊

スペインでは独裁者フランコ総統の死後、1978年公布の憲法で自治州制度が導入され、全土が17の自治州に分けられました。自治州に認められている自治の度合いはそれぞれの州によって違いますが、スペイン憲法では自治州の独立は禁じていますが、今回の選挙ですぐにこれらの州が独立することはありません。

とはいえ、結果のいかんによっては金融市場の混乱を引き起こすだけでなく、分離独立機運が高まりスペインの政治が混乱、結果的にユーロ圏全体が混乱する可能性が強くなります。

　　　　　＊　　＊　　＊

スペインの動向は今後も予断を許しませんが、分離独立について思わぬところで、もっと話が進んでしまった国があります。ユーロ圏ではないのですが、英国です。

2012年10月15日、英国のキャメロン首相とスコットランド自治政府のサモンド首相が、2014年までにスコットランド独立を問う住民投票を行うこと

闇株新聞 Q&A 債務国救済策で隣国による併合はあるか

【質問】
企業や自治体が合併することがありますが、国家間でも政治統合や国家自体を統合する等は今後あるのでしょうか？ ユーロ加盟国は他の加盟国の財政がどれほど逼迫しても、統合で救済するなどはあり得ないのでは？・・やはりユーロは失敗だったのでは？

【答え】
歴史的に見ても国家の統合は、強国が弱小国を一方的に統合してしまうケースが圧倒的に多く、同じような力の国同士が統合したケースは60年代のアラブ連合共和国（今のエジプトとシリア）くらいしか思いつきません。これも10年位で分離してしまいました。

むしろ圧倒的に多いのが、過去何かしらの理由で異民族・異宗教・異言語などの民族が同じ国に押し込められてしまったところが、分離独立を求めるケースです。スペインのカタルーニャ地方、英国のスコットランド地方、ベルギーのフラマン地方などです。分離するトルコのクルド族などは経済力が無いため排斥を受け続けています。

ユーロは、政治的統合ではなく、あくまでも金融政策と通貨政策のみを統合させたものです。確かに債務問題国への救済措置や、ルールが無いなど制度的な欠陥がありましたが、失敗と言うほどのものではないと思います。ユーロとはあくまで欧州諸国の結合を強めて米国に対峙するための政策の1つであり、経済的な理由だけで止めてしまうことはありません。

＊　＊　＊

そもそもスコットランドは1707年に英国と統合されたのですが、現在の英国王室の直接の祖先は、スコットランド王ジェームス6世（英国ではジェームス1世）で、エリザベス1世に処刑されたメアリー・スチュアートの息子です。もし独立したらスコットランドだけの王室を復活させるのでしょうか？

＊　＊　＊

まあ、サッカーのワールドカップ予選で、イングランド代表とスコットランド代表が別々のチームとして出場するくらいに留めておいた方が良いでしょうね。

それでも、スコットランドの住民投票が認められたことで、カタルーニャ州の独立派は大いに盛り上がっているようです。

日本でも大阪の橋下知事や沖縄の仲井真知事は、文句ばかり言っていないで、いっぺん「独立するぞ！」くらいの発言をしてみたらいいと思うのですが、どうでしょう？

＊　＊　＊

また、ロイヤルバンク・オブ・スコットランドが発行する「スコットランド・ポンド」は、英国ポンドと等価で流通しています。もちろんスコットランドでは英国ポンドも流通しているのですが、逆にロンドンなどでスコットランド・ポンドを出すと嫌がられます。もし、スコットランドが独立したら、通貨はどうするのでしょう？ スコットランド・ポンドをそのまま使うのであれば、あっと

いう間に英国ポンドとの等価は維持できなくなり、かなり減価してしまいそうです。

警察は？ 軍隊は？ と考えていくと、英国政府としては「独立出来るものなら、やってみろ」と言ったところなのでしょう。

3章 闇株的見方

為替をどう見るか？ その3

闇株的見方 第3章
為替をどう見るか？その3

人民元

この10年で約4倍に成長した中国経済
2012年名目GDPは8兆4000億ドル

最近は少し減速しているようですが、中国経済は特に今世紀に入ってから大きく拡大しています。中国の2011年の名目GDPは、47兆2881億元（7兆3184億ドル）でした。2002年は12兆322億元（1兆4538億ドル）[出典1]でしたので、この10年間に人民元ベースで3・93倍、ドルベースで5・03倍になっています。この間、中国の物価は1・56倍[出典2]なので、単純に引き直しても実質ベースで2・50倍になっています。

2012年の名目GDPは52兆1800億元と推定されるので、現在の1ドル＝6・2010元で換算すると、約8兆4000億ドルとなります。2012年の米国の名目GDPは約15兆6500億ドル[出典3]なので、中国経済は米国経済の53・7％まで追い上げていることになります。ちなみに2002年は13・6％しかありませんでした。

[出典1] 「貿易振興会」資料より（ドル換算も含めて）
[出典2] IMF「World Economic Outlook Databases」2012年10月から推測
[出典3] IMF「World Economic Outlook Databases」2012年10月より

急成長を支えた資金はどこから来たか!?
中国人民銀行のバランスシートから読み解く

一方、日本の名目GDPは2002年が487兆9600億円、2011年が468兆1900億円なので、この間に4％も減っています。

また2012年の日本の名目GDPは475兆7290億円ですが、中国の2012年の名目GDP 52兆1800億元を、現在の1人民元＝15・72円で換算すると820兆円にもなります。最近急激に円安になったこともあるのですが、中国との差があっという間に開いてしまったことになります。

中国の経済発展を支えた「資金」はどこから来たのでしょうか？それを考えるために、普段あまり目にすることのない**中国人民銀行**のバランスシートを見てみることにします。

もちろん中国人民銀行は中国唯一の発券銀行です。

2013年1月末現在の中国人民銀行のバランスシートは、29兆7931億元です。直近のレート1人民元＝15・72円で換算すると468兆億円となり、2013年3月29日現在164兆円の日銀の2・85倍もあります。

中国人民銀行の総資産の84・9％にあたる25兆2943億元が「外貨資産」です。つまり中国人民銀行の総資産の大半が「中国以外の資産」なのです。これは、日銀の総資産の90・5％が米国国債と住宅ローン担保証券（MBS）であることや、FRBの総資産の76・2％が日本国債であることとは、根本的に違います。

一方、中国人民銀行の負債勘定で主なものは、6兆8818億元（23・1％）の人民元

キーワード

【中国人民銀行】
【中国銀行】

中国の中央銀行。設立は1948年。それまで各解放区に1行ずつ置いていた銀行の機能を併せ持つ「中国唯一の銀行」を統一した。以降、中央銀行と市中銀行業務を併せ持つ「中国唯一の銀行」（1983年まで）として、人民元発券、預金、貸付、為替など、銀行業務の全部を行っていた。1995年の「中国人民銀行法」により中央銀行業務のみとなった。「中国為替管理局」はかつて中国人民銀行の外国為替部門だったが、1979年に独立組織となり、1994年に商業銀行となった。香港の中国銀行も同じだが、2001年から別法人となっている。

［出典4］日本銀行は2013年3月29日の毎旬報告、FRBは2013年3月28日のFRB Releaseより。

紙幣、18兆4125億元（61・8％）の政府預金です。この預金取扱機関からの預金、2兆3966億元（7・0％）の政府預金です。この預金取扱機関からの預金とは全く違い、ほとんどが法定準備預金で操作された資金のかなりの部分が滞留している状態とは全く違い、ほとんどが法定準備預金で供給された資金のかなりの部分が滞留している状態とは全く違い、20％前後の法定準備預金の操作が重要な金融政策になります。つまり、市中に資金が余っているからでなく、不足しているから中国人民銀行が強制的に預かっているのです。

要するに中国人民銀行は、国内からほぼ一元的に買い取った25兆2943億元の「外貨資産」をもとに、6兆8818億元の紙幣を発行し、18兆4125億元の準備預金を預かっています。預金準備率を20％とすると、約92兆元の信用が創造されていることになります。96兆元は、現在の1人民元＝15・72円で計算すると1446兆円にもなります。

これが中国経済成長のエネルギーであり、バブルの「おおもと」、それを根本から支えているのが「外貨資産」なのです。中国人民銀行の「外貨資産」が、中国の「外貨準備」と完全に一致しているわけではなさそうですが、貿易黒字と海外からの資本流入で積み上がった「外貨資産」をもとにした信用創造が、中国経済を発展させているのは間違いありません。

中国国内に外貨資産が流入した理由を探る——1
香港ドルに学んだ「ドルに固定する」メリット

どうして中国国内にこれだけの「外貨資産」がたくさん流入したのでしょう？　それは最初から人民元がドルなどの外貨に比べ「とんでもなく割安」に設定されていたからです。

> **視点**
>
> 2012年12月末の中国人民銀行の「外貨資産」は24兆1416億元で、これを同時点の1ドル＝6・23人民元で計算すると3兆8750億ドルとなるのですが、同時点の中国の外貨準備高は3兆3100億ドルとなっています。中国人民銀行の「外貨資産」以外に外貨準備があるのか、中国人民銀行が「外貨資産」を今より人民元安で評価しているのかは分かりません。

その辺を少し詳しく見てみましょう。

一見、関係がなさそうなことから書きます。1997年7月、**香港が英国から返還され**ました。香港には昔も今も独自の通貨当局（香港金融管理局）があり、「**香港ドル**」が流通しています。

1983年以来、香港ドルは1米ドル＝7・8香港ドルに固定されており、2005年5月以降は1米ドル＝7・75〜7・85香港ドルの範囲内でのみ変動するようになりました。まだ英国領だった時代、香港ドルにはエリザベス女王の肖像が印刷されていましたが、それが（英ポンドではなく）「米ドルに固定されていた」というのも奇異な感じがします。

ともかく、そのために香港の金利は、常に米国とほぼ同水準に維持されていました。香港のインフレ率や土地価格の上昇率は常に米国金利よりも高かったため、香港ドルを借りて不動産事業などのビジネスを行えば利益が出る可能性が高く、香港経済の発展を支えてきました。これが香港ドルを米ドルに固定するメリットでした。普通はインフレ率が高いと、その国の通貨は値下がりしてしまうのですが、米ドルに固定していると値下がりせずに資本流入が続くからです。この状況は基本的に現在も変わらず、香港の政策金利は2008年12月以降、ずっと0・5％となっています。

香港ドルは、香港金融管理局の監督のもと、20香港ドル以上の紙幣は「香港上海銀行」（HSBC）、「スタンダード・チャータード銀行」、「中国銀行」（中国人民銀行とは違います）が発行しています。これらの発券銀行は香港ドル紙幣を発行する際、それに見合う米ドルを香港金融管理局に預託しています。

中国政府は1997年7月に香港が英国から返還された時、「一国二制度」として香港の金融システムを残したのですが、同時に中国政府がこの金融システムのメリットを最大

キーワード Keyword

【香港の英国統治】

1839年、清朝と英国の間で「アヘン戦争」が勃発。翌年の「南京条約」で英国軍が香港島を占領、1841年に英国に割譲が決まる。さらに1856年の「第二次アヘン戦争」で九龍半島も英国に渡り、九龍以北は99年間の租借となった。1941年からは日本が統治したが、第二次世界大戦後は、再び英国の植民地となる。以降、英国植民地として繁栄したが、租借地の返還期限が迫る中、1984年にサッチャー英首相と鄧小平国家主席（共に当時）が交渉、1997年7月1日の返還が決まった。

中国国内に外貨資産が流入した理由を探る—2
とんでもなく割安な固定レートを頑に維持した

中国では輸出振興のため、貿易用には割安なレートを適用する「二重相場制」が1993年頃まで続いていました。その後「GATT」（関税及び貿易に関する一般協定）加盟のために二重相場制の是正が必要とされると、1994年に人民元を割安な貿易用為替に鞘寄せさせ、大幅に切り下げてしまいました。人民元は1ドル＝5・80人民元から8・70人民元となりました。

香港が返還された1997年7月、中国政府は香港ドルに合わせ、人民元も1ドル＝8・28人民元に"固定"してしまいました。この"とんでもなく割安"なレートは、ちょうど同時期に「**アジア通貨危機**」が勃発し、タイバーツなどがドルに対して急落したために、目立たなかったのです。しかも、中国政府は「このとんでもなく割安」な、1ドル＝8・28人民元というレートを2005年7月まで維持してしまいます。

同時に厳しい為替管理政策をとり、国内の外貨はすべて中国人民銀行（中央銀行）が買い取りました。これは実質的に、貿易など実需以外の為替取引を禁止することになり、投機により人民元が上昇することを防ぐ効果がありました。

その結果、当然、中国の外貨準備は急増します。1996年の1000億ドルが2001年には2000億ドル、2003年には4000億ドル、2005年には8000億ドルまで積み上がります。

限に利用したようです。

キーワード Keyword!

【香港ドル】

香港の通貨。コードはHKD。1842年に英国統治となって以降も香港には独自の通貨がなく、主にメキシコドル（銀貨）や主要国通貨がごちゃまぜに使われていたようだ。1935年から香港の香港上海銀行（HSBC）が「香港ドル」を発券。日本統治下では一時「軍票」が使われたが、第二次世界大戦後に再び英国植民地となり「香港ドル」が復活した。1972年までは英ポンドに連動するペッグ制、それ以降は米ドルに連動するペッグ制となった。

外貨準備とは中国企業が貿易黒字を稼ぎ、外国企業が中国に直接投資をした結果、流入した外貨を、中国人民銀行が一元的に買い入れたものです。つまり2001年以降の人民元は、中国企業が多額の貿易黒字を稼ぎ、外国企業が中国に多額の直接投資をさせるほど「十分に割安」だったことになります。

中国政府は2005年7月21日、人民元を対ドルで2.1％切り上げ、1ドル＝8.11人民元とし、その後も緩やかな上昇を容認します。それにより人民元は、2008年7月に1ドル＝6.82人民元まで上昇します。

これは「人民元が割安過ぎて他国に申し訳ない」と考えたのではなく、国内のインフレ対策のため、外貨の流入スピードを微調整する必要があったからです。しかし、米国発の金融危機が起こると再び1ドル＝6.82人民元で「固定」して、2010年6月までの維持します。この間も、中国の外貨準備の増加は加速を続け、2006年に1兆ドル、2009年2月に2兆ドル、2011年3月に3兆ドルを超え、2011年の年末には3兆1800億ドルになります。

大雑把に言って、2002年〜2011年の10年間で外貨準備は3兆ドル増えたことになります。その内訳は1.9兆ドルの貿易黒字と1.1兆ドルの資本流入でした。その間に中国の名目GDPは12兆元から47兆元まで増えたのです。この10年間で流入した3兆ドルは、2008年7月〜2010年6月に「固定」されていた1ドル＝6.82人民元で換算しても20兆元以上となるため、20兆元以上の外貨が名目GDPを35兆元増やしたことになります。

これが2002年〜2011年の「中国経済急拡大」の姿なのです。繰り返しですが、この10年間で3兆ドルもの外貨が流入するほど「人民元が割安だった」わけで、中国経済

キーワード Keyword

【GATT】

関税及び貿易に関する一般協定。読み方は「ガット」。関税その他の貿易障害を実質的に軽減し、自由貿易を促進・拡大していくための協定。1948年にスイスのジュネーヴで23カ国が参加し最初の交渉が行われ、2001年の「ドーハ開発ラウンド」までに9回開催されている。1986〜1995年の「ウルグアイラウンド」では125カ国が参加した。特徴は、輸入禁止や数量制限措置を原則禁止として、関税のハードルに置き換えるというコンセプト。輸入禁止や数量制限を設けない代わりに関税を設定できる。次に、この関税を各国間の交渉により引き下げていくという手順。一国により引き下げた関税は、全参加国に対しても引き下げなければならない（最恵国待遇）。また輸入品に割高な税金を課して国産品を優遇することも禁止している（内国民待遇）。農産物に関しては最低輸入機会を設ける「ミニマムアクセス」などのルールもある。

中国の財政政策が抱える構造的な問題
「ドルばかりを持ちすぎている」リスクが噴出

はその恩恵を最大限に享受しながら「経済大国」となって行ったのです。

しかし単純に「人民元が割安だった」「厳しい為替管理政策をとった」だけでは理由としては不十分です。「中国国内の状況に応じて人民元を米ドルに固定していた」「厳しい為替管理政策をとった」「人民元の固定レートを微調整した」を組み合わせることによって、その恩恵を最大化していったことになります。

その原型は、やはり香港ドルを米ドルに固定したことで、香港経済が発展を続けたところにあると思います。デメリットは中国人民銀行が巨額の為替リスクを負うことですが、そのぶん中国企業や中国人民が為替リスクを気にすることなく思い切った経済活動が可能となりました。これは1971年8月のニクソンショック以降、常に日本人の事業活動や投資活動が巨額の為替リスクを背負っていることと大違いです。

中国政府は2010年6月19日に「人民元の弾力性を高める」との声明を出しました。

これは人民元を従来の米ドルだけでなく、ユーロや円や韓国ウォンなども加えた「通貨バスケット」に連動させるものです。この時点までの人民元は1ドル＝6・82人民元でまだ「固定」されており、その時点の外貨準備は約2兆5000億ドルでまだ「急増中」でした。

「人民元の弾力性を高める」背景は表向きの説明とは違い、金融危機後の米国経済とドルに対する漠然とした不安を反映したものです。米国が積極的な金融緩和を続けて「ドル安」になることは想定されていたため、そのままドルにだけ連動させて人民元安が進むことに

キーワード【アジア通貨危機】 Keyword

1997年7月のタイ・バーツ暴落を皮切りに始まった、東アジアと東南アジア諸国の連鎖的な通貨下落。アジアでは自国通貨をドルに連動させる「ドル・ペッグ制」を採用している国々が多かった。この頃、韓国や東南アジアは工業化をした経済成長があった中、レーガン大統領の「強いドル政策」によりドル高が進むと、それに連動してアジア諸国の通貨も値上がりした。するとこれらの国々で生産した工業製品の割安さが薄れ、経済成長が停滞することになる。通貨が高いのに経済成長が停滞する矛盾を突いて、ヘッジファンドが大量に各国通貨を売り浴びせたのが原因。介入資金に乏しいアジア各国は、これにより変動相場制に移行した。

視点

もちろん貿易黒字と資本流入（資本収支の黒字）の合計が、そっくり外貨準備の増加になっていることは「偶然」です。しかしそれだけ中国政府の外為管理体制が「最近まで」万全だったことが分かります。

よるインフレを懸念したはずです。

想定通りに「ドル安」が進んだため、結果的に人民元はドルに対して上昇を続け、現在(2013年4月5日)では1ドル＝6・2010人民元と史上最高値圏となっています。対円では、15・72円です。中国政府にとって最大の課題は、依然としてドルが70％を超えている外貨準備の通貨分散ですが、思うように進んでいないようです。

不思議に思うのは、米国財務省の発表する2012年12月末の米国国債の国別保有額では、中国は世界最大ではあるものの1兆2028億ドルで、同時点の外貨準備総額3兆3100億ドルの36・3％でしかありません。中国の外貨準備の70％がドルだと言われており、普通はドル資産の大半が米国国債になるはずなので、辻褄が合いません。

しかし、もっと真剣な問題は、2012年に入ってあれだけ好調だった外貨流入のスピードが細ってきていることです。外貨準備は2011年12月末が3兆1800億ドルだったのが、2012年12月末には3兆3100億ドルです。史上最高は更新しているものの1年間で1300億ドルしか増えていません。2012年の中国の貿易黒字は2300億ドルなので、1000億ドルもの資本が流出したことになります。

これは海外からの資本が流出したのではなく、中国国内から為替管理をかいくぐって資本が流出している可能性もあり、特に2012年4月に薄熙来・上海市長(当時)が失脚して不正蓄財が疑われた影響もあって、4～6月だけで714億ドルもの資本流出となったことが影響しています。単純に考えて、外貨の流入が止まったりあるいは流出に転じると、今まで中国経済の成長を支えていた基本的構造が崩れることになります。

そして、これから起こりそうな深刻な問題が2つあります。

最初の問題は、人民元がどこかで割安でなくなることです。人民元は1997年7月に

視点

「通貨バスケット」とは、米ドルに加えてユーロ、円、韓国ウォンを主要通貨とし、それにポンド、豪ドルなどを加えた11カ国通貨で構成されるのですが、その構成比率は発表されていません。そもそも2005年7月はに人民元を実質切り上げた際に導入されたことになっていたのですが、2010年6月まではドルのみに連動していたようです。

視点

ちなみに日本では、2012年12月末の外貨準備の1兆2681億ドルの中に、米国国債が何と88・3％の1兆1202億ドルもあります。

1ドル=8・28人民元に「固定」されて以来、緩やかに上昇してきたものの常に「割安」でした。しかし、金融危機以降、先進国のほとんどの金利は限りなくゼロになっています。ドルに連動している香港の政策金利も0・5％です。

中国の政策金利は、約6％の貸出基準金利と約3％の預金基準金なのですが、いずれにしても先進国（？）のなかで突出した高金利国となります。これは同時に中国が突出した高インフレ国であることを意味します。高インフレ国あるいは高金利国の通貨は、教科書的には「安く」なります。インフレで価値が目減りしてしまうからです。

中国はこれまで常に"割安な人民元"の恩恵を受けてきましたが、世界の低インフレ・低金利傾向が続く中、このまま人民元をドルまたは通貨バスケットに固定していると、どこかの時点で「割安」ではなくなってしまうことになります。もちろん、人民元を、ドルまたは「通貨バスケット」に対して安くすることもできるのですが、それこそ本格的な資本流出を招くことになってしまいます。

もう一つの問題は、中国人民銀行の外貨資産の"劣化"です。実は「中国の外貨準備」と「中国人民銀行の外貨資産」、それに「中国全体にある外貨資産」がどういう関係になっているのかはよくわかりません。中国全体にある外貨資産とは、中国政府と中国企業が行う海外投資を含む金額です。

よく「中国の政府系ファンドが日本株を大量に買っている」とか「中国政府がアフリカなどの資源国に巨額投資をしている」などと聞くのですが、これらの資金（外貨）はどこから来ているのでしょう？ 先ほど「中国の外貨準備が3兆3100億ドルで、その70％がドルなのですが、米国財務省の発表する中国の米国国債保有が少なすぎる」と書きました。要するに中国人民銀行の外貨資産のドル資産は、実感では1兆ドルほどが「何だか分

からない」のです。ドル以外の「外貨資産」の内容も何だか分かりません。

あくまでも推測ですが、中国人民銀行の外貨資産はかなり劣化している可能性があります。「外貨資産」として計上されているだけで、そこからどこへ投資されてどうなっているのかが「わからなくなっている」可能性があります。

特に最近は、中国共産党幹部の海外における不正蓄財が囁かれていますが、実際問題として為替管理をかいくぐって海外に巨額資金を送ることは難しいはずです。そうすると中国政府あるいは中国人民銀行の「外貨資産」が、どこかで中国共産党幹部の個人や親族の資産に「振り替わっている」と考える方が自然です。

いずれにしても、中国人民銀行の資産の大半を占める外貨資産は、中国経済発展にとって必須のものです。それをもとに通貨が発行され、国内の信用創造が行われているからです。その外貨資産が劣化しているとなれば、中国経済そのものと人民元への信用が損なわれることを意味します。

人民元の相場については、中国政府の意向を１００％反映しているのですが、中国人民銀行自体はインフレ懸念もあるためこれ以上の金融緩和は難しく、少なくとも通貨バスケットに対して人民元が下落することはないと思われます。

ただ、最近の急激な円安で人民元の対円レートが２０１２年夏頃の12円台前半から15円台後半まで急上昇しており、なんらかの「対策」が出てくるかもしれません。

2011年8月22日 なぜか東証が問題視しない中国企業の詐欺的上場 その1

中国系企業が東京証券取引所を舞台に、呆れるほど大胆な事件を多発しているにもかかわらず、東京証券取引所を含む当局は一切問題視していません。日本の上場企業や日本の投資家に対しては厳しいルールを課し、どんどん摘発しているのに比べ、目に余るほどの「中国寄り」の姿勢です。

酷いのは、最初から日本の投資家から資金を騙し取る目的であったとしか思えない中国系企業の上場がいくつもあるのですが、ちょっと事前に調べれば明らかにおかしいと分かるものばかりでした。事例を幾つかご紹介しましょう。「幾つか」といっても、中国系上場企業の全てが問題だったと言ってもよいのですが。

＊　＊　＊

最初は、2007年4月26日に東証マザーズに上場したアジア・メディアです。中国系企業の東証上場第1号で、上場時の時価総額が362億円もあったのですが、約1年後の2008年6月、崔兼平CEOが子会社の預金約16億円を私的に流用していたことが分かり、同年8月に上場廃止となりました（直接の上場廃止理由は監査意見不表明）。

アジア・メディアはバミューダを本籍とする持ち株会社で、実態は連結子会社である北京のソフト開発会社（複数）のようでした。これらの連結子会社も情報開示がほとんどされず、上場後も実態が分からないままでした。

恐らく、何の実態もなかったでしょう。仮にあったとしても、それは上場したアジア・メディアとは何の関係もなかったはずです。一体、監査法人（あずさ監査法人）はどうやって監査していたのでしょうか？

また、バミューダ籍の会社は、日本の株主に認められている株主代表訴訟や損害賠償請求などの権利の行使が不可能なのです。上場時の同社の発行目論見書にも、その旨はっきりと書かれています。

東京証券取引所は、形式的な情報開示をしていれば、それがどんなに恐ろしいことでも「あとは投資家の自己責任」としたのでしょうか？ 少なくとも、日本の会社だったら絶対に上場させなかったはずです。中国に遠慮しているのですが、東京証券取引所も幹事証

＊　＊　＊

崔CEOの私的流用にしても、上場会社のステイタスを利用して子会社に資金調達させ、それを流用するもので、中国本土でも同じようなことを何度かやっていたようです。こういう風評は現地でちょっと確認すれば分かるはずな

券の野村証券も何もしていたのでしょうか？

日本の企業であれば、上場予定会社の代表者・役員・株主・取引先から退任した役員、株主、株式を売却した株主までも含めて全員徹底的に調べます。ちょっとでも「怪しい経歴」の持ち主がいたら、絶対に上場させないルールになっているのではなかったでしょうか？

最も大きな問題は、最大362億円の時価総額になった「株券」（＝紙くず）を、かなりの部分現金化して、2004年創業時の株主（もちろん全員中国人）が懐に入れたことです。

東京証券取引所の斉藤社長は、最近のMBO（経営陣による自社買収）の急増に「投資家を愚弄している」とおっしゃいましたが、こういった中国系企業は「投資家を愚弄していない」そうです。

これに比べれば、はるかに軽微な犯罪であったライブドアには、堀江元社長以下の経営陣に76億円の損害賠償が課されています。法人としてのライブドアにも、フジテレビ（！）の345億円をはじめ、合計700億円もの損害賠償が課されているのです。（つづく）

＊　＊　＊

上場廃止後は、ご丁寧に200万株を1株に併合し、旧株を15円で全部取得して去って行きました。上場時の公募価格は640円。株主代表訴訟も損害賠償請求もできず、株主は全くの泣き寝入りとなりました。

その資金を提供したのはすべて日本の投資家ですが、中国ブームに乗り遅れないようにと思ったのか、機関投資家も相当いたようです。フィデリティ投信がかなり保有していたようですが、その投信の購入者も、日本人でした。まさか、中国に対する無償ODAのつ

闇株新聞コラム　なぜ外務省は尖閣国有化に暗躍したのか

2012年9月、日本政府が尖閣列島を国有化したことに反発する大規模な反日デモが、80都市以上に広がり、日系企業は大変な被害に遭いました。また、これ以降、漁船や警備船・航空機の領海領空侵犯が日常的になりました。

この問題は、せっかく日本が実効支配していた尖閣列島を、わざわざ政府が国有化して中国および中国人民に反発の理由を与えてしまったことに尽きます。どうも外務官僚が暗躍していたようです。

なぜ、こうした事態になることがわかっていながら、彼らは尖閣列島の国有化を進めたのでしょうか。「暗躍」が言いすぎでも、野田首相や玄葉外務大臣（当時）に

「警告」することはできたはずです。省益が国益に優先するのはすべての官僚組織に言えますが、特に外務官僚にとって最も大事なものは外務省です。入省時に中国語を学んだ外務官僚は「チャイナスクール」の外務官僚は、ずっと中国関係の部署で出世を争います。特に「チャイナスクール」の外務官僚は絶対に中国政府と戦いません。

だとすれば、答えは1つです。国有化が中国政府を日本政府に対して有利な立場に置き、新たに発足する習近平体制の地盤強化に役立つと考えたからです。

尖閣列島はどう見ても日本が実効支配しています。中国政府が最も困ることは「日本があらゆる挑発に乗らず無視し続けていること」だからです。あくまでも本紙の主観的見解ですが、それほど外れているとも思いません。

2011年8月24日 なぜか東証が問題視しない中国企業の詐欺的上場 その2

中国系企業の東証上場にかかる大がかりな不正と、呆れるばかりの東証の「中国寄り」姿勢についての続きです。

中国系企業の東証上場は、前回ご紹介したアジア・メディア（上場廃止）のほかに、新華ファイナンス（東証マザーズ・コード9399）、現社名・新華ホールディングス）、チャイナ・ボーチー（東証1部・コード1412）の計3社ですが、見事に3社とも問題だらけです。

3社とも、何と東証単独上場です。世界中どこにも上場していない中国企業が、東証にだけ上場していたのです。自国である中国も含め、どこの取引所も見向きもしない企業の株式を、東証だけが上場させ、日本の投資家に大量に買わせていたのです。東証の責任はとてつもなく重大です。

　　＊　＊　＊　＊

新華ファイナンスは、2004年10月に東証マザーズに上場しました。初値が16万3000円で、2005年3月には43万9000円まで上昇しました。現在は、途中3分割をしているとはいえ1000円前後で、実に高値から150分の1になっているわけです。

もともと、中国国営の新華社通信の関連会社と適当な提携をして、「新華」の名前を付けているだけで、新華社通信とは何の関係もなく、これひとつ取ってみても「胡散臭い」会社であることが分かります。

当然、業績は大赤字。現在は売り上げもほとんどなく、債務超過による上場廃止も時間の問題のようです。

2011年5月、新華ファイナンスの元CEOを含む元幹部3名（中国人ではありません）が、在任中のインサイダー取引などの疑いで米国の大陪審に起訴されました。3名はこれらの取引で5000万ドル（40億円）以上の不正利益を上げていたようです。

東証上場後の2005年7月、米国ナスダックにADR（米国預託証券）を上場させ、その際、米国証券取引委員会に提出した有価証券報告書に虚偽があったからです。それどころか、東証は「（元幹部の）起訴だけをもってただちに上場廃止や管理ポスト割り当ての理由にならない」とあくまでも「中利益を日本の投資家に提供させた東証は、現在に至るまで何のアクションも起こさず、新華ファイナンス（現・新華ホールディングス）は何事もなく取引されているのです。

それどころか、東証は「（元幹部の）起訴だけをもってただちに上場廃止や管理ポスト割り当ての理由にならない」とあくまでも「中国証券）を上場させ、その際、米国証券取引委員会に提出した有価証券報告書に虚偽があったからですが、そもそも真っ先にこのインチキ会社を上場させ、3名の不正

闇株新聞　2011年（平成23年）8月24日（水曜日）

「国寄り」の発言を続けています。

東証は現在も、日本の上場企業や投資家や監査法人に対してまで、大変に厳しい「指導」を繰り返しているのと比べても、非常に奇異な感じがします。今回は、たまたま米国当局がこの「典型的な上場詐欺」を暴いてくれるはずなのですが、その時、東証はどんな言い訳をするのでしょうか？　繰り返しですが、その不正な利益の原資は、すべて新華ファイナンスの株を高値で買わされた日本の投資家なのです。

＊　　＊　　＊

＊　　＊　　＊

もう1社は、2007年8月に東証1部に上場したチャイナ・ボーチー（下に月足株価チャートあり）です。これもケイマン籍の会社で、傘下に火力発電所の排煙脱硫などの環境保護システムの設置・管理を行う北京博奇があるようですが、例によってその資本関係が全く明確ではありません。日本の投資家が株主代表訴訟や損害賠償請求が不可能なことも、アジア・メディアのケースと同じです。

今のところ、それほど大赤字でもなく、株価も高値から30分の1程度に踏みとどまって（？）いるのですが、大がかりな不正経理がありそうなことが、一部の経済雑誌に掲載されています。たぶん、その通りなのでしょう。

＊　　＊　　＊

以上が、中国系企業の上場に関する問題です。最大の問題は、東証の驚くべき無責任で、反省が全く見られません。日本の上場企業や投資家への対応と明らかに違った「中国寄り」の態度です。

上場に係るセラーテムテクノロジー（ジャスダック・コード4330）やパシフィックホールディングス（倒産・上場廃止）などの中国がらみの不明朗な取引も数多くありますが、ここで

は省略します。これらも多額の不正利益が中国に持ち帰られているはずです。

それ以外にも、明らかに中国を隠れ蓑に使った日本人と思われる不正取引も数多くあるのですが、これらも含めて日本の当局は全く問題視していません。これも、中国に対しての「反省」と「お詫び」のつもりなのでしょうか？

【チャイナボーチー】

第 3 章｜為替をどう見るか？　その3

2012年3月7日 「中国問題」に切り込めるか!? セラーテムの架空増資事件

東京地検特捜部は2012年3月6日、ジャスダック上場のセラーテムテクノロジーの社長ら3名を「虚偽の中国企業買収を公表した」疑いが強まったとして、金融商品取引法違反（偽計）の容疑で逮捕しました。

同社が2009年11月13日に発表していた「英領バージン諸島籍の中国系ファンドを割当先とした15億円の第三者割当増資」が、同年12月16日に「払い込まれた」と発表したことが虚偽とされているはずですが、同じ11月13日に発表していた中国IT企業「北京誠信能環科技有限公司の子会社化」が虚偽とされているとも取れる報道もあります。

＊　＊　＊

つまり、ファンドは7億5000万円の「見せ金」で、15億円のセラーテム株式を取得し（議決権の過半数に相当）同社の経営権を取得したのです。セラーテムが取得した中国IT企業に本当に価値があったかどうかも疑わしいのですが、仮に価値があったとしても、その親会社となったセラーテムの株式の過半数を「タダで」手に入れて経営権を取得しているため、

ファンド（実際はファンドの支配者）にとっては何の問題もないのです。

＊　＊　＊

セラーテムの15億円の増資は半分が現金の払い込み、残り半分がファンドからの貸付金の現物出資となっており、その15億円で中国IT企業を買収しています。あく

までも推測ですが、カラクリはこうだったと思われます。まずファンドが7億5000万円をセラーテムに貸し付け、すぐに現物出資で株式化します。セラーテムはその7億5000万円で中国IT企業の買収資金の半分を支払い、中国側は受け取った7億5000万円でもう一度セラーテムの増資に払い込み（これで15億円の払い込み完了）、その資金でセラーテムが買収資金の残りを支払った可能性があります。

さらに「タダで」手に入れた15億円のセラーテム株が、市場で急騰しています。発表前に5000円前後だった株価は、なぜか一連の発表前に3倍になっ

ていました。その後1株を5株に分割しており、2012年になっての株価は1万円前後でした（2012年7月20日、上場廃止）。

は1万3420円）、中国IT企業の子会社化で業績が一変する（事実その後の同社連結決算では利益が計上されていますが）との予想で、翌年には15万円近くまで急騰しています。その後1株を5株に分割しており、2012年になっての株価は1万円前後でした（2012年7月20日、上場廃止。第三者割当増資の払い込み価格）。

逮捕されたセラーテムの社長、取締役、元取締役の3名は、株価が上昇を始める前の2009年7月、第三者割当増資と新株予約権の行使で3億円ほどのセラーテム株を5290円で取得しているので、ピークでは30倍近くになっていたのですが、最大の経済的メリットを得たファンドの「支配者」とは違います。

また、逮捕された元取締役は日本国籍を取得した中国人で、セラーテムと「ファンドの支配者」を繋いだ人物なのですが、これも「支配者」ではありません。

今後の最大のポイントは、証券取引等監視委員会や東京地検特捜部がこの「ファンドの支配者」に切り込めるかどうかです。セラーテムは上場会社であるため「架空増資」でも「IR（投資家向け発表）」でも「虚偽の中国企業買収」の名前が取りざたされていますが、実態はよく分かりません。

セラーテムの「ファンドの支配者」は誰なのでしょう？ チャイナボーチーの黒幕・程里全（チャリンパス事件で容疑者を再逮捕（何と、違う年度の有価証券の虚偽記載容疑です）しており、AIJ投資顧問もやらないわけにはいかず、特捜部検事（当時）の報告書虚偽記載問題もあり、微妙な「株式市場の中国問題」は素通りしてしまいそうです。

そうでなくても、株式市場だけでなく、すべての「中国問題」には、官邸をはじめとした「妙な遠慮」が働くようなのです。

「誰に気を使っていた」のでしょうか？

＊　＊　＊

ックホールディング（倒産）などの「株式市場の中国問題」には全く切り込まない恐れが強いのです。

＊　＊　＊

さて、証券取引等監視委員会（これは特別調査課です）は、2011年6月にセラーテムを強制捜査していたのですが、その時はお決まりの当局からのマスコミへの「リーク」がありませんでした。「慎重に秘密裏に調査する」必要があったのでしょうが、では

ス、チャイナボーチー、パシフィャイナメディア、新華ファイナンァンドの支配者」だけでなく、チを起訴して終了してしまい、「フその簡単な「偽計」だけで3名件・起訴することは非常に簡単でがあるとして、逮捕した3名を立されており、「偽計の実行行為」す。

＊　＊　＊

2012年9月28日 日本の株式市場を食い物にした黒幕らは必ず次を狙ってくる！

2012年7月27日、東証1部上場のチャイナ・ボーチー（コード1412）がMBO（経営陣による買収）を発表しました。最近の中国経済の低迷を受けてさらなる問題企業が日本の株式市場を狙って大挙押し寄せてくる可能性もあり、また日本の当局や東証も驚くほど中国に甘いので、自衛のために書くことにしました。

チャイナ・ボーチーは2007年8月に、中国系企業として初めて東証1部に上場し、1株＝8万円（2011年に2分割しているので修正）で120億円を調達しました。そして、中国山西省で建設すらしていない発電所に7億元（約84億円）も投資したことにして、日本から跡形もなく消えてしまうつもりなのです。今回1株を6万円で買い戻し、日本の斉藤淳社長が「愉快な話ではない」と不快感を示しているのですが、これは単純にIPO時の株価に比べて著しく低い価格でMBOすること「だけ」を問題視しています。

＊　＊　＊　＊

幻冬舎やカルチュア・コンビニエンス・クラブのMBOに対しては「投資家を愚弄している」とおっしゃった斉藤社長にすれば、「愉快な話でない」程度のMBOらしいのですが、実はチャイナ・ボーチーは新華ファイナンス（2004年8月に東証マザーズ上場）やアジア・メディア（2007年4月に東証マザーズ上場。翌年8月に上場廃止）などと並んで「当初から非常に問題のある」株式上場だったのです。

これらの会社はバミューダやケイマンなどタックスヘイブン籍の持株会社で、中国などで事業をしている（とされている）子会社の実態も、資産性も、資本関係も、すべてが曖昧なままなのです。しかも、タックスヘイブン籍のダやケイマンなどのタックスヘイブン籍の会社は、日本の株主に認められている株主代表訴訟や損害賠償請求や各種差し止めなどの権利行使が、実質的に不可能なことです。

つまり日本の株主にとって著しく不利な株式上場を東証（マザーズを含む）が認めていたことになり、IPO価格に比べて異常に低くなることも、当然持株会社は東証（マザーズを含む）の「単独上場」です。世界中どこの取引所も見向きもしない「価値の全く分からない紙切れ」だけの会社なのです。それが「中国」という名前だけで、巨額の資金を日本の株式市場から吸い上げていたのです。

最も恐ろしいことは、バミューダやケイマンなどのタックスヘイブン

の結果と言えます。

＊＊＊

チャイナ・ボーチーは、全く価値も実態も分からない持株会社（要するに紙切れ）で120億円も調達し、上場時に売り出さなかった株もその後の高値（14万5000円まであります）で売却を進め、調達した資金も不明朗な使い方をして、最終的には不明朗である資金を借り出してIPO時の株価の13分の1で買い戻し、上場廃止と日本からの撤退で「虚偽記載」も「粉飾」も追及されず、株主から訴訟されるリスクも無いのです。

彼らは一体、どれだけ利益を上げたのでしょう？その機会を提供していた東証の責任は「愉快ではない」では決して済まされないのです。

＊＊＊

そういえば、ジャスダック上場のサハダイヤモンド（コード9898）の中国人筆頭株主が、持株の一部を売却したようです。この中国人は「黒幕」ではないのですが、話を繋いだ中国人ブローカー（最近まで日本名で上位株主に名前が載っていました）が中国人を騙していたようです。中国人が中国人を騙すこともよくあるようです。

ラーテムテクノロジー（ジャスダック上場。本年6月上場廃止）でも食い物にしていった形跡がはっきりとあります。

セラーテムテクノロジーの社長らは逮捕されましたが、チャイナ・ボーチーの「中国の黒幕ら」と考えられる白雲峰や程里全らは、悠々と逃げ切っています。

中国経済が低迷すればするほど、似たような問題が増えてくるかもしれないため自衛しなければならないのです。

＊＊＊

オイシイ思いをした「中国の黒幕ら」は、必ず次のチャンスを狙って再上陸してきます。実際にセ

闇株新聞 Q&A　北朝鮮は本当に戦争を仕掛けてくるか

【質問】

朝鮮半島の緊張が高まっています。挑発は「脅し」と見る向きが多いですが、闇株新聞の見方は？

【答え】

現在の北朝鮮の最大のリスクは狡猾だった金正日から、何の実績も経験もない金正恩に「権威だけ」が譲渡されていることです。側近や軍首脳からすると、非常に手頃な「権威」であり、都合のいいように彼を利用することになります。

例えば、軍人は戦争をやりたいわけですから「我ら優勢」の情報を上げている可能性があります。さらに金正恩が自らを「無敵で偉大な指導者」と信じているフシがあり、この点金正日時代よりも千倍危険になっていると思います。

ただ、韓国と北朝鮮は、もともと同じ民族で、実はそれほど敵対していません。日本もパチンコ産業や北朝鮮系の金融機関を通じて巨額資金が北朝鮮に渡っているため直接攻撃は今のところ考えにくいと見ています。しかし「格好の敵」にされやすいことは確かです。

国連安保理は3度目の核実験を行った北朝鮮に対する経済制裁を強化する決議を、全会一致で採択しました。さらに米国は北朝鮮の外貨決済窓口である「朝鮮貿易銀行」ほかを取引禁止対象にし、ドル決済ができないようにしました。米国以外の銀行を経由すれば迂回できるため、日本も金融制裁で核開発資金が流入するのを食い止めなければならないのですが、国内には北朝鮮人脈が張り巡らされており、簡単ではないようです。

第4章 闇株的見方

徹底的に日本国債の話をしよう!

闇株的見方
第4章 徹底的に日本国債の話をしよう！

国債

2013年4月4日に、日本銀行が大量に期間の長い国債を買入れる「異次元」の金融緩和を発表しました。当然に長期国債を中心とした国債利回りが大きく影響を受けるのですが、それを考えるためにも日本国債の正しい姿を理解しておく必要があります。実は日本国債ほど、その重要性に比べて実態が正しく理解されていない金融資産はありません。あまりにも大勢の専門家やマスコミが、いろいろな解説を披露することも一因なのかも知れません。

そこでまず、日本国債をあらゆる角度から客観的に解説します。財務省のデータでも「本当の姿」がなかなか分からないので、必要最低限の数字だけを出来るだけ効率よく解説します。

それでも数字がたくさん出てきて、説明が煩雑になるかもしれませんが、我慢して読んでみて下さい。そうすると、日本国債の「本当の姿」が浮かび上がってきます。

その後で「異次元」金融緩和について考えてみることにします。

キーワード Keyword
【財投債】

「財政投融資特別会計国債」のこと。特別会計に関する法律64条1項に基づいて発行される。発行市場も流通市場も扱いは普通国債と同じで、誰も違いは気にしていない。「政府短期証券なので1年未満で償還される」と言うが、実際には借換えが続けられているので、長期の普通国債とほとんど同じ。

110

これだけは踏まえておきたい日本国債に関する必要最低限の数字

日本政府の負債総額は1131兆円

財務省は「国債及び借入金並びに政府保証債務現在高」で、2012年度末（2013年3月末）の残高予想を公表しています。それによると「普通国債」が708・8兆円、「財投債」が113・4兆円、交付国債など「その他国債」が6・4兆円（ここまでが「内国債」と呼ばれるもので合計828兆円です）、「政府短期証券」が199・4兆円で、国債発行残高は合計で1028兆円とされています。これに「借入金」の57・4兆円、「政府保証債務」の45・5兆円を加えた1131兆円が、日本政府の負債総額です。

よく「日本の国債発行残高は709兆円」と言われるのですが、これは「普通国債」だけの数字です。「財投債」は利払い・償還金が財政投融資資金の貸付回収金で賄われることから、また「政府短期証券」は1年未満で償還されることから別枠扱いされているのですが、まったく同じ「国債」です。2012年（暦年）のわが国の名目GDPは475・7兆円でしたので、1131兆円の政府負債総額はGDPの237％もあります。巷でよく言われているように「ギリシャの170％より大きい」ことになります。

【キーワード Keyword】 政府保証債務

政府が元本や利子の支払いを保証している、政府関係機関や特殊法人等の債券のこと。一例を挙げると「日本政策投資銀行債券」「預金保険機構債券」「新東京国際空港債券」「日本道路公団債券」「電源開発債券」などがある。国債よりも利率が高い場合が多いが、事実上個人が購入できるものは少ない。

【視点】

実は2013年3月末の財務省予想が199・4兆円なのですが、実数の発表されている2012年9月末は125・3兆円、同年6月末は124・8兆円、同年3月末は116・8兆円で、不自然に増えています。理由を考えたのですが、よくわかりません。とりあえずそのまま使うことにします。

この10年で政府の負債総額は404兆円増加した

次に、この10年間でそれぞれの負債がどれだけ増えたのかを見てみましょう。

2002年度末（2003年3月末）の残高は、「普通国債」が421・1兆円、「財投債」が75・5兆円、「その他国債」が7・6兆円（ここまで内国債総額で504兆円）、「政府短期証券」が57・4兆円（ここまで国債発行総額で561兆円）、「借入金」が107兆円、「政府保証債務」が58・6兆円（ここまで政府債務総額で727兆円）でした。

つまり、この10年で「内国債総額」が324兆円（1・64倍）、「国債発行総額」が467兆円（1・83倍）、「政府債務総額」が404兆円（1・55倍）増えていることになります。「国債発行総額」の増加が最も大きいのは「借入金」が、かなりの部分「政府短期証券」に置き換っているからです。

赤字補填の「特例国債」が歯止めなく増えている

2012年度末（2013年3月末）の「普通国債」残高は708・9兆円ですが、その内訳は主に「建設国債」246・6兆円と「特例国債」425・2兆円です。2002年度末は「普通国債」421・1兆円のうち「建設国債」222・0兆円、「特例国債」が175・4兆円でした。この10年で「建設国債」が26・6兆円しか増えていないのに対し、「特例国債」は249・8兆円も増えていることがわかります。これが「政府負債総額」1131兆円のうちの425・2兆円（37・6％）も占めています。さらに、ここ10年間の「政府債務総

視点

これとは別に「国及び地方の長期債務残高」というのも公表されています。同じく2012年度末の予想では、普通国債の709兆円、借入金・交付国債等から30兆円、それに地方の長期債務残高200兆円を合計して、約940兆円となっています。地方の負債総額とは別に、地方の長期債務も200兆円あるので、政府の負債総額は200兆円プラス。地方の短期債務については分かりません。

視点

普通国債だけの数字ですが、2001年からの発行です（財投債残高が200兆円を超えたのは年度末の206兆円、100兆円を超えたのが1983年度末109兆円でした。ちなみに戦後、国債発行が再開されたのは、東京オリンピック翌年の1965年度です。過去からの数字を比較できるのは2012年度末現在828兆円の内国債だけで、10年前の2002年度末が504兆円、1994年度末が206兆円、1983年度末が109兆円でした。つまり、バブルが弾けてしばらくした1990年代の中盤あたりから国債発行残高が急増しているのです。2002年度、1994年度、1983年度の数字は、後でもう一度使います。

112

額増加額」404兆円のうちの249・8兆円（61・8％）を占めているのです。このお金は債務を返済するためだけに、文字通り"消えてしまっている"ことになります。

また「特例国債」は本来の償還年限（正確には10年）で必ず償還されるようになっていましたが、1985年からこのルールは反故にされています。「建設国債」と同じように、残高の60分の1が「国債整理基金特別会計」繰り入れられているだけです。「特例国債」に対する"歯止め"は、早々に反故にされていたのです。

「国債発行が膨らんで利払い負担が増えている」はウソ！

2011年度末（2012年3月末）の「普通国債」の発行残高は669・8兆円だったのですが、その加重平均利率（クーポン）は1・24％でした。同時点での「財投債」なども合わせた内国債の発行残高は789・3兆円だったので、これも同じ1・24％と仮定しますと2011年度の利払いは9・8兆円ほどになります。

これに、割引債である「政府短期証券」116・88兆円の割引率が0・1％だったので、その償還分を利息相当として加えても、2011年度の利払い額はせいぜい10兆円だったはずです。ところが「国債整理基金特別会計」の2011年度当初予算では、利払い費として13・5兆円が計上されていました。2012年度当初予算でも13・3兆円です。どういう計算をしているのでしょう？

ちなみに過去の「普通国債」の加重平均利率は、2002年度が1・97％（年度末の内国債残高が504兆円）、1994年度が5・10％（年度末の普通国債残高が206兆円）、1983年度が7・52％（年度末の普通国債残高が109兆円）となっています。

視点

「特例国債」の発行には1年ごとに「特例国債法」を成立させなければなりません。昨年（2012年）はその成立が難航し、解散直前の11月にやっと成立したのですが、ついでに2015年度まで発行できるようにしてしまいました。

視点

「建設国債」は60年で償還されますが、毎年その残高の60分の1を「国債整理基金特別会計」に繰り入れることになっています。厳密に言いますと、残高は年度末の数字を使っているので、実際の利払いはこれより少ないはずです。

単純に掛け算すると、利払い額の概算は、2002年度が9・9兆円、1994年度が10・5兆円、1983年度でも8・2兆円だったことになります。2012年度は先ほど書いたように「内国債」だけの利払い額が9・8兆円だったはずです。ということは、年間の国債利払い額は昔も今も、ほとんど変わっていないのです。

少なくとも「国債発行が膨らみ、利払い負担が急増している」と言う解説はウソです。「金利が上がると、利払い負担が増える」というのも正確ではありません。発行されている国債が順次償還になって、借り換えの金利が上昇して初めて利払い負担が増えるのです。

2012年3月末時点の普通国債全体の平均残存年数は7・0年です。これは非常に興味深い数字なのですが、残念ながら過去の数字が出されていません。ただ、新規発行される国債の市中発行額の加重平均年限は発表されており、2012年度の当初計画で7年9カ月です。これは2003年度の5年9カ月から2年も長くなっています。

日本の国債は財務省が「利率の低いうちに」とでも思ったのでしょうか、平均残存年数が伸びています。これは当然に将来の金利上昇に対する市場のリスクが増大していることになります。

2013年に償還を迎える120兆円の国債は残存期間7年11カ月の新規国債170兆円に置き換わる

2013年1月29日、2013年度の「国債発行計画（当初計画）」が発表されました。

それによりますと「新規財源債」が42・8兆円（「建設国債」が5・8兆円、「特例国債」が37兆円）、「年金特例公債」が2・6兆円、「復興債」が1・9兆円、「財投債」が11兆円、

キーワード 【年金特例公債】 Keyword

基礎年金の国庫負担2分の1を維持するために設定された。不足する年金財源を確保するため消費増税等が検討されたが目処が立たず、かといって積立金を取り崩せば年金に対する信頼が揺らぐため、消費増税が成るまでの「つなぎ国債」として発行が決まった。

キーワード 【復興債】 Keyword

3・11東日本大震災の復興財源を賄うために財務大臣名の「感謝状」が贈られたり、10年債は購入後3年間中途換金しなければ復興記念の金貨や銀貨がもらえるなどの「おまけ」が付いたことでも話題になった。

「借換債」が112・22兆円で、合計170・5兆円となっています。

これは史上最高だった2012年度当初計画の174・2兆円、補正後の180・5兆円を下回ります。2013年度の国債発行額は、2012年度補正予算による増発の5・2兆円がずれ込んでいる一方で「国債整理基金特別会計」の余剰金7・2兆円が取り崩されており、結果的に減少しました。

「年金特例国債」は将来の消費増税を、「復興債」は将来の所得税増税（しかも25年間の）を償還財源にしており、将来の財政投融資の貸付回収金を償還財源にしている「財投債」と共に、新規財源債とは区別されています。しかし、これは国債発行の実態を分かりにくくしているだけです。2013年度の"本当の"国債新規発行は42・8兆円ではなく、これらを加えた58・3兆円なのです。

2013年度に発行される国債170・5兆円の消化方法は、「市中発行」が史上最高の156・8兆円、「個人向け」が2兆円、「日銀乗換」が11・7兆円となっています。

競争入札による「市中発行国債」の償還年限別内訳は、1年未満が37・2兆円、「2年債」が34・8兆円、「5年債」が32・4兆円、「10年債」が28・8兆円、「20年債」が14・4兆円、「30年債」が6・8兆円、「40年債」が1・6兆円、それに「10年物価連動債」が復活して6000億円となります。これらの平均残存年数は7年11カ月で、2012年当初計画の7年9カ月から、さらに伸びています。

当たり前のことですが、国債が償還される時には、残存年数がゼロになっています。また、既に発行されている国債の残存年数も、1年経過すると償還までの期間が確実に1年短くなります。しかし、2013年度について言えば、推定120兆円以上の「残存年数がゼロになった国債」が、170兆円もの「7年11カ月国債」に置き換わるのです。かな

実際にスケジュール通りに競争入札される国債は156・6兆円です。

日銀の総資産と当座預金残高
単位＝兆円

総資産
当座預金残高

*データ：日本銀行

国債保有者の内訳は生保、年金、投信に集中 海外保有はわずか8・7％程度しかない

り前から、こうしたことが続いていることになります。

日本国債の保有者別内訳に移ります。

ここだけは財務省のデータを使います。日銀発表の2012年12月末現在の「資金循環統計」の「国際等の保有者内訳」ではなく、財務省発表の同時期の国債等残高（政府短期証券含む）は943兆円です。細かいところにこだわるのですが、国債"等"となっているのは、政府だけでなく公的金融機関の発行分が含まれているからです。これが最新のもので、その時点の国債等残高合計は960兆円です。

国債等960兆円の保有者の内訳は、「金融仲介機関」が620兆円（64・6％）、「一般政府・公的金融機関」が102兆円（10・6％）、「中央銀行」（日銀）が115兆円（12・0％）、「海外」が84兆円（8・7％）、「家計」が24兆円（2・5％）、「その他」が15兆円（1・5％）となっています。

ちなみに、同時期の「家計」には1547兆円の金融資産があるのですが（負債が353兆円）、その内訳は「現預金」が850兆円、「保険証券」が429兆円、「有価証券」が199兆円、「その他」が65兆円となっています。家計の金融資産の大半が「金融機関」「保険」「年金」などを通じて国債市場を支えていることになります。

国債の海外保有は84兆円で史上最高水準ではあるのですが、世界の債券市場は100兆ドル（9600兆円）あると言われ、その中で9・8兆ドル（同時期の国債発行総額は100兆

視点

民間の金融機関、保険、年金基金、ゆうちょ銀行など。

国債整理基金、公的年金など。

家計が直接保有する25兆円の国債や株式、投資信託など。

このほかに、民間の非金融法人（事業会社のことです）の現預金も215兆円あり、これも国債市場を支えています。

先ほど「国債の平均残存年数が伸びている」と書いたのですが、銀行保有国債の平均残存年数は短くなっています。特に3大メガバンク保有国債の平均残存は3年以下になっているようです。その分、発行増が続く10年以上の長期国債の保有は、ますます日本の「生命保険」「年金」「投資信託」などの機関投資家に集中していることになります。

日本銀行の金融緩和策と国債買入れを「正しく理解」する

943兆円）を占める日本国債の海外保有が0・87兆ドル（84兆円）しかないのは、いかにも少ないと言えます。米国連邦債務は2012年末に16兆4000億ドルの発行上限に達したのですが、米財務省による2012年10月末の米国国債の海外保有は、5兆4822億ドル（534兆円）もあります。

つまり日本国債は、まだまだ「巨大なローカル債」なのです。近い将来の国債消化が不安視されているのですが、そのためにも日本国債の海外保有を、もっと増やす努力をしなければなりません。これについては後でもう一度考えます。

日本銀行の「国債買入れ」は、非常に間違って理解されていることが多いので、詳しく解説します。今回の「異次元」金融緩和を正しく理解するためにも絶対に必要だからです。

まず従来の日本銀行の国債買入れには2通りありました。1つが、従来から行われている経済成長に合わせた通貨の供給を行うための「長期国債買入れ」であり、もう1つが、2010年10月にスタートした金融緩和のための「資産買入等の基金」を通じた買入れです。今回、それが統合されるのですが、本来の日本銀行の資金供給の意味を正しく理解するためにも、くわしく解説しておきます。

「長期国債買入れ」は、2009年3月から月額1兆8000億円（年額21兆6000億円）に増額されました。本来は「経済成長に合わせた通貨の供給」が目的ですが、現在の

視点

日本銀行の言う「長期国債」とは「償還までの残存年数が長い国債」ではないことに注意。「政府短期証券」として発行されたのでなければ、償還までの残存年数が1年未満になっていても「長期国債」と呼んでいることを覚えておいてください。

経済成長では月額1兆8000億円も必要ではないので、実質的に「金融緩和」の目的もあったことになります。

その内訳は、**残存年数**「1年以下」が7・44兆円、「1年超10年以下」が12兆円、「10年超30年以下」が1・2兆円、「変動利付国債」と「物価連動国債」が合計で0・96兆円となっていました。

「1年超10年以下の買入れ」は一括でオファーされるため、内訳はあらかじめ決められていません。しかし「1年以下」が7・44兆円もあるため「長期国債買入れ」のかなりの部分が「残存年数の短くなった長期国債」だったことになります。

なお「長期国債買入れ」は、その本来の目的から、その残高は日銀券の残高を超えてはいけないルール(日銀券ルール)になっていました。

どんどん拡大していた「資産買入等の基金」の残高目標

これに対して「資産買入等の基金」は、最初から金融緩和の目的で2010年10月28日の日銀政策決定会合で創設されました。これには「残高目標」(買入れ額等の上限)が定められており、スタートした当初は「35兆円」でした。それがどんどん規模を拡大していき、2012年12月末までに「65兆円」、2013年6月末までに「85・5兆円」、2013年12月末までに「101兆円」となっていました。「101兆円」の内訳は「長期国債」が44兆円、「短期国債」が24・5兆円などです。

この「長期国債」も、もちろん残存年数が短くなった国債のことです。「資産買入等の基金」のスタート時点では残存年数が「1年以上2年以下」の国債に限定されていたのですが、

【キーワード】**残存年数** Keyword

債券が償還されるまでの「残り期間」のこと。例えば同じ「10年国債」でも、発行から3年が経過して「残存期間7年」となったものと、7年が経過して「残存期間3年」となったものでは、市場で取引される価格は異なる。一般に残存期間が長い方が信用リスクがあるので価格は低く、その代わりに利回りは高くなる。

[視点]

とはいえ、10年超30年以下の「超長期国債」も月額1000億円(年額1兆2000億円)ありますから、恒常的な「通貨の供給」の意味合いも残されています。

で、2014年中に残高がもう10兆円ほど増額されることになりました。

2013年12月20日の政策決定会合

2012年4月にやっと「1年以上3年以下」になりました。

「資産買入等の基金」の2013年2月末現在の残高は、「長期国債」が26・4兆円、「短期国債」が13・3兆円となっています。2010年10月の開始以来、合計で39・7兆円の国債を買い入れたことになります。「資産買入等の基金」は残高目標なので、買い入れた国債が償還になると、その分も買い入れなければなりませんでした。

買い入れた大量の長期国債は次々償還になっている

もう少し、今までの日本銀行の国債買い入れの説明を続けます。日本銀行の保有国債残高の推移を見てみます。「長期国債買入れ」が月額1兆8000億円となった2009年3月末と、直近の2013年2月末を比べてみます。この間に「長期国債買入れ」は47カ月で84・6兆円、「資産買入等基金」は39・7兆円、合計124・3兆円の国債を買い入れています。

日本銀行の2009年3月末の「営業毎旬報告」によりますと、日本銀行の国債保有高は「長期国債」が42・6兆円、「短期国債」が21・6兆円、合計が64・2兆円でした。そして2013年2月末は「資産買入等基金」分を加えて「長期国債」が92・9兆円、「短期国債」が29兆円、合計が121・9兆円になっていました。

2009年3月末から2013年2月末までに、124・3兆円の国債を買い入れているはずですが、残高は57・7兆円しか増えていません。これは残存年数の短い「長期国債」が大量に償還になっているからです。

「長期国債買入れ残高」から45・8兆円が消えている⁉

さらに、「資産買入等の基金」による買い入れが開始される直前の2010年10月末と、2013年2月末の日銀の国債残高を比べてみます。

2010年10月末の日本銀行の国債保有残高は、「長期国債買入れ」が57・1兆円、「短期国債」が20・5兆円の、合計77・6兆円でした。そこから「長期国債買入れ」が28カ月間で50・4兆円、「資産買入等の基金」が39・7兆円、合計90・1兆円の国債を買い入れました。

本来であれば、77・6兆円+90・1兆円=167・7兆円の残高になっているはずです。ところが先述の通り、2013年2月末の長期国債保有残高は121・9兆円ですから、44・3兆円しか増えていません。うち39・7兆円は「資産買入等の基金」によるもので、「長期国債買入れ」では4・6兆円しか増えていないことになります。差額の45・8兆円はどこへ消えたのでしょう。

35兆円の「資産買入等の基金」は実質5兆円の想定だった⁉

「資産買入等の基金」は2010年10月に35兆円の残高目標でスタートしましたが、その際に既に22・4兆円の残高があった「共通担保資金供給」を、そっくり取り込んで30兆円の残高目標としてしまいました。だから、資産買入「等」の基金というのです。つまり「資産買入等の基金」がスタート時では、わずか5兆円の資産買入れしか想定していなかったことになります。

しかし、その5兆円の中に合計5000億円の「ETF」と「REIT」の買入れが入

視点一

正直、なぜこうなっているのかは分かりません。「資産買入等の基金」で買い入れた国債が償還になった際に「長期国債買入れ」で買い入れた国債を移動させて"補充"しているのかとも思ったのですが、違いました。日本銀行が保有している国債が償還になると、基本的に1回だけ「短期国債」で乗り換えられるルールになっています。2013年度の国債発行計画でこれが11・7兆円とあったのが2012年の16・7兆円から大幅に減額されています。さらに「資産買入等の基金」で保有する国債が償還になっても乗り換えない旨の「但し書き」がつけられました。

視点一

「日銀乗換」は、日本銀行の国債直接引き受けを禁じた財政法に反しているとの意見があります。厳密に考えるとその通りなのですが、償還になった国債を1回限り・1年以下の短期国債に乗り換えるだけなので、許容の範囲内だと思います。なお「1回限り」とされる乗換えも、実際には、2〜3億円だけ再乗換えになった時に、乗換えた短期国債が償還になった時に、あらかじめ決めた再乗換え額に満たない時には、その範囲内で再乗換えするようです。

っており、当時の日経平均を短期間で1500円ほど押し上げました。いま考えると、金融緩和というより、「ETF」と「REIT」の買入れに反応したものだったのですが、その結果「資産買入等の基金の増額」イコール「日経平均の上昇」という連想が働くようになったとも考えられます。

今までの日本銀行の金融緩和とは、こういうものなのです。【米ドル】の章で書いた、2001年3月に日本銀行が世界に先駆けて開始した量的金融緩和が、実は最初が1兆円の緩和だったことも思い出して下さい。

FRBやECBと比べ極めて健全で身軽な日本銀行のバランスシート、しかし

まだ、今までの日本銀行についてです。

2013年3月31日の毎旬報告によりますと、日本銀行のバランスシートは164.3兆円で史上最高水準ではあります。しかし2006年3月に当時の量的緩和を打ち切る直前にも155兆円あったので、やっと追い抜いただけです。

資産の大半が125.3兆円の「国債」と、25.4兆円の「金融機関への貸付」です。

「国債」とは「長期国債買入れ」「資産買入等の基金」「乗換えた短期国債」の合計で、「金融機関への貸付」はほとんどが「資産買入等の基金」の**共通担保資金供給**です。負債のほとんどを占めるのは「銀行券」83.3兆円、「日銀当座預金」58.1兆円、「売現先勘定」14.5兆円です。

見てきましたように、日本銀行保有の国債は大半が残存年数の短い国債のため、いつで

キーワード

【共通担保資金供給】

日本銀行に差し入れられた担保(国債など日銀が適格と認めるもの)を裏付けとして、政策金利と同水準の極めて低い固定金利で一定期間の資金を貸し出すもの。現在の金利は0.1%で「異次元」金融緩和でも変更はしないようです。

問題はささやかな試みで解消できる
「日本国債」に関する2つの提案

も何の問題もなく金融緩和を打ち切ることができます。残存年数の短い国債は、すぐに償還になってしまうだけでなく、市場でも問題なく売却できるからです。

FRBの資産が残存年数30年までの長期国債とMBSであることや、ECBの資産に債務問題国の国債やそれらの国の銀行への貸出しが少なからず含まれていること、中国人民銀行の資産の大半が外貨資産であることと比べて、非常に健全で「身軽」と言えます。

さて2013年4月4日に発表された「異次元」金融緩和では、この日本銀行の国債買入れが、かなり変更されました。

まず従来の「長期国債買入れ」と「資産買入等の基金」を統合し、買入れ額も月間7・5兆円に大幅に増加させ、日銀券ルールは一時停止します。その結果2012年末に89兆円だった日本銀行の長期国債残高（短期国債を除く）は、償還分を考慮しても2013年末に140兆円、2014年末に190兆円に急増します。

また新たに買入れる月間7・5兆円の内訳は、残存年数1年以下が0・22兆円、1年以上5年以下が3兆円、5年以上10年以下が3・4兆円、10年以上40年以下が0・8兆円などとなっています。特に残存年数が長い国債の買入れが大幅に増加しています。

単純に計算すると1年間で90兆円の国債を買入れるのですが、2013年度の2～40年国債の発行額（市中消化額）が118・8兆円なので、かなりのインパクトであることは間違いありません。

「日本国債」に対する提案を2つだけ書きます。実は提案は3つあって、3番目は日本銀行の国債買入れに対する提案だったのですが、予想をはるかに超える「異次元」国債買入れが発表されたので削りました。しかしこの2つの提案は、日本銀行の「異次元」国債買入れが行われても、ぜひ取り組むべきものだと考えます。

提案1 「特例国債に限り削減数値目標を導入する」

国債の発行残高は、緊縮財政を強いれば強いるほど増大します。緊縮財政は1994年2月の細川政権による「国民福祉税強行導入」（失敗）あたりから始まり、1997年4月の「消費税引き上げ」（3％→5％）、2001年から数年間の「小泉・竹中改革」、最後は2012年の「消費財再引き上げ」決定など、間断なく日本経済を痛めつけてきました。

しかし、国債発行残高の削減努力は必要です。そこで、借金返済のためだけに消えていく「特例国債」に限り、削減の「数値目標」を設定します。何しろ2013年3月末現在の政府債務総額1131兆円のうち、特例国債は425兆円にも上っているのです。2013年度の国債発行計画でも37兆円が発行されますから、まずはこれを削減すると ころから見直します。具体的には「早急に発行額を20兆円まで削減すべき」です。数値目標を設定すること自体に意味があります。

20兆円の根拠は、2013年3月末の内国債828兆円の償還原資（60分の1）の13・8兆円と、「本当の利払い額」である10兆円の合計の23・8兆円を、他の部分の努力で3・8兆円だけ圧縮するというささやかなものです。もちろん「小手先のやりくり」や「別枠扱い」は認めません。あくまでも、政府・官僚・国民で意識を共有することが重要なのです。

提案2 「日本国債の海外保有を増やす」

そうは言っても1000兆円を超える国債の発行残高は、簡単には減りません。そこへ高齢化により家計の金融資産が減るとか、経常収支が赤字化するなどで、国債の引き受け余力が減少し「デフォルトする」とか「国債が暴落する」などの声が常に出ています。それなら、日本国債の海外保有を増やせばよいのです。

【米ドル】と【ユーロ】の章で、両通貨が国際通貨化（基軸通貨化）していった経緯を書きました。「世界中で誰も受け取りを拒否しない通貨」となった結果、世界中で保有が進み、その手段として米国とユーロ圏の国債の保有が進んでいます。円ももっと国際化すれば、自然に日本国債の海外保有が進みます。

「日本人がこれだけ国債の将来に不安を感じている中、国債を欲しがる外国人がいるだろうか」という反論もありそうですが、それでは世界でドルとユーロについて「全く不安を感じていない人」がどれだけいるでしょうか？　確かに今から円を世界の「決済通貨」にすることは難しいかもしれません。しかし、世界中が「不安を抱えつつ、保有せざるを得ない」ドルとユーロのほんの一部を、円に振り替えてもらうように働きかけることは、それほど困難なことではないはずです。

日本銀行の「異次元」国債買入れの影響は？

本来10年国債などの長期国債利回りは、「金融政策」や「需給関係」ではなく「経済見通し」

を反映するはずです。それも経済企画庁の経済見通しではなく、市場が実感している「経済見通し」のことです。

国債発行残高が急増し始めた1990年代の中ごろから10年国債の利回りは低下を続け、2003年6月に0・43％となります。その後2006年5月に瞬間的に2・0％となったものの再度低下し、2012年4月から1％を割り込んでいました。それだけ市場の「経済見通し」が悪化していたことになります。

2012年12月に安倍政権が発足し、積極的な金融緩和が期待されるようになると、今度は需給面から利回りが低下し始め、「異次元」国債買入れが発表された翌日の2013年4月5日の早朝には、10年国債利回りが何と0・315％まで低下しました。日本銀行の金融政策が初めて国債（特に長期国債）の需給関係と利回りに影響を与え始めたことになります。

しかしこの状況における長期国債利回りは、需給の改善による利回り低下と経済回復期待による利回り上昇という、矛盾する要素が混在することになります。つまりそれだけ国債利回りの予想が難しくなり、ちょっとしたきっかけで大きく利回りが変動する（つまり価格変動が大きくなる）ことになります。

その変動を狙って、今度こそ本格的ヘッジファンドが参入してくることも考えられ、日本国債市場が「鉄火場」になってしまうような予感がしています。これは決して好ましいことではありません。

円高に対する国家戦略とは その1

2011年11月1日

本日（10月31日）早朝のアジア市場で、円が一時75円32銭と史上最高値を更新し、それを受けて政府・日銀が午前10時半頃から為替介入を行いました。ドル・円が一時79円50銭、ユーロ・円が111円30銭まで円安となったのですが、海外時間に入ってからは、それぞれ78円、109円前後まで後退しています。

＊　＊　＊

米国FOMC（11月1～2日）の前には介入はできないだろうという市場の「油断」に対し、多分財務大臣が存在感を出すために踏み切ったのでしょう。国内のFX投資家に「定期的に絶好の売り場を提供」しておけば、また円高になった時に外貨買いをしてくれるので、全く意味がないわけではありません。

しかし、「単に円高が進んだから」とか「メンツを保ちたいから」と介入するのではなく、そろそろ介入も含めた為替に関する「国家戦略」を明確にするべきなのです。

なぜなら、為替介入も原資が政府短期証券（つまり国債）であるため、復興資金まで増税で賄おうとする財務省が、勝手に乱発できるものではありません。また、介入の効果」あるいは「利益」が目に見える形で国民に還元されなければならなりません。

介入については、後でもう少し詳しく考えますが、ここではどういう「国家戦略」が必要なのでしょうか？

＊　＊　＊

最も重要なことは、現状は「放っておいても円高」になるということで、「放っておいても世界の資金が円に向かっている」状態だということです。

はっきり言って、こういう時は「円高の流れを止めよう」などとは考えずに、「まず円高のメリットをとる」さらに「将来、円安に転じた時に利益が国民に還元される」ことを考えるべきなのです。

それは何度も言っていることなのですが、円建て国債を海外向けに発行することです。

これだけ世界が安全資産としての「円」を求め、世界が安全資産としての「国債」を求めている中で、格付けは多少落ちても、巨大な発行額と十分な流動性を保ち、かつ国際市場における残存額がまだまだ少ない（それでも直近では急増しており86兆円になっています）日本の国債に対しては、世界中から非常に大きな需要があるはずなのです。

ちなみに、日本の国債発行額は本年3月末現在で758兆円、それに政府短期国債が111兆円、それに借入金す（政府の債務は、これに借入金

55兆円を加えた924兆円で、確かにGDPの2倍あります）。

しかし、世界の債券市場の規模は100兆ドル（8000兆円）近くもあり、中央銀行の外貨準備だけでも9.3兆ドル（725兆円）もあるのです。世界の債券市場は十分に大きいのです。

別に、わざわざ海外向けに国債を新規発行しなくても、日銀保有の国債を直接海外に売却してもよいし、外資金特別会計で発行する政府短期証券（為替介入の原資です）を借り換え時に直接海外にオファーしてもよいのです。

＊　＊　＊

もちろん、こうしても国債発行残高そのものが減るわけではないのですが、日銀保有の国債が減れば、日銀は新たに市中から国債を買い入れる余裕が出来、新たな資金を市中に供給する量的緩和を進めやすくなるのです（ちなみに、量的緩和は為替介入と違い国民負担

がありません。

外為資金特別会計は独立した勘定なので、政府短期証券を海外に持ってもらっても、負債勘定がなくなるわけではありません。それでも、やはり市中にある国債残高は減ることになるため、復興資金を増税で賄わなくても新規国債を発行する余裕が出るはずです。

実は、財務省が緊縮財政を強いるのは予算配分権を持つ財務省の発言権を強化するために、国内に国債の引き受け余力がなくなっているわけではありません。

市中には、銀行を中心にリスクを取れない資金が大量にあり、国債の消化には何の問題もありません。

一方で、国債の保有先を海外に広げることは「円の国際化」につながり、ぜひ必要な「国家戦略」なのです。

＊　＊　＊

それどころか、「いつ」とは言えなくても将来に円は弱くなるそうです。だから海外向けに円建て国債を発行するときに、それで得られる資金の一定割合を政府が外貨で保有しておけば、償還時に負担が軽くなります。

つまり、為替が75円の時に75兆円の国債を海外向けに発行し、半

分を使って半分を外貨に換えて保有していたとします。為替が150円になるとこの半分の外貨で全額が償還できるので、使った半分はタダになるのです。

もっとも、現在日本は外為特別勘定に1.1兆ドルもの外貨をため込んでいるため、特に新規に外貨を取得する必要はありません。ただ海外投資家が円建て国債を取得するときには、ある程度の「新規の円買い需要」が発生します。

増えると国家がデフォルトするというヒステリックな批判が出るのですが、そもそも国家のデフォルトとは外貨建ての国家債務が多いところに経済危機などで自国通貨が急落して、外貨建ての債務が急に膨らむから起こるのです。（ギリシャは逆に通貨を切り下げられないので、経済が破綻してデフォルトするのですが）。

だから円建て国債を海外投資家に保有してもらうことにも何の問題もないのです。

＊　＊　＊

もちろん、際限なく国債残高が

2011年11月2日 円高に対する国家戦略とは その2

昨日は、この円高に対し「断固として介入」するだけではなく、介入も含めた「国家戦略」を考える時期であるとして、まず「円建て国債」の発行について考えました。

わざわざ海外向けに「円建て国債」を新規に発行しなくても、日銀が保有する国債を直接海外投資家に売却してもよく、また外資金特別会計で発行する政府短期証券（短期国債です）を借り換える時に海外向けにオファーしてもよいのです。

大前提として、これだけ円高になるということは、世界の資金が円に向かっているということであり、また世界的に資金が国債に向かっていることと考え合わせると「円建て国債」への需要はとてつもなく大きいはずであり、この際、海外向けの「円の国際化」と「国建て国債」の発行による「円の国際化」と「国家の財源の確保」の両方を解決してしまうということなのです。

＊　＊　＊

ただ、この唯一の問題は、海外投資家が新規に「円建て国債」を取得するとき、ある程度の新規の「円買い需要」が発生することです。円が国際化していないため、海外投資家が余剰資金を円で保有していることは少ないからです。

この新規の「円買い需要」を、為替介入で吸収します。「何だ、結局為替介入か」と言われると思いますが、目的が全然違います。

現状の為替介入は、外為資金特別会計が外貨を取得し、その資金を政府短期証券（短期国債）の発行で賄っているのですが、昨日のように「円高になったから断固介入する」とか「納得いくまで介入する」と言って結局7～8兆円も使ってしまっているのです。

つまり「何をもって高いとか安いとか判断しているのか」「何をもって介入額やタイミングを決めているのか」などの合理的説明が全くされておらず、単に財務官僚（財務大臣かもしれませんが）の相場観というより省益と都合で決められているのです。

これでは、単に国民の財産を使って官僚が「ばくち」をしているのと変わりません。「国家戦略」でも何でもないのです。事実、膨大な累積損失が出ています。こう考えます。

＊　＊　＊

もちろん、為替介入の原資は国債発行のため、立派な「国民負担」であり、その損失は国民に付け回され、かといって仮に「利益」が為替資金特別会計をそのまま残して政府が為替介入をするとき（外

も改組しても良いのですが)、外貨資産の保有高を海外投資家の保有する国債残高の、例えば50％に自動的に決めてしまいます。つまり、海外投資家の国債保有が増えれば(別に日々で集計する必要はありません)自動的に為替市場で外貨を取得するのです。だから為替介入とも言いません。

なぜ保有する外貨資産の量を、海外投資家が保有する国債の50％に自動的に決めるかと言いますと、海外投資家が保有する国債の償還時に円安になっていればその利益で国債の償還負担が軽くなり、結果的に「国民負担」が軽くなるからです。

海外投資家による日本国債の保有高は、最近急増して86兆円です。それに対して外為資金特別会計の保有する外貨資産は1.1兆ドル(偶然ですが86兆円)ですから、万一、償還時にさらに円高になって

っていれば単純に借り換えれば良く(その時は、円の需要がさらに増大している訳ですから借り換えは簡単なはずです)、さらに大量に海外投資家が保有してくれるはずです。その際も、やはり50％は自動的に維持します。

＊　＊　＊

個人的には、将来にわたって円高が続くことは考えていません。日本の人口構成や生産性の低さや税率の高さなど、どれをとってみても現在の円高が長期にわたって続くとは考えられません。

したがって、円高のうちに(つまり世界中が円を選好しているうちに)海外投資家に日本の国債を大いに保有してもらい、財務省の省益による窮乏生活を強いられるのではなく、少しは「贅沢」をして経済回復を図り、さらに近い将来の円安で償還負担を軽くしてしまおうということなのです。

もうひとつ、為替介入(という

より政府による外貨資産の取得)による外貨資産も、国民のために有効利用しなければなりません。中国のように外貨を「外交カード」に使うのは当然のことながら、SWF (Sovereign Wealth Fund)のような「国家の戦略のための投資ファンド」も考えるべきです。もちろん、これらが官僚の新たな利権や天下りの対象になることは、厳に避けなければなりません。突拍子もない考えと思われるかもしれませんが、結構真面目に考えているのですよ。

円が史上最高値を付けた直後に書いた記事です。円高のうちに「ぜひやっておくべきこと」を真剣に考えて書きました。現在は円安になっており、当然のように議論すらされなくなっています。日本銀行による「異次元」の国債買入れにより、今度は国債を海外に販売する努力だけでなく、財政赤字削減の話すら消えてしまうような気がします。

2011年11月4日 日本国債が海外で買われると思う理由

今週は11月1日付「円高に対する国家戦略とは その1」と、11月2日付「円高に対する国家戦略とは その2」の中で、「円建て国債」を海外向けに発行する、もしくは日銀などの保有する国債を海外向けに売り出すべきと書きました。

そうすると、「日本の国家債務はすでにGDPの2倍もあり、日本の国債が海外投資家に売れるはずがない」、「外国人投資家に国債を売ろうとすると発行条件が悪くなり、財政負担が増える」、「外人投資家が日本国債を保有すると、空売りなどの材料になり相場が乱高下する」等のご意見を頂きました。

そこで、この辺をもう一度書くことにします。

＊　＊　＊　＊　＊

まず、昨日（11月3日）の昼間のメルマガにも書いたのですが、世界の金融市場の緊張感の高まりの結果、ますます世界の資金が安全志向となっています。

つまり世界中の金融緩和の結果、世界中であり余っている投資資金が「リスクをとる方向」に向かっているのではなく、「我先にリスクから逃げ出して」いるので金融市場の混乱が増幅されているのです。

ですから、ヘッジファンドのようにリスクをとる運用は、だんだん「割の合わない」投資ということになり、パフォーマンスの低下と資金の流出に苦しんでいるのです。

ゴールドマンサックスで債券トレーダーからCEOに上り詰めたジョン・コーザイン氏が主宰するMFグローバルが、先日あえなく破たんしたのをはじめ、昨年ヘッジファンド業界で最高所得を得たジョン・ポールソン氏が主宰するファンドも8％の資金流出（予想よりだいぶ少なかったのですが、

＊　＊　＊　＊　＊

それでも2000億円くらいの流出です）となりました。

通貨では唯一の安全通貨として「円」に資金が流入し（だから円高が続き）、資産では安全資産として「国債」に資金が流入しています。だから「円」で「国債」の「日本の国債」は世界中からの需要があるはずなのです。

そういう大雑把な理由ではなくとも、日本は経済規模が大きく、政情も比較的安定しており（暴動や革命が起きないという意味ですが）、国債は発行額や流動性が非常に大きく、何より国際債券市場では比較的希少物件なので、こういう世界の資金が「我先にリスク資産から逃げ出している」状況では格好の受け皿になります。

確かに、日本の国家債務はGDPの2倍以上もあるのですが、今すぐ財政赤字削減をしなければならないという財務省の「脅迫」に日本国民が騙されているだけなのです。そう言っておくと予算配分権を持つ財務省の「発言力」が維持できるからで、国債が海外に大量に売れることが分かるとまずいので海外にオファーしようともしないのです。

これだけ財源がないと言いながら、為替介入に1日に8兆円（これも国債発行で賄うのです）も使ったり、欧州のEFSF発行に債券を購入することを安易に約束したり（中国ですら簡単に了解していません）、国策でウォン安を続ける韓国に対して為替介入のための外貨を提供してみたり、全然やっていることとの辻褄が合わないのが財務省なのです。

＊　　＊　　＊

もちろん、裁定取引で日本国債が「割高」と見られるかもしれませんし、日本の財政赤字に目をつけて日本国債を「空売り」する投資家も出てくるかもしれません。しかしこれも心配いりません。実はヘッジファンドはかなり以前から日本国債の空売り（普通国債先物の売り）を継続的に相当大量に仕掛けています。それでもヘッジファンドに国債先物が売り崩

水準にあり、今すぐ財政赤字削減をしなければならないという財務省の投資家に提供できるのです。裁定取引とは、債券間で割安と思うものを買い、割高と思うものを売り、その関係が修正されると反対決済をして利益を確定させるものです。

大きな流動性を持つ日本国債が、新たに国際債券市場に登場すると大きな裁定取引の需要が発生し、かなりの額が市場で吸収されるはずです。

＊　　＊　　＊

決して自慢するわけではないですが、6月19日付け「債券市場の行方」で、債券王ビル・グロス氏の見立てに反対しました。そして9月2日付け「米国債券王・グロス氏の敗北宣言の意味するところ」で書きましたように、グロス氏は間違いを認めたのです。

これも、長年の経験からの確信

市場があり、日本の国債は、新たに大きな裁定取引の機会を世界の投資家に提供できるのです。裁定取引が失敗して損失を出しているのです。

日本の国債市場は、皆さんが想像しているよりはるかに大きく洗練されており、十分に世界の投資家を相手に戦えるもので、また世界の投資家の信頼を引きつけることができる市場なのです。

長年トレーダーとして、世界の債券市場に参戦していた者としての確信があるのです。

＊　　＊　　＊

までで国内で何の問題もなく消化されており、しかも利回りが現在も最低水準で10年債利回りが1％程度なのです。

同じく国家債務が急増しており、しかも海外投資家への依存度が50％もある米国の10年国債利回りも2％程度であり、ユーロの維持のためにこれからも発行が増えそうなドイツ10年国債も1.8％程度なのです。

世界中で財政赤字が拡大するなかで米国国債・ドイツ国債が「安全資産」であるのと同じように、これより利回りの低い「日本の国債」は世界的に見ても「安全資産」のはずなのです。海外に持って行った途端に利回りが上昇することもないのです。

＊　　＊　　＊

問題は、国債発行残高が危機的

されたことは、2003年夏に1回あるだけです。大半は売り崩しが失敗して損失を出しているのです。

もう1つ日本国債に対する世界の需要が大きいと思う理由は、世界の債券市場には巨大な裁定取引

があったのです。

2012年1月30日 ヘッジファンドが蠢（うごめ）く その1

本日（1月29日）発売の「日経ヴェリタス」に、あるヘッジファンド代表が「日本国債バブルが崩壊する。それに勝負をかける」と語っているインタビュー記事が出ています。

要するに、「日本の財政赤字が膨らみ経常収支も近く赤字になり、日本国債バブルが18カ月以内に崩壊する」というものです。別にその「見立て」に感心したわけでもなく、あまり有名でもない新興ヘッジファンド（著名ヘッジファンドは決して自分の考えを外部に言いません）の「ご託宣」を有難がって掲載している日経新聞を批判するつもりもないのですが、「全く別の危機」を感じました。

＊　＊　＊

まずヘッジファンドの戦略はタイプによってもちろん違うのですが、巨額ファンドの多いグローバルマクロ型とかイベントドリブン型のポジションは驚くほど単純です。

ですが、その「誰でも」と何処が違うのかと言いますと、ポイントで積み上げるポジション金額が尋常ではなく、強靭な精神力でこれを維持し（つまり反対に行った時にオタオタするとか、逆に少し利益が出たらすぐに利食ってしまうなどがありません）、しかし「間違った」と判断すればこれも一気に損切る思い切りの良さなどです。

ただ、これらのファンドにほぼ共通していることは、最大の拠り所が「当局の意向を見透かす」ことなのです。

「見透かす」の意味はいろいろあるのですが、「発表していない情報」や「公式見解と違う本音」などを知ることは当然で、さらに「誰が実質的に仕切っているのか？」や「どの程度、腹が据わっているのか？」や「責任者の失脚の可能性」などまで調査します（そしてこれらの「情報源」はほとんど「当局そのもの」です。おしゃべりが多いようですね）。

＊　＊　＊

有名な例が1992年9月のジョージ・ソロスのポンド売りです。当時、欧州各国はERM（欧州為替相場メカニズム）によって自国為替相場を一定の範囲に維持することが求められていたのですが、英国はポンドを維持できる経済状況ではなく、早晩ERM離脱（つまりポンドの切り下げ）に追い込まれることは誰にでもわかっていました。ソロスが尋常でなかったことは、このポンド売りを100億ポンド（1兆数千億円）も仕掛けたことで、そのきっかけはラモント蔵相（写真）の「英国は投機に屈で、誰でも思いつくようなもので、誰でも思いつくようなものです。

無名ヘッジファンドの「ポジショントーク」を大々的に掲載している無神経さにあきれて書いた記事ですが、この無名ファンドは何と再度マスコミに取り上げられます。後の記事に出てきます。

しない。100億ポンドの予算を使ってでも対抗する」との発言でした。どこまで（ポンドを）売れば白旗が上がると敵に教えてしまった致命的ミスでした。

＊　＊　＊　＊

いろいろ前置きが長くなったのですが、今回感じた「全く別の危機」とは、この無名ヘッジファンドの「ご託宣」ではなく、もっと巨大な世界の著名ヘッジファンドに「とんでもないヒントを与えてしまっている」ことなのです。

その「ヒント」とは、財政赤字額でもなく国債発行残高でもなく貿易統計でもなく、「当局が増税のために国民に財政危機を喧噪している」ことなのです。

＊　＊　＊　＊

つまりヘッジファンドのポジション（もちろん日本国債のショート）は、日本の当局が自ら「推奨」していることで、かつ最大の国債保有者である銀行は当局の意向を

真に受けており、実際に暴落を始めるとサラリーマンの集まりですぐにパニックになるなど、収益がいくらでも拡大する条件が揃っているのです。

「当局」の意向は、もちろん「増税」を国民に納得させるために危機感をあおっているわけで、（さすがに）本当に国債の暴落を望んでいるわけではないはずですが、その行為そのものがヘッジファンドに「有望なチャンス」を提供していることなのです。「有望」とは、リスクに比べて「最大収益」がとんでもなく大きくなる可能性があるものです。

＊　＊　＊　＊

「当局」なり「当局」の意向を受けた野田政権がいたずらに日本国債が暴落すると危機感をあおり、国民資産で問題なく消化されている国債を「意識的に伏せていて」「主張すべき事実」を国内外に向けて、本来なら問題なく退治

できるヘッジファンドに（今のところ僅かではあるもの）「勝算」を提供してしまっているのです。もちろん、そうなった時に儲けるのは海外のヘッジファンドで、最大の被害者はいつものように日本国民です。つまり官僚による「省益」を「国策」に優先する行為が

引き起こしてしまっている「危機」で、当然著名ヘッジファンドにはこの辺も「見透されて」いるのです。

「当局」にとって「国民の利益を守る」と「海外から日本を守る」が、せめて「官僚の利権を拡大する」と同じくらい重要なことを認識してほしいのです。

2012年1月31日 ヘッジファンドが蠢く その2

1月30日付け「ヘッジファンドが蠢く」で、増税のための「当局」の財政破綻・国債暴落論が、実はヘッジファンドをはじめとする海外投資家の「日本国債売り崩し」を推奨し、本来は何の問題もない日本国債市場に無用の混乱を与える可能性が出てきていることを書きました。

考えれば考えるほど、重要なとなるのでこの話題を続けます。海外投資家はヘッジファンドとは限らないのですが、ここではヘッジファンドの中でも特に巨大ファンドの多いグローバルマクロ型とイベントドリブン型を念頭に置いて書いていきます。

＊　＊　＊

大きな日本の国債は空売りするか休むかの二択で、間違っても買いません、予想最大収益が格段に大きいと予想最大リスクに比べて（これは後述）、さらに昨日書いたように「当局」も巻き込んだ大掛かりな勝負ができることなどです。

2007～2008年のサブプライムローンを含むモーゲージ関連債券の大規模空売りは、まさにこのすべての条件に適うものでした。モーゲージ市場の巨人が実質国有のファニーメイやフレディマックで、「当局」へのダメージが膨らむことも予想できたのです。

そして今、「日本国債の空売り」も、すべての条件に適います。だからヘッジファンドはかなり以前から「日本国債の空売り」を何度も仕掛けてきています。実際はほとんどが失敗しているのですが、ファンダメンタル分析で説明できること（やや分かりにくい表現ですが、例えば、財政赤字の

＊　＊　＊

対象は、まず市場が大きいこと（つまり巨額のポジションが取れること）、ファンダメンタル分析で説明できること（やや分かりにくい表現ですが、例えば、財政赤字のこれらのヘッジファンドが狙う方で、これもヘッジファンドの考えが、仮に利益となる確率が高く

＊　＊　＊

なくても利益が上がれば非常に大きいものは何回でも狙うのです。まさに「勝率より利益の絶対額」なのです。

不況で、日本の銀行が国債を買い進めて10年債利回りが0・5％以下となりました。さらに利回りを上げるためにもっと長期の国債を買い込んだところで利回りが反転（上昇）、リスク管理の観点から利回りが上がれば上がるほど大量に売却しなければならず、10年債利回りが短期間で1・4％まで上昇した時です。

その数少ない成功例が2003年夏のVAR（Value at Risk）ショックと言われる急落です。

2000年以降のITバブル崩壊や米国同時多発テロによる世

しかし、銀行もその時の「学習効果」から、現在の保有国債の平均残存年数は4年以下となっており再来の危険性は少ないと言えます。

その代わりに要注意なのは、ヘッジファンドがかなり以前から日本国債の長期（3〜5年？）プットオプションを日本の銀行から相対取引で買っていることです。金額は想像がつきません。

つまり銀行にとっては（ヘッジファンドから）受け取るプレミアムが「日銭」となり、仮に利回りが上昇してプットオプションが行使されても、それはそれで良いくらいに考えているのです。

問題はボラティリティが、かなり低く設定されていることです。つまり長期の国債オプション市場は参加者が少ないため、ヘッジファンドの「言い値」で売っている可能性があります。それでも受け取るプレミアムは銀行にとって貴重な「日銭」なのです。

しかし、ひとたび国債利回りが上昇（価格は下落）を始めるとボラティリティも上昇するため、銀行が「売っている」プットオプションの価格は急上昇します。そうするとまたしても利回りが上昇し、プットオプションが行使されることに備えて保有国債を売却しなければならなくなるのです。

＊　＊　＊

ここで重要なことは、日本国債は銀行をはじめとする金融機関で「問題なく」消化されており、その金融機関の資金は日本国民の資産だということです。万一にでも日本国債がヘッジファンドに「売り崩される」ことがあれば、銀行にとっては担当役員のクビぐらいで済みますが、巨額の損失を被るのは日本国民なのです。

さらにご丁寧に「国債が暴落すれば預金が封鎖される」というとんでもない議論をするマスコミま

今の債務者「当局」は、債権者の国民に向かって「お前の債権を紙くずにしてほしくなかったら、もっともっと窮乏生活をして金を持ってこい」と言っているようなもので、同時にまたしてもヘッジファンドをはじめとする海外投資家には「巨額の収益チャンス」を

＊　＊　＊

でいます。だから早く増税して財政破綻を避けなければならないと言いたいのでしょうが、まったくお話になりません。

そもそも債権者である国民は、債権者である国民のお陰で順調に消化されており、ご迷惑をおかけすることは全くありません」と本当の債務者の私ども「債権者である国民のために」「債務者の私どもは真剣にコストカットに努め、同時に景気が回復する方策に必死で取り組みます」と言わなければならないのです。

＊　＊　＊

提供しようとしているのです。ここは「オール日本」でヘッジファンドに対抗しなければなりません。「当局」も本当に国債が売り崩されたら「利権」どころではないことを理解してほしいのです。

2012年5月7日 改めて日本政府に対する「真摯な提言」その1

本紙は2012年2月10日、「日本政府および日本銀行に対する真摯な提言」と題する社説を掲載しました。

日本銀行に対しては「50兆円の追加金融緩和」、日本政府に対しては「国策的外貨取得のために外為資金特別会計の機能拡充と運用弾力化」を「真摯に提言」しましたが、その直後の「やや意外だった」日本銀行の10兆円の追加量的緩和により「円安」「株高」が進んだため中断していました。

基本的には考えを変えていないのですが、再度の「真摯な提言」となります。

前回の表題から「日本銀行」が抜けたのは、来年の総裁改選期を控えて（武藤敏郎氏の返り咲きを予想します）ますます「レームダック化」しそうな日本銀行に期待できないこともあるのですが、そろそろ米国経済を見ても「量的緩和」のご利益が消え始めているような気もするからです。

もちろん「量的緩和」は続けなければならないのですが、とりあえず現状維持でもよいと思い始めています。

＊　＊　＊　＊　＊

最も優先順位が高いのは、消費増税の強行をやめることであり、そのためには「財務省のマインドコントロール」から抜け出すことなのですが、これは当たり前のこととなので改めて書きません。

この「財務省のマインドコントロール」とは、元・通産官僚で橋本内閣時に首相首席秘書官を務めた江田憲司氏（みんなの党・幹事長）の著書名です。賛同するところが多く、あっという間に読み終えてしまいましたが、2点だけ異論がありました。僭越ですがここで指摘させていただきます。

＊　＊　＊　＊　＊

1点目は、「国債は子孫に負担を押し付けるものだ」は財務省のマインドコントロールにすぎず間違っているというところです。「全くその通り」なのですが、その理由が「日本の国債の95％は日本で消化されており、将来その償還のために増税をしたとしても償還金がすべて海外に支払われることになり子孫の負担となる」とされています。「国債は極力国内で消化すべき」という主張だと思われますが、本誌の「真摯な提言」とは正反対です。

2点目は、「みんなの党」としての主張のようですが、復興債（国債）を100兆円にも上る外貨準備を活用して外為資金特別会計が日本人に支払われるので負担ではない。ところが日本の国債が外国人に保有されるようになると、

引き受けるとしているところです。要するに政府や政府系金融機関がドル建て債を発行して外為資金特別会計の外貨（ドル）を利用して引き受けるか、年間15兆円位ある保有米国債の償還資金を円転して（円高になる！）新たに国債（この場合は円建て）を引き受けるということのようです。

たしかに外為資金特別会計で保有している米国債は、日本国民のために何の役にも立たず、その前に100兆円もの外貨（主にドル）を取得したにもかかわらず円高が止まっていないため、ゆくゆくは外為資金特別会計で保有する米国債をドル建て日本国債に置き換えるか、徐々に米国債に売却して外為資金特別会計自体を縮小してしまうというものです。

理論的には「良く分かる」のですが、これも本誌の「真摯な提言」とは正反対です。（つづく）

闇株新聞コラム

日本の恩人・トルコ航空元機長の死去

イラン・イラク戦争最中の1985年3月17日、フセイン大統領が突然「48時間経過後、イラン領空を飛ぶ飛行機は、民間機も撃墜する」と宣言し、各国は大慌てで救援機を飛ばしました。

ところが日本はJALが組合の大反対で救援機を出せず、政府も社会党の「自衛隊を戦闘地域に派遣してはならない」との主張で自衛隊機を飛ばせないまま、タイムリミットが迫りました。

各国とも自国民の救出で精一杯で、日本人を乗せてくれる飛行機はありません。在留邦人215人が、見捨てられたのです。

その時、手を差し伸べてくれたのがトルコでした。トルコ航空機2機がテヘランに飛来し、日本人全員を脱出させてくれたのです。当時のオザル首相に掛け合ったのは、伊藤忠商事のイスタンブール所長だった森永堯氏でした。

なぜトルコ政府は危険を顧みず、森永氏の頼みを聞いてくれたのでしょう？　それは1890年（明治23年）、和歌山県串本町沖で座礁沈没したトルコ海軍「エルトゥールル号」の乗務員を、串本町民が身を捨てて救助したことを覚えてくれていたからです。

串本町民は死者を出しながらも必死に救出にあたり69人を助けました（死者581人）。このエピソードはトルコでは教科書にも載っている話のようです。

しかし、危機に際して「平気で危険地域に同胞を見捨てる」日本政府の体質は、今も全く変わっていません。2011年1月14日、チュニジアで23年間の独裁政治をおこなっていたベンアリ政権が倒れ、国内が大混乱になりました。200人の在留邦人と、ほぼ同数の観光客が滞在していました。不測の事態に備え救出方法が議論されたのですが、公的資金のお世話になっていたJALも救援機を出すとは言わず、民主党政権はわずか数名の社民党議員の主張に配慮して政府専用機（自衛隊員が操縦する）を飛ばせず、オタオタするばかりでした。

大事には至らなかったものの、1985年当時から「何の進歩もしていない」ことになります。

イラクで日本人を救けてくれたトルコ航空元機長オルハン・スヨルジュ氏が2月24日、死去されていたとの小さな記事を見て、当時を思い出しました。ご冥福をお祈りします。

2012年5月9日 改めて日本政府に対する「真摯な提言」その2

「国策上」絶対に必要だと考える通貨政策は「円の国際化（基軸通貨化）を推進する」と「戦略的に外貨取得を推進する」の2つです。

＊　＊　＊

まず「円の国際化（基軸通貨化）」から説明していきます。

現在の日本を冷静に見渡して、日本が世界で戦える数少ない武器が「円」です。これは国内の金融資産額が大きい以外に、「通貨として強い」「金利が低い」「流動性がある」さらに「金融市場が一応整備されている」「国債の発行市場・流通市場が大きく、整備されている」さらに「一応経済大国である」「一応国民が真面目である」なども含む「総称としての円」のことです。

一方「基軸通貨」とは、その通貨の発行国だけでなく、世界中で「何の疑問もなく」決済や借り入れや貯蓄のために使う「通貨」です。現在の基軸通貨は「ドル」です。

すから、「ドル紙幣」も「米国国債」も、約半分近くが海外で「何の疑問もなく」保有されているのです。

「ドル紙幣」が海外にあるということは、極論すれば米国政府や米国企業が海外からモノやサービスを購入して（援助もありますが）その「代金」として渡した「紙切れ」が流通していることで、「米国国債」が海外にあるということは、その「紙切れ」が「米国国債」に置き換わっているだけなのです。

もちろん「ドル紙幣」は米国に持って行っても金には換わらず（モノは買えます）、「米国国債」を持って行っても「ドル紙幣」に換わるだけです。分かり易く言うと量販店などで返品すると渡される商品交換券みたいなものです。

＊　＊　＊

つまり海外にある「ドル紙幣」も、大半が米国にとって永久に返還する必要のない「負債」で、これこそ「基軸通貨国」の特権なのです。

最近のようにFRBの超金融緩和政策でドルが下落し、リーマンショック以降の数年間は米国の財政赤字が毎年1兆5000億ドルに上っても、世界中どこにも「取り付け」が起こらず、世界中が誰も「米国国債」が償還されるか不安に思わないのです。

もちろん、世界中で「少しくらい」は「ドル紙幣」や「米国国債」の保有を減らそうという動きはあります。しかも単に「減らそう」という消極的行動ではなく、もっと積極的に「基軸通貨の特権」を奪い取ろうという動きが出てきています。その代表が「ユーロ」です。

「ユーロ」とは、全欧州が米国（ドル）に対抗するため作り上げた通

貨で、多少参加国に財政問題が出ようが、政権が交代しようが、絶対に「引っ込めない政治カード」なのです。

アジアでも、大国となった中国や、もともと融資残の大きい欧州や、中国と対抗する米国などが「水面下での囲い込み」を進めています。

＊　＊　＊　＊　＊

「真摯な提言」とは、この日本の唯一の武器である「円」を使って、この「基軸通貨の特権」獲得レースに参加することなのです。あらゆる状況を冷静に考慮しても「円」は基軸通貨の必要条件を満たしています。

紙面の関係で、円を「基軸通貨化」した場合の「国策上の利益」や、具体的に「何から始めればよいのか？」は次回にします。

本日強調しておきたいことは、日本の選択肢は「現在のドル基軸通貨体制を維持し、その役割の一部を円に置き換えていく」しかないことです。

そう考えていくと、最近の野田政権の「IMFへの600億ドルもの資金提供」は「メリットの何もないユーロ支援」であり、中国の国債購入は「メリットの何もない人民元の国際化（基軸通貨化）のための支援」であり、韓国国債の購入やアジア開銀への資金協力（1570億円）も「何のメリットもない可能性が強い」のです。

財務省や外務省の「省益」を優先する野田内閣の「恐るべき政治・金融・国際センスの無さ」なのですが、単に「国益」にならないだけでなく、明らかに「国益」を損ねているのです。

闇株新聞コラム

利回り低下　日本国債が大取組の予感

相場の「大取組」とは特定の金融商品を巡って「買い方」と「売り方」が、大きなポジションでぶつかり合う状態のことです。

2013年3月4日、衆議院の議院運営委員会で日銀新総裁候補の黒田東彦氏の所信聴取が行われました。その席で、改めて積極的な金融緩和についての発言があり、国債利回りが、大きく低下。国債先物の3月限は史上最高値を更新しました。

ここからは単純なショートポジションだけではなく、国内機関投資家のヘッジ売りなどが想定外の利回り低下（価格の上昇）で反対決済を余儀なくされ、常識では想像しにくいような低利回りが実現してしまう可能性があります。そろそろ、ヘッジファンドが日本国債をショートするチャンスを狙っていそうです。何しろ日本国債は、巨額の市場規模と流動性があり、ヘッジファンドには格好の投機対象なのです。

ヘッジファンドは、ファンダメンタル分析では動きません。「特殊な状況が重り、平常時では想定できないような異常な相場となった時」突然に出動するのです。

ここからの国債相場は、そうした勢力も加わった「大取組」となっていく予感がしています。しかし、2003年のように、やりたい放題の大儲けされてはなりません。これからの国債利回りは「正常値」なのか、「異常値」なのかを、理論的にではなく直感的に見極め像しにくいような低利回りが実現する必要が出てきています。

2012年5月11日 改めて日本政府に対する「真摯な提言」その3

 「基軸通貨」とは、世界中で「決済」「金融(貸し付けや起債など)」「貯蓄」など幅広く使われている通貨のことで、それらの使われ方の中で一番「円」の比率が高そうな「世界の外貨準備の占める割合」ですら3・8%(注)にすぎません。それ以外の「決済」などはもっともっと少ないはずです。

 確かに「円建て貿易決済」も「ユーロ円債の起債」もあるのですが、「円」を受け取った海外の輸出企業や発行企業や借入先は、受け取った「円」をすぐにドルやユーロに換えてしまうため海外で流通している「円」が増えないのです。

 その理由は、日本はまだまだ経常黒字国なので、そもそも日本からネットで流出して行く円資金がないことや、邦銀が海外で円建てローンを増やそうという発想自体がないことなどで、これは一朝一夕に変わるものではありません。

 * * * *

 そもそも円を「国際化(基軸通貨化)」すると言っても、別にドルに代わって世界の決済通貨になろうということではなく、あくまでも基軸通貨であるドルの機能の「二部」である「世界の投資・準備資金の受け皿」のこれまた「一部を分担する」ことが一番簡単でメリットが大きいのです。

 読者の方からコメントもいただいているのですが、基軸通貨国になるためには軍事力が必要なことは当然で、あくまでも日本の選択肢としては「ドル基軸通貨圏のなかでの役割分担」でしかないはずです。まさに「基軸通貨としてのドル」の最大の弱点である「減価(値下がり)」を「円」がカバーできるからです。

 また、これもコメントいただいているのですが、世界の基軸通貨体制はドルを中心にユーロ・ポンド・円などが仲良く分担していく「バスケット体制」にはなりそうもありません。あくまでもドル・ユーロ・(そして多分)人民元の3極が争い、通貨圏が分裂していくような気がします。

 * * * *

 日本の選択肢としてはドル圏・ユーロ圏・人民元圏に対抗して「円圏」を主導していくことも考えられます。通貨・円としてはその条件を備えているのですが、日本の政治が弱すぎて軍事力も無いためお話になりません。

 今、日本にとって重要なことは「しっかりと方向を決めること」

 * * * *

 英国はEU(ユーロ圏)から距離を置く可能性があります。そもそも英国はERMから離脱したままなのですぐにユーロに加入でき

財務省によると、日本国債は間もなく国内資金で消化しきれなくなるらしいので、これは日本の「国益」に最も合うもので、そのためにも円の国際化（基軸通貨化）を進めておかなければならないのです。

まさに、国を挙げて「日本国債」の大キャンペーンを行わなければならない時です。最近、再度円高に向かい、日本10年国債利回りが0.8％台まで低下している中で、「円建て」で「安全資産の国債」である日本国債に世界の需要が集まらないはずがありません。

財務省の消費増税のための「ネガティブキャンペーン」や「マインドコントロール」に騙されて「国益」を見失ってはいけないのです。国債の外国人保有が増えたら「売り叩かれて、国債が暴落する」というのも根拠不明の暴論です。

米国にもEUにも中国にもなく国内資金で消化しきれなく「中途半端にいい顔」をしていると誰からも相手にされなくなります。本紙がしつこく「IMFへの600億ドルの資金提供」と「1億ドルの中国国債購入」を批判しているのは、まさにこの点を危惧しているのです。

＊　＊　＊　＊

話を戻しますが「ドル基軸通貨体制の中で世界の投資・準備資金の受け皿機能を分担する」ことが一番簡単でメリットも大きいのですが、それですら現状では前に進みません。

そのために絶対に必要なことが「日本国債の海外保有を増やす」ことなのです。国際化でも基軸通貨化でも「海外における円および円資産（主に国債）の保有」を増大させる必要があり、一応経常黒字国の日本は、まず「日本国債の海外保有を増やす」ことから始めるべきなのです。

（注）米ドルが61.7％、ユーロが25.7％、ポンドが3.9％（2011年9月末現在）

2012年5月14日 改めて日本政府に対する「真摯な提言」その4

先週は、「円の国際化(基軸通貨化)を推進すべき」について書きました。

世界の金融市場で「円」が安全通貨とみなされているうちに「円の国際化(基軸通貨化)」を強力に推進し、世界の中で日本の存在感を高めるためです。そのために、まず海外投資家による「日本国債」の保有を増やす努力から始めるべきという提言でした。

本日は、もう1つの「真摯な提言」の「国家で戦略的に外貨取得を推進すべき」についてです。

＊　＊　＊

現在の日本では、外為資金特別会計を通じて約100兆円の「外貨」を保有しています。ここでは為替介入による外貨(主にドル)取得のほかに、金の保有や、最近の野田政権が約束してきたIMFへの資金協力や中国国債の購入などを行います。

その資金は国債(政府短期証券)の発行で賄うので立派な国民負担なのですが、その投資(と呼べるかどうかわかりませんが)の意思決定過程や現実の損益が国民に説明されることはなく、利益配分を含めた「国民にとっての存在意義」が全く分からない壮大なブラックボックスとなっています。

今まで為替介入をしても「円高」が止まらず、当然に外為資金特別会計に評価損が積み上がるだけで何の役にも立たず、そこへ「やっぱり国債発行を原資として国家で外貨取得」などと書くと「何を突拍子もないことを言うのか?」となると思います。

しかし、どうしてもそう考えてしまう理由を順に書いていきます。

＊　＊　＊

まず1番目は、歴史的に見て低利回りの日本国債の発行で調達した「円」を、これまた歴史的に見て高い(つまり円高)水準で売却し、その資金で歴史的に見て安い外貨(ドルなど)を購入することは、経済的合理性があるからです。

2番目は、日本経済全体は1971年のニクソンショック以降「膨大な円高コスト」を負担しています。「取られたものは取り返すべき」と考えると、現在の円高水準は「大変なチャンス」と思うからです。

3番目は、外貨を大量に取得すれば当然に円安になります。異論もあるようなのですが、円安は間違いなく日本経済にとってプラスで、現在の日本経済の閉塞感を払拭してくれるはずです。

4番目は、日本経済にとってプラスである以外に、取得した外貨の評価益が実際に積み上がる「直接的効果」があり、実現化して国民生活向上のために還元できるこ

とです。

5番目として、取得した外貨を使って、収益性だけでなく、国際社会で日本の存在感が増すような「国策投資」を行えることです。

特に3番目の「誰が実際に外貨取得を行うのか」、4番目の「実現益をどう国民に還元するのか」、5番目に「誰が実際に投資決定をするのか」など、官僚組織の利権にされてしまいそうなところが山ほどあるのですが、そうならないための対策も含めて具体的に考えていきます。

＊　＊　＊　＊

現在の世界の金融市場は「先進国の極端な金融緩和策をうけて世界中に投資資金が溢れ返っている」、「その投資資金は、世界的に株式などのリスク資産から、特定の国債などの安定資産に向かっている」、さらに「基軸通貨であるドルも、ユーロも、近い将来間違いなく存

在感が大きくなる人民元などの新興国通貨もすべて、それぞれ固有の事情によって自国通貨を安く維持している」、「特に世界的に圧倒的に保有されているドルの保有を減らす通貨分散の動きが世界的にある」という構造です。

その中で日本は何もせずにいただけなのですが、気がついてみると歴史的「円高」で、日本国債の利回りも歴史的低水準に近づく、その他の世界的状況も含めて、大変な「外貨取得のチャンス」が来ていたのです。

日本にとって「現在の日本経済のどうしようもない閉塞感」とするはずがありません。

「1971年以降、日本経済が負担に膨大な円高コスト」を一気に取り返せるかもしれない「歴史的チャンス」なのです。逆に言えば、このチャンスを何となく逃してしまったら、日本は永久に世界の中心から外れたローカル国家となってしまうのです。

闇株新聞 Q&A
海外の投資家に日本国債は売れるのか？

【質問】

「国債の海外保有を増やすべき」という提言、ちょっと引っかかるところがあるのです。何年か前に財務省が「日本国債キャラバン」と称して海外に売り込みましたが、さしたる効果はありませんでした。日本国債のような巨大な金融商品が、役人のセールスで海外投資家に売れたり売れなかったりするはずがありません。

日本国債の海外保有を増やしてもらうには「日本国債は割安」と思ってもらうことであり、それには「金利を上げる」か「格付を上げる」か「ドルの格付を下げる」か「ドルの金利を下げる」かしかなく、全て円高・デフレにつなが

るのではないのでしょうか。

逆に海外投資家に日本国債を売らせ、それをそっくり日銀が買うというほうが、円安・金融緩和（数値上の金融緩和）につながり、今の日本には良い事だと思うのですがいかがでしょうか。

【答え】

国債は海外投資家に「買ってもらう」のではなく、ドルやユーロ資産の保有に不安を感じている海外投資家に「通貨分散の機会を提供する」くらいに考えるべきです。

日本の経済規模と円の安定性、国債の市場規模および流動性から考えて、十分に米国債の代替になり得るからです。

海外投資家が保有している国債を日銀が買い取ることは意味がありません。供給した資金が海外投資家に支払われるため、日本の金融緩和にならないからです。

2012年5月15日 改めて日本政府に対する「真摯な提言」その5

このシリーズの最終回です。

「真摯な提言」は2つだけで、「円の国際化（基軸通貨化）」と「国家による戦略的な外貨取得」をそれぞれ推進することです。この2つは別のことのようですが、実は同じことを違う角度から言っているだけです。

「海外に日本国債を大量に販売することにより円を国際化（基軸通貨化）」すると「その国債を原資として戦略的に海外資産を取得する」を通じて世界における日本の存在感や発言力を取り戻すということなのですが、もっと具体的に説明します。

＊　＊　＊

2011年12月末現在の資金循環統計によりますと、日本全体の金融資産は2753兆円（家計1483兆円、法人796兆円、一般政府474兆円）で、そのうち602兆円が海外に投資されています。また、日本全体の負債総額は2484兆円（家計357兆円、法人1029兆円、一般政府1099兆円）で、そのうち352兆円は海外からの資金です（預金取扱機関・保険会社・年金基金などは金融仲介機関でダブルカウントになるため除外してあります）。

すぐにわかる問題が2つあります。

1つ目は、日本全体の金融資産のうち21.8％に当たる602兆円が海外に投資されていることです。それは一般政府に入っている「外為資金特別会計」や、家計部門などの金融資産が金融仲介者を通じて海外に投資されており、「かなりの部分が為替リスクを負っているもの（つまり現在の円高で巨額の損失が出ているもの）」と言えます。

一方、海外からの調達はそもそも352兆円しかなく、さらにその中には国債の外人保有の78兆円、株式の外人保有の40兆円などがあり、「意図して海外から調達したもの（本来海外から調達した資金は円高になれば償還負担が軽くなるなどのメリットを受ける場合があり、それを狙ったもの）」はほとんどありません。

日本全体のバランスシートは「非常に円高に弱い」形をしており、不幸にして「1971年以降ずっと円高で、現在は最も円高に近い」状態なのです。

当然膨大な損失が発生しており、円高による輸出企業の競争力低下とか、交易条件の悪化に伴う所得の海外流出などと並び「膨大な円高コスト」を構成しています。

2つ目は、日本全体の負債総額の44％（1099兆円）も占める一般政府の負債のうち、海外からの資金が僅か78兆円（しかも後か

企業総合　1版【縮刷版】　闇株新聞　2012年（平成24年）5月15日（火曜日）

ら買い入れたもの）しかありません。残る1021兆円がすべて日本の金融資産（全体の2743兆円から海外に投資されている602兆円を引いた2141兆円）で賄われているのです。

明らかにバランスを欠いた不健全なものと言えます。つまりこの状態で政府関係者が、国債を海外に販売する努力を一切していないことの方が「異常」なのです。

＊　＊　＊

理由はともかく世界最強通貨である円建てで、世界が求める安全資産である国債で、巨額の発行残高と流動性を持つ「日本国債」が、海外投資家に僅か78兆円しか保有されていないことは、政府関係者の「怠慢」以外の何ものでもないのです。

だから「国債を海外投資家に買ってもらい（※注）」「その資金で外貨を取得して」円安になれば、円安で株が上がり経済が回復する

効果以外に、今までの「膨大な円高コスト」を取り戻せるのです。

「外貨を取得する」メリットは、単に「円安になったら儲かる」だけでなく、その外貨を使って「国益」のためになる投資を行えることです。今でもIMFへの600億ドルの資金援助や、100億ドルもの中国国債の買い入れなど「果敢」な投資は行っているのですが、「国益」のためという点では零点です。

具体的な投資方法について紙面の機会が無くなってきたのでまた別にしますが、1つだけ言えることは「例えば100兆円の予算で海外投資をしますよ」と宣言するだけで、世界中から「飛び切りの投資案件が舞い込んでくる」はずです。

現在の外為資金特別会計の100兆円の大半はFRBにあり（ドルだから当然です）、米国が金融システムの信用補強に自由に使

っており、日本が全く自由に使えません。自由に使えない資金に世界中から「飛び切りの投資案件」が持ち込まれることはありません。

だから、新たに100兆円から200兆円の外貨（主にドル）を取得して、「新たに投資する」と宣言すればよいだけなのです。

──────

（注）実際は海外投資家に日本銀行保有の国債を買ってもらい、その分日本銀行が市中から国債を買い入れ、その分市中に新規国債を発行するのが自然です。

145　第4章｜徹底的に日本国債の話をしよう！

2012年12月25日 闇株新聞縮刷版
NHKスペシャル「日本国債」のとんでもない内容

昨日12月23日の午後9時からNHKスペシャル「日本国債」が放送されていました。「どういう意図」を持って放送しているのかを知るために見ました。

想像をはるかに絶する「とんでもない内容」、最初から最後まで「日本国債は暴落して大変なことになる」の大合唱でした。

10年以上も前に小説「日本国債」を書いた女性作家が相変わらずのヒステリックな国債暴落論を「持論」を繰り返していました。

＊　　＊　　＊

10年以上もハズレ続けているのにです。

それより問題と感じたのは、ヘイマン・キャピタルなる無名のヘッジファンドと代表にしてのように評価損となっています。

そこで再度登場して乾坤一擲のポジショントークを行ったようです。今回は、NHKが日本国民から徴収した受信料で「スポンサー」となったのです。

これまた日本国債暴落論を展開していたことです。見ているうちに思い出したのですが、このヘッジファンドと全く同じ主張を、今年初めに「日経ヴェリタス」が掲載

していました。
当時も日経新聞社のあまりにも無神経な記事に呆れて、2012年1月30日付「ヘッジファンドが蠢（うごめ）く」、同31日付「同、その2」を書きました。何の問題もなかった日本国債市場で、わざわざ不安を煽りたてたようとするこの無名のヘッジファンドの主張を、何の疑いも無く大々的に掲載していたからです。

＊　　＊　　＊

調べてみたらこのヘッジファンドは「日本国債暴落で大儲けする」との触れ込みで資金を集めたようで（と言っても1億ドルほどですが）、今年初めの10年国債の利回りは0・90～1・0％なので当然

のヘッジファンドは今年初めに期間18カ月（自分で言っています）の日本国債プットオプションを仕込んでいるはずです。もちろんそんな市場は無いので、日本の銀行が目先のプレミアム収入を目当てに「とんでもない割安」で売却してしまったものです。

少し付け加えておきますと、この回りが1・8％（これも番組中で言ってしまっています）になれば、まだ利益が出る可能性は残っているようです。大体自分の手の内を細かく外部に喋るヘッジファンドなんて聞いたことがなく、多分新たな宣伝ビデオに使うのでしょう。確かに来年夏頃までに10年債利

＊　　＊　　＊

それから「みずほコーポレート銀行」の国債トレーディンググルー

ムが紹介されていたのですが、どうしてもこのようなレーダー諸氏の「いかにも不安げ」な表情がアップになっていました。これも不安心理を煽るための演出なのかもしれません。

日本国債の大半は銀行をはじめとする機関投資家のサラリーマン・ファンドマネージャーによって売買されているため、もし本当に巨大ヘッジファンドが攻撃してきたら「すぐにパニックになるだろうな」と、この点に関しては確かに不安になりました。

要するに日本の国策からすると、とにかく国債をできるだけ低利で安定的に出し続け、さらにメリハリをつけた財政政策で景気と税収を回復させなければならないのです。間違っても「意味のない不安に踊らされて」国債市場の崩れを引き起こさないように、一致団結しなければならないのです。

普通にしていれば、どう考えても日本国債は暴落するはずがない

のですが、トレーダー諸氏の「いかにも不安げ」な番組やマスコミが出てきて混乱させようとするのです。何が楽しいのでしょうね？

＊　＊　＊

実は（無名ではなく）メジャーなヘッジファンドの間では、将来的に米国長期国債の利回り上昇を予想するところが出てきており、長期債の巨額買入れを続けるFRBとの間で「大取組」となりそうです。

それでは日本国債の利回りはどうなるのか？については明日にします。そこではメジャーなヘッジファンドの考え方についても説明します。決して単にNHKのこの番組を批判するだけではなく、きっちりと本誌の考えをまとめます。

＊　＊　＊

【出版に際してのつけ加え】

無名ヘッジファンドの再登場で、再度呆れて書いた記事でした。

闇株新聞コラム

昭和天皇とニクソン大統領のアンカレジ会談

民主党政権の数少ない功績の1つに、外交文書を含む政府の機密文書を、作成から30年経過後に原則公開とすることを制度化したことがあります。その新制度により公開された外交文書に、昭和天皇が欧州歴訪に出発された1971年9月26日、給油のために立ち寄ったアンカレジ空港にニクソン大統領が訪れて行われた、数十分間の会談についてのものがありました。

ニクソン大統領は同年7月15日に「電撃的な訪中」を発表していますが、当時のニクソン大統領の真意は、中国政府に対して一定の牽制を行っておくことだったように思えます。日本政府にしても、米国大統領を最北端のアンカレッジ

まで「呼びつけた」意義は、小さくなかったはずです。

驚いたことに、その時の模様がネットにアップされています。あの尊大で知られるニクソン大統領が、昭和天皇の隣で、心なしか小さくなっています。

1975年には昭和天皇のご訪米も実現しました。写真を見るとホストを務めたフォード大統領は、最高位の国賓を迎える白ネクタイの燕尾服姿です。この時の待遇は、日本の天皇と、エリザベス女王と、ローマ法王だけのはずです。

これは天皇陛下が米国大統領より格上であることを、大統領の方が理解しているからです。終戦直後にマッカーサーが昭和天皇の後ろで踏ん反り返っている写真は、占領統治を成功させるためのジェスチャーだったと言えます。

2012年12月26日 日本国債はどうなる？ その1

本日は日本国債についてできるだけ冷静に客観的に分析します。

さらに明日は踏み込んで、本紙がヘッジファンドなら「日本国債を、こうやって売り崩す」も解説します。本紙は国策を重視するので、あくまでも「こうすれば、売り崩されない」との解説にもなるからです。

＊　＊　＊

財務省の「国債及び借入金並びに政府保証債務現在高」の今年度末（2013年3月末）時点予想では、普通国債が708・9兆円、財投債が113・5兆円、借入金交付国債が63・8兆円、政府短期証券が199・4兆円、政府保証債券が481兆円となっています。これに政府保証債務の45・5兆円を加えた1131兆円が政府の負債総額です。

よく国債発行残高が709兆円と言われるのは、この普通国債だけのことで、政府負債の6割でしかありません。財投債は利払い・国債を含む政府の負債は、使い切ったって借金だけが残っているのではないのです。

さらに「政府および地方の長期債務」のなかに、地方の長期債務が200兆円あるとされています。地方の短期債務が不明なのですが、少なくとも政府の負債総額の1131兆円にこの200兆円を加えた1331兆円が公的負債総額なのです。

つまり政府の負債総額は、発表されているよりも大きい1131兆円なのです。2012年の名目GDPが470兆円ほどと予想されるので、その2・4倍にもなります。

その代わり、2012年9月末の資金循環表では一般政府の資産が1133兆円に対して資産が481兆円あります。ここでいう一般政府とは政府・地方・社会保障基金の合計で、上記の政府の負債総額の1331兆円と似ているものの全く別の数字です。

しかし大雑把に負債の4割程度の資産があることは分かります。けのことで、政府負債の6割でしかありません。財投債は利払い・国債を含む政府の負債は、使い切

＊　＊　＊

今年度の国債発行額を見てみましょう。

今年度の当初予算では、新規財源債が44・2兆円（うち建設国債が5・9兆円、特例国債が38・3兆円）、復興債が2・7兆円、財投債が15兆円、借換債が112・3兆円、総合計174・2兆円の国債が発行される予定です。

償還金が財政融資資金の貸付回収金で賄われていることや、政府短期証券は1年未満で償還されている（実際はずっと借り換えされて長期債務と同じです）ことから別枠扱いされているのですが、同じ政府の負債です。

このうち市中発行が149・7兆円、日銀乗り換えが16・7兆円などです。

市中発行149・7兆円の償還年限別内訳は、1年未満が38・1兆円、2年債が32・4兆円、5年債が30兆円、10年債が27・6兆円、20年債が14・4兆円、30年債が5・6兆円、40年債が1・6兆円となっています。

＊　＊　＊

10～40年債が49・2兆円もあります。当たり前の話ですが、償還される国債は残存年数がゼロになって償還されます。これに対して49・2兆円もの10～40年債が新たに市中に供給されるのです。もちろん日銀が大量の国債を買い入れているのですが、資産買入等の基金はすべて短期国債と残存年数1～3年の国債ばかりです。日銀はこれ以外に年間21・6兆円の国債を買い入れているのですが、その残存期間の内訳は1年未満が7・44兆円、1～10年以下が7兆円、1～10年以下が12兆円、10～30年以下が1・2兆円、変動利付債などが0・96兆円となっています。

1～10年以下の12兆円の内訳が不明なのですが、常識的に考えると10年前後～40年の国債は、せいぜい年間3兆円程度しか買い入れていないことになります。

＊　＊　＊

国債の需給を10～40年の長期債に限ってみてみると、今年度は新たに49・2兆円も発行され、日銀がせいぜい3兆円程度しか買い入れていないことになります。この状態は昨年度も一昨年度も似たようなものだったはずで、来年度以降も同じはずです。

10～40年の長期債は、毎年どこへ行っているのでしょうか？

【質問】

闇株新聞
Q&A
日銀が海外で国債を買えば金融緩和になる？

「日銀が海外投資家から国債を購入しても、その円がドルに交換されてしまうので、ベースマネーは増えず、金融緩和にはならない」とする貴紙の説に反論します。円売りドル買いの対当取引である、ドル売り円買いについての考察が抜け落ちています。買い方の円は、金融機関に入ります。金融機関のドル勘定の余剰金は、日銀の当座預金に入金されます。外貨に換えないにかかわらず、海外投資家から国債を購入した場合でも、その分のベースマネーは増えることになります。

この機序から、結果的にベースマネーが増えれば、日本の金融緩和になるのではないでしょうか。

【答え】

日本人が外貨（ドルとします）あるいは外貨資産（ドル資産）を保有しても、日本のマネタリーベースには反映されません。分かりやすく言うと物理的に日本に無い からです。日本の銀行にドル預金をすると、日本（の銀行）に資産として存在しているように思うのですが実際には海外（米国）にあります。

従ってご指摘の、「外人投資家が円をドルに換えても、そのドル売りドル買いがいるので円が戻ってくるはず」ですが、ドルの売却が円で世界中を相手に行われるので、もちろん、それがたまたま米国で世界中を相手に行われるとは限りません。もちろん、それがたまたま円に交換されるとは限りません。ので、ドルの売却は、必ずしも、ドルに交換されるとは限りま米国の資産を売却した日本人であれば、その資金が円で返ってくることになります。

2012年12月27日 日本国債はどうなる？ その2

闇株新聞縮刷版

具体的には昨日書いたように、日本国内には10〜40年債、特に20〜40年債が積み上がっているところを突きます。

これらの国債は長期運用の機関投資家の利回り採算に合うのですが、実際には有効なヘッジ手段がありません。売り崩されると「一番もろい」ところなのです。長期運用の機関投資家と言えども、仮に暴落が始まるとサラリーマンなので巨額の評価損に身がすくみ、身動きが取れなくなるものです。

＊　＊　＊　＊

昨日（12月25日）の国債利回りは、3年未満がすべて0.1％、5年が0.16％、7年が0.37％、10年が0.74％、20年が1.70％、30年が1.93％、40年が2.08％となっています（公社債店頭売買

昨日の続きで、本日はヘッジファンドの「売り崩し」についてです。

本誌がNHKの番組や今年初めの「日経ヴェリタス」の記事、その両方に取り上げられた無名のヘッジファンドや、10年以上「大ハズレ」の女性作家に過剰反応しているのは、そういう無神経な発言が繰り返されると知らないうちに不安感が埋め込まれ、本来なら起こるはずのない「国債暴落」の可能性が少しでも出てくることを懸念しているからです。

実はNHKスペシャル「日本国債」の最大の過失は、国債市場の主要プレーヤーであるヘッジファンド諸氏と、財務省の国債課長の「顔」とインタビューを放送してしまったことです。

メジャーなヘッジファンドが注目するのは、日本の国債発行残高とか労働人口の減少などの理屈ではなく、攻撃する「敵」当事者の

パニック対応能力です。番組を見た個人的感想なので具体的には書きませんが「面構え」を見せてしまったことは絶対に得にはなりません。

メジャーなヘッジファンドは、この辺りを見極める能力に長けているのです。もちろん、NHKがこのような番組を放送したこと自体が、意図的にパニックを作るきっかけにマスコミが働いてくれることを知らせてしまったことになります。

＊　＊　＊　＊

さて、本誌がヘッジファンドら「こうやって日本国債を売り崩す」をお約束したのですが、別に難しいことをするのではなく、本誌が懸念していることをより効果的に継続的に行うだけです。本誌はあくまでも「国策」「国益」を重視するため、警鐘を鳴らすのが目的であることを、十分にご理解ください。

参考統計値。小数点以下3桁目を切り捨て）。

3年未満の国債は日銀の資産買入等の基金が購入しているため日銀の当座預金利息の0.1%に張り付き、5年債も比較的安心でそれに近い利回りです。

まあその辺りに目をつぶって10年債まではヘッジ手段になるとしても（ある程度ヘッジポジションが積み上がっているので、暴落の可能性が少なくなる）、もとより20～40年債は全くヘッジ手段がなく、暴落に対処は全くできないのです。

しかし、10～40年国債には全く無力です（買入れ対象を7年債くらいにまで拡大すれば、10年債の暴落もある程度止めることができます）。

仮に何かしらの理由で暴落が始まっても、日銀が資産買入れ枠を拡大しさらに買入れ対象を5年にまで広げると食い止められます。

＊　　＊　　＊

長期債のヘッジ手段として債券先物があるのですが、正確には7年債のヘッジしかできません。これは先物がクーポン6%の債券を想定しているため、受け渡し対象銘柄で最も短い7年債にしか連動していないからです。利率を2～

3%に下げればよいだけなのですが、これも東証の怠慢が欠陥を放置しているのです。

の国債追加発行」「銀行や年金に巨額の評価損」「あなたの預金や年金が危ない」などと誇張して流すと、マスコミや評論家や女性作家がヒステリックにもっと誇張して騒ぎを大きくしてくれます。すぐには効かないので、何度も何度も繰り返します。海外から流すともっと効果があります。

＊　　＊　　＊

その中でも20年債は一番発行額が大きく（年間14.4兆円）利回りも低いため、今のうちにストライク2.5%、期間1年程度のプットオプションを店頭取引で搔き集めます。少なくとも「平常時」だったら20年、2.5%は投資採算に合う機関投資家もいるはずなので、比較的安価で買えるように思えます。

その後で「財務省の陰謀、知らないうちに長期債の山」「日銀は長期債暴落に全く無力」「自民党政権の国土強靱化政策で100兆

さらに一番発行額・流通量が少ない40年債を品借りして「成り行き売り」します。多分少額でびっくりするほど値下がりし、その利回りを見てまたパニックが起こるはずです。

当然にプットオプションは、暴落時にはボラティリティが急上昇するため、別にストライクの2.5%に届かなくても反対決済すればよいのです。その時は「いくらでもいいので」プットオプションを買いたい投資家が出ているはずです。

小さい無責任な行動・言動が積み重なると、国益を大きく損ねるのです。

2012年12月20日 日本銀行はヘッジファンドではない その1

日本銀行は「資金コストゼロのヘッジファンド」ではないのです。経済回復や株高・円安のためにバランスシートを無制限に膨らませて、残存年数の長い国債などの価格変動リスクのある資産（特に外貨資産）を無制限に購入してはならないのです。

本誌は（目的は厳選しなければならないものの）弾力的な財政支

本日から日銀の政策決定会合が開かれ、明日（12月20日）に金融政策の変更があれば公表されます。まだ正式に発足していない安倍政権の強い意向を、任期の切れる白川総裁はともかく審議委員の諸氏がどこまで見事に変身して受け入れるかが注目されます。

日銀に限らず世界の中央銀行の役割とは、金融市場に供給する資金の量を調節することによって実体経済に間接的にメッセージを与えることだけのはずです。つまり中央銀行の究極的使命は「自国通貨の信認・価値を守ること」なのです。

それが最近は、購入対象資産を量・質とも拡大することによって、直接的に経済回復に働きかけるようになってきています。

＊　＊　＊

FRBが主に長期国債と住宅ローン担保証券（MBS）をほぼ無

制限に購入するのは、市場にまだまだ余剰感のあるMBSを吸収し、同時に長期金利も押し下げて不動産市場を活況化させて経済を回復させるためです。

ECBがイタリアやスペインなどの南欧国債を、残存年数3年未満に限るものの無制限に購入するのは、もちろん債務問題国の資金繰りを助けてユーロ市場の混乱を沈静化するためです。

つまりFRBもECBも「自国通貨の信認・価値を守ること」より「自国経済の回復」あるいは（ユーロ圏の）「混乱回避」を優先していることになります。

ドルもユーロも国際通貨（基軸通貨）なので、本来は「自国通貨」の価値・信認」はあまり気にする必要はありません。一度確立された国際通貨（基軸通貨）としての地位は、簡単に奪われることがないからです。

＊　＊　＊

しかし、国際通貨（基軸通貨）になっていない円を発行する日本銀行は、そういう訳にはいきません。円の信認・価値に十分注意を払っていないと、問題が出てくるように思えるのです。

出や、もっと積極的な株高・円安対策や、とくに戦略的な外貨取得には大賛成です。

では、どうすればよいのか？

日本銀行の役割は、潤沢な資金供給とそのための短めの国債を中心とした資産購入だけに限定させ、その他の経済回復のための「ヘッジファンド的な業務」は別の仕組みを作って行うことです。

最近あまり見かけないのですが、海外の金融機関が「資産内容を厳選して高い格付けを維持しつつ、低コストの資金調達だけを行うSPC」を多数支配していました。日銀はこういうイメージであるべきです。

＊　＊　＊

本日の勝手な提言は「日銀の本質的業務と、ヘッジファンド的な業務を混同させてはならない」ですが、これはほんの1例です。

また「国家ファンド」の創設を含む戦略的外貨取得は本誌のかねてからの主張ですので、その意義も含めてまた書くことにします。

その方策として、昨日は長期国債の保有を純増させた金融機関に対して日銀が純増分を比較的長期・低利で供給すべきと書いたのですが、これはほんの1例です。

その方策となります。

＊　＊　＊

【出版に際してのつけ加え】

日本銀行は今回の「異次元」金融緩和で見事にヘッジファンドになってしまいました。2014年末に当座預金を175兆円積み上げて長期国債を中心に190兆円も取得することになります。これも外貨関連は外為資金特別会計に「国家ファンド」的な性格を持たせればよく、積極的な財政政策といっても突き詰めれば財源の問題なので国債の安定消化のためヘッジファンドの行動そのものです。

＊　＊　＊

ヘッジファンド的な業務と言っても、外貨関連は外為資金特別会計に「国家ファンド」的な性格を持たせればよく、積極的な財政政策といっても突き詰めれば財源の問題なので国債の安定消化のため外部負債で相場を張るヘッジファンドの行動そのものです。

闇株新聞コラム

日本陸軍 二人の天才① 永田鉄山

戦争の記憶が風化しかかっています。日本人として、時にはいろいろ考えてみたいと思うのです。

日本陸軍最大の天才と言われた、永田鉄山という軍人官僚がいました。陸軍士官学校を首席で卒業し「将来の陸軍大臣」と言われていたのですが、あまりにも優秀でかつ人望もあったため、陸軍の内部闘争の旗頭にされてしまいます。

当時の陸軍は、天皇親政を強化し武力による国民支配を重視する「皇道派」と、軍内の規律統制を重視する「統制派」が勢力争いをしていました。前者は現場からの叩き上げが多く、後者はエリート軍人が多かったようです。

ところが、皇道派の重鎮・真崎甚三郎教育総監が更迭された翌月の1935年8月、永田は皇道派の相沢三郎中佐に日本刀で斬殺されてしまいます。真崎更迭を裏で画策したのが、統制派の中心だった永田だと思われたようです。

その後、皇道派の暴走は続き、1936年の「二・二六事件」が起こります。永田亡きあとの統制派は東条英機が引き継いでいくので、戦争にまっしぐらとなっていくのです。永田と東条の違いは、一にも二にも能力と人望の差でした。

決して東条一人に戦争開始の責任があったと言うつもりはないのですが、陸軍大臣としてまた後の首相として、世界情勢を読む能力、日本をまとめ上げる能力は永田と雲泥の差であったと言わざるを得ません。永田が生きていたら、もう少し戦争のやり方が変わっていたのではないかと思うのです。

2013年1月11日 日本銀行はヘッジファンドではない その2

日本銀行は金融市場への豊富な流動性供給に特化すべきで、リスクをとって株式・不動産市況の回復や円安誘導を図る「ヘッジファンド業務」は、別の主体で積極的に行うべきです。

「ヘッジファンド業務」までは出てこなかったようです。取り敢えず円安・株高が進行しているからでしょう。

次回の日銀政策決定会合（1月21日～22日）では、「2％の物価上昇目標」を盛り込む代わりに、資産買入等の基金の買入れ枠の増額はあっても買入れ対象は従来通りの短期国債と長期国債（残存年数1～3年に限ります）のままで、ETFとREITを「申し訳程度」に増額する程度だと思われます。

さらに、資産買入等の基金の買入れ期間を2013年末から半年程度延長することになると思います。「日銀のヘッジファンド化」は、今回は避けられそうです。

これは貸出しを増加させた金融機関に対して、同様の資金供給を行うことが前回の政策決定会合で決定されているのですが、その対象を長期の国債まで広げようとするものです。

仮に10年以上の残存年数の長期国債を購入すべきと考えたなら、それを日銀が直接購入するのではなく、その残高を増やした金融機関に対して増加分を低利（0・1％）で比較的長期に（例えば4年まで）資金供給するなどに留めるべきです。

＊　＊　＊

1月9日に3年半ぶりに開催された経済財政諮問会議では、日銀に対して「2％の物価上昇目標」

の設定が強く要請されたようで、

＊　＊　＊

何故、本紙が日本銀行のヘッジファンド化に反対するのか？ FRBを見てみましょう。

FRBは昨年9月からMBS（住宅ローン担保証券）を月額400億ドル、本年1月から4～30年の米国国債を月額450億ドル買入れています。

また、昨年末までのツイストオペでFRBが現在保有する米国債は、すべて7～30年の長期国債になっています。

MBSは実質国有化しているFNMAとFHLMCの保証しているローンが対象なので、実質的に米国国債と同じ信用力があるとも言えるのですが、MBSも長期債で流動性がかなり落ちます。

本年1月2日現在のFRBのバランスシートでは、資産勘定の2兆9602億ドル（260兆円）の中に、米国国債（つまり7～30年の長期国債）が1兆6661億ドル、MBSが9266億ドル含

BS市場にかなりの混乱を引き起こすことです。

これが中央銀行（FRB）「ヘッジファンド化」の恐ろしさなのです。たまたまですが、日銀のバランスシートはFRBと大きく違い、いつでも縮小することができます。それはそれでよいと思うのです。

＊　＊　＊

しかし日本にとって、別の主体で「ヘッジファンド業務」を積極的に行うことは、大いに国策に適うと確信しています。

それが本紙のかねてからの主張でもある「国家ファンド」の創設です。ポイントは政府の経済政策や日銀の金融政策と協力した国家ファンドこそ、世界の主要ヘッジファンドに対抗できるからです。

FRBの問題点は、巨額の資産買入れを行っても1.5兆ドルも金融機関から実体経済に資金が供給されていないことではなく、その1.5兆ドルが一気に市中に供給されたら急速なインフレになる恐れがあることと、バランスシートを縮小して「引き締め」に転じようとすると長期の国債市場とM

まれています。
問題は負債勘定の中に1兆5086億ドルもの準備預金勘定が積み上がっていることです。ドル紙幣の発行残高は1兆1694億ドルなので、資本を含むその他資産が2822億ドルとなります。

つまりFRBは、価格変動リスクの大きい7～30年の米国債を中心に長期債で流動性のおちるMBSを合計で2.6兆ドル抱え、その代金を1.5兆ドル預かったまま（つまりレバレッジがかかった状態）です。まさにヘッジファンドなのです。

闇株新聞コラム

日本陸軍二人の天才② 石原莞爾

後年、日本の政治家の一部が、中国への「侵略」に対し一方的に非を認め、ひたすら「お詫び」と「反省」を繰り返していますが、石原の基本理念が全く理解されていないのが哀しい限りです。そういったタイプの政治家にかなり近いと思われる加藤紘一衆議院議員が、実は石原莞爾の縁戚というのは皮肉です。

石原は一貫して作戦畑を歩き、89年生まれで、陸軍士官学校を次席で卒業しました。

石原は永田より5歳年下の18軍務の永田に対し、戦略の天才といわれたのが石原莞爾です。

関東軍作戦参謀として柳条湖事件・満州事変の実際の立案・指揮責任者でした。23万人の張学良軍に対し、わずか1万数千人の関東軍で広大な満州を占領したのです。

しかし、石原の満州建国の基本理念は、従来の欧米型の植民地支配ではなく、日本でもなく中国でもない「満州国」を独立させ、アジアの同盟国として欧米に対峙しようとする壮大なスケールだったようです。

あくまで仮定の話なのですが、永田が斬殺されなければ東条が高権力を握ることもなく、石原が左遷されることもなく、いずれ戦争は避けられなかったとしても、こうまで悲惨な結末にはならなかったかも知れないのです。

石原は後年、その満州政策をめぐって東条英機と対立し、左遷されてしまいます。その結果、戦犯指定を免れたのですが、間もなく癌で死亡します。

2013年1月18日 日本銀行はヘッジファンドではない その3

本紙の主張は、日本銀行の金融政策はあくまでも潤沢な資金供給にとどめるべきで、残存年数の長い国債や、株式・不動産などのリスク商品や、外債などをのりスク商品を積極的に購入して「ヘッジファンド化する」ことは控えるべきというものです。

これに対して読者の方から、本紙が以前から主張していた「日銀は国債を買うという正攻法の金融緩和をやるべき」はどうなったか？「短期国債を買うことが、ここで言う金融緩和だったのか？」とのコメントをいただいております。

先に答えを言っておきますと、前段は「全くその通り」です。後段は「全く変えていません」で、段の「短期国債」とは、正確には資産買入等の基金で買入れている残存年数3年未満の「短期の国債」で、残存年数の短い国債」つまり「残存年数の短い国債」のことです。

ここで紛らわしいのは、日本銀行は月額1兆8000億円の国債買入れを「長期国債買入れ」と呼んでいるのですが、実際にはその大半が残存年数3年未満の「短期の国債」なのです。例えば残存年数10年以上の国債の買入れは月額1000億円しかないことです。また資産買入等の基金では、直近の残高目標が

まずご指摘の内容は、2011年11月30日付「日本銀行（中央銀行）の役割とほぼに書いたもので、資産買入等の基金以外に買入れいる月額1兆8000億円の国債買入れを、期限付きでもよいので倍額の月額3兆6000億円にすべきと書いてあります。

当時の資産買入等の基金での国債の買入れは、残存年数2年未満（2012年4月から3年未満）に限られ、残高合計も5兆円になったばかりで、まだ資産買入れの中心的役割を果たしていなかったからです。

44兆円になっている「長期国債」も、残存年数が3年未満の「短期の国債」のことです。

つまり日本銀行の行う国債買入れとは、「短期の国債」を買い入れて市中に資金を供給することなのです。例えば残存年数2年の国債を市中から買い入れることは、2年の資金を市中に供給することと同じことです。

* * *

本紙が2011年11月30日付の記事を書いた時点では、FRBはQE2を同年6月に終了させて入れ替えのツイストオペだけを行っており、ECBも合計1兆ユーロを供給したLTRO（長期資金供給オペ）に踏み切る前でした。FRBもECBも巨額な資金供給を中断もしくは開始以前の段階

* * *

等の基金では、直近の残高目標が同じことです。

で、そこで日本銀行が「思い切った金融緩和」に踏み切っていれば、かなりの円安・株高となっていたはずです。ところが実際には中途半端な金融緩和の繰り返しで本紙も大いに批判していました。

その後、FRBはMBSと30年債までの国債の買入れを再開し、ECBでは残存年数が3年以下に限るものの、スペインやイタリアなどの債務問題国の国債買入れに踏み切ります。

米国経済にとっては、GDPの8割にも上る13兆ドル台の住宅ローン・商業不動産ローンを抱えて長期金利(住宅ローン金利)の引き下げが、依然として余剰感のあるMBSを市場から吸収することが絶対必要だからです。また欧州経済にとっては、債務問題国の国債利回りの急上昇を避けることが絶対必要だからです。

＊ ＊ ＊ ＊

FRBもECBも、自国の事情

を優先した「金融緩和以上のもの」に踏み出しているのです。

ここで日本銀行が、事情の違うFRBやECBの金融緩和を真似ていることや、そもそも次の世界経済の問題がインフレ懸念となりそうな中で「今さら大胆な金融緩和に踏み切る」ことに漠然とした不安を感じるのです。

日本経済の事情を優先させることが「2%の物価上昇」であり「日銀法の改正」なのかもしれませんが、違和感があることは事実です。

しかし本紙では、日本銀行ではなく別の主体で「国家的ヘッジファンド」を進めることは大いに国益にかなうと確信しています。あくまでも日本銀行は中央銀行の本来業務である「流動性の潤沢な供給」と「通貨の価値の維持」に専念し、「国家的ヘッジファンド」で「金融緩和以上のもの」を行うべきと考えているのです。

闇株新聞 Q&A
外国人が日本株大量買いなぜ円安のまま?

【質問】
外国人投資家は日本株を購入する時、どのように円を調達しているのですか? 外貨↓円に両替するなら、かなりの円高圧力になりそうなものですが…。

【答え】
海外の機関投資家は、運用資産の中で日本株の比率と円の比率は、別個に決められます。例えば日本株の比率が20%、円の比率が30%と決められていたなら、既に30%の円が保有されているので、日本人が「株を買うのでお金を貸してくれ」と言っても、追い払われるだけなんですがね。

円を借り入れる場合は、海外の主要な機関投資家であれば日本の大手銀行が喜んで貸し出します。

したがって、日本株を買い増し、逆に円を売却していることもあるはずです。これは為替取引では無く資産按分のため、デリバティブなどの複雑な手法は使っていないと思われます。

引き上げて、円の比率を20%に引き下げるなどが一般的です。その時は日本株を30%保有しても円は20%しか保有できないため、10%分は円を借りるか、ヘッジ売りを行うことになります。

なお、東証が発表している「投資主体別売買動向」の「外国人」には、日本企業の海外現地法人や海外籍の投資信託が含まれます。

最近は、日本株の比率を30%に

2013年1月23日
したたかな日本銀行の追加金融緩和

日本銀行は昨日の金融政策決定会合で追加金融緩和を決定し、同時に政府との共同声明も公表しました。しかし、その中身をよく見てみると、したたかな日本銀行が浮かび上がってきます。

まず「物価安定の目標」を前年比2％の消費者物価上昇と定め、金融緩和を推進し、できるだけ早期の実現を目指すとしています。安倍内閣が最も強く求めていたことで、ここは日銀が応じたことになるのですが、達成時期を明示していません。つまり「達成できるまで金融緩和を推進する」と言っているだけなのです。

しかも白川総裁は夕方の記者会見で、「2％の物価上昇に届かない段階でバブルなど金融面の不均衡が顕在化した場合、金融政策については日本銀行が責任をもって判断する」とクギをさしています。

＊　＊　＊

もう一つ「期限を定めない資産買入れ方式」の導入として、資産買入等の基金（以下「基金」）の運営について、現行方式の買入れが完了した後、「2014年初から期限を定めず、当分の間、毎月、長期国債2兆円程度を含む13兆円程度の金融資産の買入れを行う」としています（日銀の公表文の引用です）。

現行方式の買入れとは、昨年12月20日に基金を101兆円に増額し、2013年中の資産買入れを36兆円程度としたものです。その36兆円とは長期国債（残存年数が1〜3年のものです）20兆円と短期国債15兆円などです。

つまり本年（2013年）12月までは「何も変わらない」のです。

＊　＊　＊

2014年初めからは、毎月13兆円程度の金融資産を買入れるのですが、その内訳が長期国債（これも残存年数1〜3年のもので）2兆円と、短期国債10兆円などで、基金残高は2014年中にどんどん償還になってしまってどんどん償還になってしまうのですが、現在買い入れている分も含めて同年12月の追加緩和以前で基金残高目標が91兆円でしたら、短期国債3・4兆円など合計6・9兆円も

ついでに付け加えますと、基金の買入れ実績では2012年11月中に（現在発表されている一番新しい月間データですが、その時はつまり長期国債（残存年数1〜3年）と短期国債をいくら買入れて

短期国債は1年未満で償還になってしまうので、日銀は「2014年中に基金残高は10兆円程度増加する」だけだと白状しています。

10兆円しか増えないということで

買い入れています。

白川総裁の最後の意地だったのですが、見事に吹き飛ばされてしまいました。

と、大変にご満悦のようです。

本誌は、1月18日付「日本銀行はヘッジファンドではない その3」などで、「2％の物価上昇目標」「日銀法改正」「日本銀行のヘッジファンド化」に否定的で、日本銀行は潤沢な資金供給に専念すべきと主張しています。

中央銀行として最も重要なことは、中央銀行としての信認つまり「円」の信認を維持することなのです。そして日銀は取り敢えずですが、それを守ったのです。

円は対ドルで、発表直後の90円から88・75円、対ユーロで発表直後の120円から118・50円（ともに1月22日20時40分現在）と「円高」になっています。

＊　＊　＊

確かに短期国債を大量に買い入れることは、短期資金を潤沢に供給することなので、金融緩和を一層推進することには違いないのですが、それは安倍内閣が求めたものとは違うはずです。

安倍内閣の求める金融緩和とは、残存年数の長い国債や、株式・不動産などのリスク商品などを日銀が購入する「半永久的な資金供給」だったはずです。もっとも日銀が「半永久的な資金供給」をしたところで、金融機関が貸出しを増やすことには「何の関係」もありません。

それでも、安倍内閣は、「2％の物価上昇目標」の文字が入っただけで、早速「これで日銀法改正は必要なくなった」（菅官房長官）

闇株新聞 Q&A　政治家の口先介入は是か非か？

【質問】
甘利経済再生相が「年度末に日経平均は1万3000円になるよう目指す」と発言したようです。最近、政治家や要人のポジショントークが多い気がします。こうしたことは正しいのでしょうか。

【答え】
絶対に正しいことではありません。海外で、例えばオバマ大統領がこのような発言をしているのを聞いたことがないでしょう。

特に為替については、政府や中央銀行の関係者が具体的なレベルについて発言することは、国際金融の世界ではタブーとされています。メルケル独首相などから指摘された「円安誘導批判」は、主に

この点を非難していたはずです。安倍内閣では、ご質問の甘利経済再生相だけではなく、浜田内閣官房参与（この立場も立派な政府の役職です）の「円は100円」などがあり、実際市場に影響を与えていることは事実です。

その最大の弊害は外れた時に引っ込みがつかなくなることです。もっと怖いのは、例えば円高・株安になり始めた時、また発言で円安・株高に押し戻そうとすることです。こんな例は、発展途上国でもありませんが、そこまでやってしまいそうな雰囲気です。

バーナンキ議長やドラギ総裁等は、さりげない会話の中に市場への大きなメッセージが込められており、そのタイミングと効果を十分に考えて話しています。その域に達していない日本の政治家は、何も話さないことです。

第5章 闇株的見方

日本株はこれからどうなるのか?

闇株的見方
第5章
日本株はこれからどうなるのか？

株

日経平均株価のトレンドは米国10年国債の利回りに連動している

【為替】【国債】と書いてきましたので、今度は【株】の話です。ここでは歴史やファンダメンタルの話はやめて、個別銘柄や個別事件について「闇株新聞」過去記事を中心にご紹介することにしますが、一つだけ「日本の株式市場とって最重要の指標」について書いておきます。

日本の株式市場にとって最重要の指標、それは「米国10年国債の利回り」です。【国債】の章でも書きましたが、長期国債の利回りは「経済見通し」を反映します。政府や公的機関の発表する「経済見通し」や「経済実態」ではなく、市場が感じる「経済見通し」です。

長期国債であれば日本の「10年国債」でも、それ以上の期間のものでも同じなのですが、日本の株式市場とタイムラグがほとんどないのが「米国10年国債の利回り」です。

例えば、FRBが金融緩和で「長期国債」や、同じく長期債である「住宅ローン担保証

券」（MBS）を積極的に買い入れている間は、需給の改善により利回りは低下すると考えられがちです。

しかし、実際には経済見通しの改善で利回りは上昇します。日本の株式市場は米国の経済見通しに強く影響されるため、結果的に日本の株式市場と米国長期の利回りはきれいに連動しています。その間にはタイムラグがほとんどありません。

検証してみましょう。これには昔から同じ傾向があるのですが、とくにFRBが積極的な金融緩和に踏み切った2008年後半からの「米国10年国債の利回り」と「日経平均株価の推移」を比較してみます。

リーマンショックを含む世界金融危機をうけて「米国10年国債の利回り」は2007年6月の5・2％から急低下して、2008年12月30日に2・05％となります。「日経平均株価」も下落を続け、2009年3月10日に7021円の安値をつけます。「世界金融危機なのだから、米国10年国債の利回り低下も、日経平均株価の下落も当然で、単なる結果論だ」と言われそうなのですが、重要なのはここからです。

FRBは2008年11月から2010年6月までの19カ月間に、総額1兆7250億ドルの長期債を買い入れます。いわゆる「QE1」です。当初のFRBの総資産は8800億ドルほどだったので、実にその2倍の長期債を買い入れたことになります。にもかかわらず「米国10年国債の利回り」は上昇を続け、2010年4月5日に3・98％まで上昇します。「QE1」により、米国の経済見通しが改善したからです。

これに連動して「日経平均株価」も右肩上がりの上昇を続け、奇しくも同じ4月5日に1万1408年の高値をつけます。ここで、最近の「米国10年国債の利回り」は2％前後であり、当時の半分程度であることもちょっと気に留めておいて下さい。

視点一

債券は発行された時点で額面価額に対して約束された利回り（額面利回り）があります。新規発行の債券を購入し、償還まで保有すれば額面利回りが得られます。一方で債券は既に発行されたものが、市場でも売買されています。こちらの価格は需給により上下します。償還を迎えて得られる利息は同じでも、いくらで購入するかによって利回りは変わってきます。購入価格が低ければ利回りは上昇しますし、購入価格が高ければ利回りは低下します。

米国の金融政策に左右される日本株
QE1・2で上昇、打ち切りで下落

　米国の経済見通しは「QE1」が打ち切られた辺りから急激に悪化し、「米国10年国債の利回り」も2010年10月8日に2・39％まで低下します。同様に「日経平均株価」も、9月1日に8796円まで下落します。

　経済見通しの悪化を受け、FRBは2010年11月から2011年6月までの7カ月間に、再び長期国債6000億ドルを買い入れる「QE2」に踏み切ります。効果はすぐに現れて「米国10年国債の利回り」は2011年2月9日、3・64％まで上昇します。と「日経平均株価」も釣られるように、2月17日に1万8891円まで上昇します。

　ところが「QE2」が打ち切られてしまうと、またしても「米国10年国債の利回り」は下落に転じ、2011年9月23日に1・83％まで落ち込みます。「日経平均株価」も11月25日の8135円まで下落します。

　これに対してFRBは、2011年9月から2012年12月までの間に、保有する「残存年数3年以下の国債」を「残存期間7〜30年の長期国債」に置き換える**ツイスト・オペ**を実施します。新規の買い入れではなかったものの、総額6700億ドルの規模がありました。これにより米国の景気見通しが（少しですが）改善して「米国10年国債の利回り」は2012年3月19日に2・37％まで上昇しました。一方の「日経平均株価」も3月27日、1万255円まで上昇しました。

　こう書くと、「日経平均株価の上昇は、2012年2月の日銀政策決定会で1％の物価

【キーワード Keyword】

ツイスト・オペ

ツイスト（twist）とは「ねじる」、オペはオペレーション（Operation）の略で「操作」の意。例えば中央銀行が「長期国債を買う」と「短期国債を売る」を同時に行えば、長期金利が下がり、住宅購入や設備投資などを促すことができる。逆に「長期国債を売る」と「短期国債を買う」を同時に行えば、長期金利が上がり金融を引き締めることができる。保有する国債の量は変わらず残存期間を置き換えるだけなので、中央銀行のバランスシートに影響はない。

米国債利回りが史上最低を記録するほど深刻だった欧州の債務危機

ユーロ圏の債務問題が深刻化し、世界経済は再び混乱の様相を呈します。2012年7月24日、「米国10年国債の利回り」は史上最低の1・38%まで低下します。これは世界の長期債利回りに波及して「ドイツ10年国債の利回り」同日に1・17%の史上最低となります。

翌日「日経平均株価」の年初来安値に迫る8365円まで下落しています。

7月24日はユーロ圏の債務危機が最悪の状態となり、信用不安が取沙汰された「スペイン10年国債の利回り」が7・6%、「イタリア10年国債の利回り」が6・6%まで上昇しました。こうした状況からすればリスク回避で株が売られただけだと言われるかもしれません。

しかし、ここでは「ユーロ圏の債務危機が最悪な状態になったので米国（ここではドイツも）10年債の利回りが史上最低まで低下した」のではなく、「米国10年国債の利回りが史上最低まで低下するほど債務危機が最悪だった」と考えるべきです。

上昇の目途が導入されたからだろう」と言われるはずです。しかし、その時点では「米国10年国債の利回り」も（少しですが）上昇していたことが重要です。米国の経済見通しも改善していた影響も加わって、「日経平均株価」がより強い上昇になったと言えます。

視点
この日は、日本の「10年国債の利回り」も0・72％まで急低下しました。ちなみに、日本の最低利回り記録は2003年5月の0・43％です。

キーワード Keyword
【質への逃避】
リスクの高い資産から、リスクの低い資産に資金がシフトすること。リスクの高い資産とは「株」「原油」「高金利通貨」など、リスクの低い資産とは「金」「国債」「低金利通貨」など。国債は商品別には「低金利通貨」など。国債は商品別にはリスクの低い資産だが、2012年7月24日にはそれまでのギリシャやアイルランドに加え、スペインやイタリアにまで信用問題が波及することが懸念され、より安全性の高いドイツ、米国、日本の国債が買われた（＝利回りは低下した）。

米国10年債利回りの上昇幅が縮小低下し始めたら日本株は要注意！

「米国10年国債の利回り」は、米国のみならず世界の景気見通しや問題の深刻度を最も客観的に計るバロメーターであり、だからこそ日本の株式市場にとっても最も重要な指標なのです。多くの評論家の"主観的な"解説を聞くより、「米国10年国債の利回り」の方がはるかに"客観的かつ雄弁に"現実を物語ってくれます。誰でも、どこでも見られる大変安上がりな「指標」です。

さて、FRBは2012年9月から「住宅ローン担保証券」（MBS）を月額400億ドル、2013年1月から「長期国債」を中心に月額450億ドル、期限を決めずに買い入れる「QE3」をスタートしました。それを受け「米国10年国債の利回り」も3月11日に2・05％まで上昇しました。さて日経平均は、日本銀行の「異次元」金融緩和をうけて2013年4月5日現在1万2833円（高値1万3225円）まで上昇しました。これはさすがに「異次元」金融緩和の効果で、さらに上昇すると思われます。ところが4月5日の米国10年国債利回りは1・70％まで低下しています。

米国10年国債利回りは、現在行われているQE3が従来のQE1、QE2に比べて長期債買入れのペースが大きく、需給関係の改善による利回り低下がみられるとも考えられるのですが、やはり経済回復に対する不安が大きいと考えるべきです。

今でも米国10年国債利回りは米国及び世界経済の見通しを強く反映しており、それが日本株式にも影響を与える構造は変わっていないはずです。米国10年国債利回りが、今後さら

に低下を続けるようだと、やはり要注意と考えるべきです。

企業総合　1版【縮刷版】　闇株新聞　2010年(平成22年)10月17日(日曜日)

2010年10月17日 闇株新聞縮刷版

エクイティファイナンスの裏側 儲けたのは誰だ!?「銀行編」

リーマンショックから現在までの約2年間で、日本で最も大量にエクイティファイナンスを行ったのが銀行です。三大メガバンクのエクイティファイナンス（ほとんどが公募増資）をまとめてみましょう。

＊　＊　＊　＊　＊

【みずほフィナンシャルグループ】
①2009年7月1日発表で普通株上限30億株。発表時の発行株数は112億株。国内向けが15億株で主幹事が野村證券。海外向けが15億株で主幹事がJPモルガン。

株価推移は、発表前が250円台、発表の7月1日の引け値が231円、値決めの7月15日の引け値が190円、それで発行価格184円で払い込み価格176・40円と決定。

株価はすぐに200円台を回復。発表後の1カ月間の出来高累計46億株。調達金額は5263億円。手数料228億円（※注1・

①と同じ）。

2回のファイナンスで1兆2743億円を調達し、支払った手数料も2回分で511億円と巨額です。その間に発行株数は当初の40%も増加しました。2回とも発表前のプリマーケティングのうち

②2010年6月25日発表で普通株上限60億株。発表時の発行株数155億株。国内向けが30億株で主幹事が野村證券。海外向けが30億株で主幹事がJPモルガン。

株価推移は、発表前が150円台、発表の6月25日の引け値が153円、値決めの7月13日の引け値が135円、それで発行価格130円で払い込み価格125・27円と決定。

株価はすぐに140円台を回復。発表後の1カ月間の出来高累計65億株。調達金額7480億円。手数料283億円（※注1に同じ）。

＊　＊　＊　＊　＊

ちょうど半分が海外向けであり、その期間の株価推移や急増していた出来高を見ても、ヘッジファンドに格好の儲け場所を提供したことは確かのようです。

ヘッジファンドの儲け方です が、新株予約権付社債のように長期にわたって儲けられるわけではなく、増資発表時に（あるいは発表前の

に）借株を手当てして、あらかじめ売却することで値段を下げて値決めの株価を低くしてサヤを抜くか、あるいは値決め後の払い込み前までに株価が戻れば、これまた借株を売却してサヤを抜きます。国内の投資家が株券を受け取ったころには、すべて終わっているのです。

国内の幹事団には、当然みずほ証券が入っていますが、海外の主

2009年5月と2010年1月、なんと同じ時期に2度も大量の普通株を発行しています。当初の発行株数7億8908万株に対し、2億2900万株（発行価格3928円、払い込み価格3766円）と3億6000万株（発行価格2804円、払い込み価格2702・81円）の普通株を発行し、なんとこの間に発行株数は当初の66％もの増加となっていまず。そのうちの半分が海外向けで、やはりヘッジファンドが儲けた形跡がはっきりとあります。ちなみに2010年10月15日の引け値は2388円でした。

この2回の調達金額は1兆83 40億円に上り、支払った手数料も7738億円になります。2回とも海外分はゴールドマン・サックス・インターナショナルが主幹事となっており、ゴールドマンの日本法人も国内分の幹事団に入っています。実は三井住友銀行とゴールドマンは古くから大変親密なのですが、国際ビジネスで、特にユダヤ系との「親密」ということは、言葉通りの「親密」ということは絶対にないと言い切れます。

住友銀行（当時は三井銀行と合併前）は、何度か自己資本比率を引き上げるために優先株などを海外で発行していますが、その引き受け先は必ずゴールドマン・サックスでした。合併して三井住友フィナンシャルグループとなった後、2003年1月に次のような優先株発行を含む合意を発表しています。その内容とは、

① ゴールドマンは、三井住友フィナンシャルグループの転換型優先株式を1503億円購入する。条件は、利率4・5％で、転換価格は下方修正のみ、発行後25年経過して未転換のものは強制転換となる

② 三井住友フィナンシャルグループはゴールドマンが顧客に対して行う信用供与について10億ドルを目途に信用補完を行う

③ 三井住友銀行の不良債権処理およぎ財務基盤拡大のため、ゴールドマンの専門性を利用して両社で業務協力を幅広く行う

＊　＊　＊

これは、①については転換型優先株式というのは今の新株予約権付社債と同じで、向こう25年間も、1503億円相当の三井住友銀行の株式をいくらでも上がっても下がっても下げ付けましょう。しかも金利も4・5％も付けましょう。というものです。新株予約権付社債を使ったヘッジファンドの儲け方に似ています。②については、10億ドルの信用分の1くらいになり、そのあと5事実発行後に株価は約半分になった後、約10倍になり、そのあと5年間ずっとやっていても数千億円くらい儲かっているはずです。②については、10億ドルの信用

幹事のJPモルガンは、みずほグループとそれほど親密ともいえません。単に巨額の手数料を払っただけで、見返りメリットを何も得ていないようで、いかにも海外戦略が一貫していない「みずほ」グループらしいといえます。海外での販売は、別にみずほグループの収益性とか成長性などを説明する必要は一切なく、ヘッジファンドが勝手に流動性と借株で手当てできる株数を見て買いにくるわけで、JPモルガンでなくても誰もできます。

株価は、2010年10月15日の引け値で116円です。別にこの間分割も何もしていないので、増資に応じてそのまま保有している投資家や、以前からみずほ株を保有している投資家は含み損を抱えてしまっていることになります。

＊　＊　＊

【三井住友フィナンシャルグループ】

2008年9月22日のIR(投資家向け発表)で、三菱UFJフィナンシャルグループは、米国モルガン・スタンレーの議決権の約21％を90億ドルで取得します。出資形態は30億ドル相当の普通株式だけで、他に何も得られなかったということになります。議決権の21％は実質的に何の影響力もないのです。

2008年9〜10月は、一体どういう時期だったかを思いだしてみましょう。そうです、リーマンブラザーズが破綻し、同日にメリルリンチもバンカメに身売りしました。さらに同年9月29日には米国の緊急経済安定化法案が下院で否決され、NYダウが777ドルも急落するなど、世界の金融市場が最も混乱していた時です。

モルガン・スタンレーの株価も9月29日に20ドルを割り込み、10月10日には一時9ドル台まで急落しました。モルガン・スタンレーの剛腕ジョン・マック社長も必死にあちこちに増資の引き受けや身

有すると、また付け加えられていない「闇株新聞」を書き始めてすぐの記事です。真っ先に記事にしたいくらい「三大メガバンクのエクイティファイナンス」ます。逆にいえば、90億ドル(当時の為替レートで1兆円以上)を支払って議決権の21％を取得した

ルガン・スタンレーの議決権の約21％を90億ドルで取得します。出資形態は30億ドル相当の普通株式(1株＝25・25ドル)と、60億ドル相当の永久優先株式(転換価格31・25ドル)と発表しています。

さらに、議決権の10％以上を保有する限り取締役1人を派遣する権利を有する、とだけ付け加えていません。

また同年10月13日のIRで、議決権の21％を90億ドルで取得し、払い込みを完了したと発表しています。出資形態については、やや変更になっており78億ドルの転換型優先株(転換価格25・25ドル)と12億ドルの償還型優先株で、配当は両方とも10％となっていました。さらに、よほど嬉しかったのか、議決権の10％以上を保有する限り取締役1人を派遣する権利を

2008年9月22日に三菱UFJフィナンシャルグループは、米国モルガン・スタンレーの議決権の約21％を90億ドルで取得します。

月に2回の普通株の発行をしています。当初の発行株数103億株に対し、それぞれ10億株(発行価格417円、払い込み価格39
9・8円)と25億株(発行価格412・8円。払い込み価格412・53円)の普通株を発行し、この間に発行株数は当初の34％の増加となりました。海外向けは全体のちょうど半分です。

ちなみに2010年10月15日の引け値は3385円です。2回の調達額の合計は1兆4311億円で、支払った手数料合計は558億円。やはり主幹事は国内分が野村證券で、海外分はモルガン・スタンレーです。海外分はヘッジファンドが儲けたはずだということは、今更繰り返しませんが、この海外分の巨額の手数料を受け取ったモルガン・スタンレーについて、是非お話ししておかなければならないことがあります。

＊　＊　＊　＊　＊

【三菱UFJフィナンシャルグループ】
2008年12月と2009年12

供与というのは、日本と違って信用度の違いが金銭的に計算できる米国のビジネスでは、とんでもなくゴールドマンに有利となり、③では日本のビジネスにおいて一番おいしい不良債権処理のビジネスを、ほぼ独占的にゴールドマンに渡したということになります。ちなみにこの時のゴールドマンの代表が、後の財務長官のポールソンで、三井住友銀行の頭取のカウンターパートとはとても思えません。偶然かどうか、住友銀行副頭取だった足助明朗氏が2002年から2010年までゴールドマン日本法人の取締役会長に天下って(?)いました。

これは三井住友フィナンシャルグループが株主のために最良の方法を模索した結果だとはとても思えません。偶然かどうか、住友銀行副頭取だった足助明朗氏が日本郵政社長の西川善文氏でした。

＊　＊　＊　＊　＊

売り話を持ちかけていたようです。

三菱UFJフィナンシャルグループのIRを見ても、当初30億ドルを予定していた普通株での出資はなくなり、転換型優先株の転換価格も25・25ドルまで引き下げられていますが（株価は10ドルを割れていた！）、粛々と約束した90億ドル（1兆円以上）を支払い、取締役1人の派遣だけでひたすら舞い上がっていたとしか思えません。

私は断言できます。この混乱の最中に1兆円以上使うのなら、モルガン・スタンレーの全部を取れていたはずです。そうすれば、三菱UFJサイドの最大の目的のようであった取締役の派遣も、1人といわず何十人でも派遣でき、社長まで派遣できたのです。

2008年11月と、2009年11月の三菱UFJフィナンシャルグループの増資に際し、早速、海外分の主幹事をモルガン・スタンレーにお願いし、巨額の手数料を支払ったのですが、繰り返しです。海外分はヘッジファンドが勝手に買ってくれるので、何の営業努力もいりません」、現在に至るまでモルガン・スタンレーに1兆円以上を差し上げたお返しと思われるメリットは何も得られていません。せめてもの慰めは、モルガン・スタンレーの株価が、転換価格をかろうじて上回っていることぐらいです。

そういえば、その頃のモルガン・スタンレーの日本法人の取締役会長は元住友銀行副頭取の堀田健介氏でした（住友の天皇と言われた堀田庄三氏の息子）。さすがに、現在は辞任されているようです。

ところが、書きましたように三菱UFJフィナンシャルグループは、その後2回の増資で1兆4000億円以上を調達しているのです。半分は海外ですが、それとて以上もモルガン・スタンレーにプレゼントし、取締役1人だけやっと得たのです。

株式市場から吸い上げた資金からー兆円

バンク筆頭の三菱UFJフィナンシャルグループに至っては、株式市場から吸い上げた資金量を大量に吸収し続け、メガっている株式市場から、リスクマネーを大できずも細っしまい、重要な働きをしなければならない三大メガバンクが、実際は貸し出しを減らし続け、結果ただ一部が回ってくるため、重要な働

っくに売却しているはずなので、日本の株式市場から出ているといえます。本来は日本経済に貸し出しや増加等を通じて資金を供給し、結果株式市場にその

全体が良くならない最大の原因は、銀行組織と官僚組織にあると思います。

日本経済、いや日本

2010年11月9日
1枚のIRで100億円の利益⁉ 目を疑う新株予約権発行、ヤマシナ

株式市場に関する様々なルールは近年ますます厳格化され、罰則規定も強化されています。ところがそれほど厳格化されたルールが、それなりに公正に運営されているのならいいのですが、実際は目を疑うようなことが堂々とまかり通っています。

『闇株新聞』は過去、プリヴェ企業再生グループやジパングホールディングスの「裏口上場」、LCAホールディングスやセイクレストの「原野が株式に変わった増資」などを取り上げてきましたが、これが一番、目を疑うトリックです。しかも、当局が全く問題視せずに何年も過ぎ、いまだに追随するケースが数多く出ているのです。

＊　＊　＊

2005年4月26日、株式会社ヤマシナ（大阪2部上場。コード5955）が何の変哲もない新株予約権のIR（投資家向け発表）を出しました。新株予約権の予約権発行のIR（投資家向け発表）を出しました。

対象となるヤマシナの株式数は1億1670万株で、新株予約権の発行価額は全部で1167万円でした。行使価格は22円、これは直前6ヵ月の株価平均の90％となっており、ルールの範囲内でした。

当時のヤマシナの発行株数は3億3622万株でしたので全額行使されると34％程の希薄化となりますが、それほど極端なケースではありませんでした。全額行使されると25億円程の資金がヤマシナに入ることになっていました。

同日、もうひとつ発表があり、ヤマシナ株式10株を1株に併合することを同年6月29日の株主総会の議案にすることも発表されました。こうすると発行株数は3億3622万株から3362万株になり、信託銀行に支払う手数料を軽減できるという、もっともらしい理由が書かれていました。

ところが、株主総会前日の2005年6月28日、以下のような驚くべきIRが出たのです。

「今回発行される新株予約権は、今回の株式併合により株式数や行使価格の変更を行わないこととしました。」

ここで初めてヤマシナの筆頭株主や一部の経営陣のとんでもない計画が分かったのですが、何しろ株主総会の前日でもあり、大半の株主は実態を知らされないまま議決権行使書を郵送してしまった後でした。

10株を1株にする株式併合をすると、会社資産は変わらないのに発行株式数が10分の1になるのですから、株価は単純に10倍になります。ヤマシナの場合も実際にそうなりました。つまり25円くらいだった株価が併合後には250円くらいになりました。ところが新

株予約権は株数も行使価格も変更しないわけですので、併合で発行株数が3,3362万株、時価250円くらいになったヤマシナが、1億1670万株・行使価格22円の新株予約権を堂々と発行したのです。

当然、巨額の利益となるので、この新株予約権は早速行使され、行使された株券が早々と市場に売りに出されました。株価は2005年12月までは200円台を維持、2006年4月に100円を割り込み、2008年10月には20円前後と、すっかり元に戻ってしまいました。つまり、一般株主は何の恩恵も受けず、ただ価値が10分の1になってしまっただけなのです。

筆頭株主は、もちろんいろんな名前に分散して税金を逃れようとしていたようですが、一体いくら儲けたのでしょうか？　今のヤマシナの発行株数が1億4361万

株ですから、現在までに行使されたのが1億1370万株と満額ではなかったことと、筆頭株主は今でも30％以上を保有しているので、全額売却したわけではなさそうです。何株を幾らくらいで売却したかはわからないのですが、どう考えても100億円以上の巨額の売却益を得ているはずです。

＊　＊　＊

10株を1株に併合すれば株価は10倍になります。その時転換社債などを出していれば、その転換価格も10倍になるので、その価値が変わらないことは常識です。

新株予約権の株数も行使価格も変わらないとは、誰もが夢にも思わないのですが、その「夢にも思わないこと」を堂々とやって巨額の利益を得た者がいるにもかかわらず、当局は一切問題視していません。これが最大の問題点です。恐らく「併合したら、新株予約権の行使価格を調整しなければならな

い」とはっきりと法律に書いていないのでしょう。こういう事例が出てきたら早急に歯止めをかけなければならないはずのところを、全く何もしていないのです。

これは資本市場の根源に関わる問題で、こういうのを放置するから、ますます株式市場の質が低下するのです。これが何も問題にならないと知らしめてしまったので、このあと追随するケースが続々と出てきています。

●NFKホールディングス（ジャスダック上場。コード6494。2005年8月に10併合）

●昭和ホールディングス（東証2部。コード5103。2006年12月に10併合）

●千年の杜（当時の社名。大阪2部上場。コード1757。2007年5月に10併合）

●ルーデン・ホールディングス（ジャスダック上場。コード1400。2007年9月に10併

合）

●ACホールディングス（ジャスダック上場。コード1783。2008年7月に10併合）

どの事例も、当時あった予約権を併合後もそのままの価格で使ったことや、株価がすぐに下落してしまったことなどから、それほど大量の新株予約権でなかったにしろ、ヤマシナのようにそれほど巨額の利益を得たということではなさそうですが、明らかにおかしいことを当局が放置しているケースです。

株式市場のルールを際限なく厳格化して、結果、株式市場のエネルギーを奪ってしまっている当局にしては、あまりにもお粗末な対応ではないでしょうか。

2010年11月10日 乗っ取り屋の影に怯えたブルドックソースの対応は正しかったのか!?

2007年5月16日、スティールパートナーズなるファンド（以下スティール）が、東証2部上場のブルドックソース（コード2804。以下ブルドック）に対し、発行済み株式の全株を対象にしたTOBを発表しました。

当時のブルドックの発行株数は1901万株で、TOB価格は1584円でした。この価格は直近の株価に約20％のプレミアムを乗せたもので、全株取得するには300億円程の資金が必要でした。

もっとも、その時点でスティールはブルドックの発行済株式数の約9.3％にあたる178万株を保有しており、取得原価も17億3000万円程（従って、1株のコストは約972円）と大量保有報告書に記載されていました。

＊　＊　＊

2007年6月7日、ブルドックの取締役は、このTOBに対し、「ブルドックの企業価値を毀損し、

株主の利益を損なうものである」として反対する旨の決議を行いました。

また、同年6月24日開催予定の定時株主総会の承認（特別決議）を条件とし、同年7月10日現在の株主に対し、1株につき3個（3株）の新株予約権を無償で交付し、新株予約権の行使価格は1株につき1円とする、と決議しました。

さらにブルドックは、スティール及びその関係者（以下、スティール関係者）以外の株主から新株予約権を取得し、対価としてブルドック株を交付するが、スティール関係者からは、対価として新株予約権1個（1株）につき現金396円を交付する、とも決議しました。要するにスティール関係者以外の株主に対しては、実質4分割しますが、スティール関係者の株式は、その4分の3を強制的に買い上げるという内容です。

2007年6月24日の定時株主

総会で、これらの議案は83.4％という圧倒的多数の賛成を受けて可決されました。

スティールはこれに先立つ2007年6月13日に、この新株予約権発行を「株主平等の原則に反する」、また「著しく不公正な方法によるもの」として発行差止を求める仮処分申請を行いました

が、同年6月28日に東京地裁が、同年7月8日に東京高裁がそれぞれ却下しました。スティールはこれを不服として最高裁に特別抗告しましたが、同年8月7日に、最高裁はこの新株予約券の発行を「適法」と認めました。

それぞれの裁判所における却下理由は大体似たようなもので、明確な説明なしにスティールによるTOBを「企業価値を毀損し、株

主の利益を損なうものである」とするブルドックの主張を全面的に認め、その唯一の理由として「株主総会で圧倒的に支持された」ことを挙げています。

また、高裁の却下理由はスティールを「濫用的買収者」として、やはりこのTOBにより「企業価値を毀損し、株主の利益を損なうもの」と断定しています（最高裁の判断では、この点だけは消えています）。

＊　　＊　　＊

こういった流れについてどう考えればよいのでしょうか？　お断りしておきますが、私は外国人投資家の肩を持つことは一切ありません。スティールの行動についても決して好意的には見ていません。しかし、本件に関しては、どう公平に考えても以下の通りです。

（1）「濫用的買収者」と言うのは、英語の「Green Mailer」のことで、企業の株式を買い占めて株価を吊り上げ、後に高値で会社に買い取らせたり、企業を乗っ取って企業の有形無形の財産を散逸させることを目的とする者を言います。スティールはTOBを宣言しただけで、「企業価値を毀損したり、株主の利益を損なう」行動は一切していません。

（2）買収の対象になった企業の取締役会は、常に株主の利益を最優先に考えなければなりません。自身の保身を優先してはならないのです。だから「企業価値を毀損させ、株主の利益を損ねる」と主張しているのですが、それを客観的に証明出来る事実は何一つありません。

（3）さらに「企業価値を棄損させ、株主の利益を損なう」ことを避けるはずのために、ブルドックが取った行動は、2008年3月期の有価証券報告書にはっきりと出ています。スティール関係者から買い取った新株予約権に支払った金額全体を、そっくり自己新株予約権償却損として21億1400万円（スティールの当時の持ち株178万株の3倍の新株予約権を1個（1株）396円で買い取って償却したため、ぴったり計算が合います）、公開買い付け対応費用（大半がフィナンシャルアドバイザーとしての野村証券と、法律事務所に支払ったもの）として6億740万円の、計27億8800万円が特別損失として計上されています。これはもちろん現金の流出を伴い、株主資本の毀損となります。

（4）ブルドックの一般株主は、TOB価格の1584円で売却できるチャンスを放棄した上で、持ち株数が4倍になりました。価格換算すると396円です。しかし、現在の株価は180円です。もちろん株価はその時の環境によっても左右されますが、明らかに株主資本が27億8800万円減ったことの

影響があります。（現在の発行株数6977万株で割ると、1株につき40円くらいが棄損されたわけです）

（5）一方、スティール関係者は、その後また持ち株を増やしたりしたようですが、結局2007年中に全株を処分しました。ざっと12億円程度の利益を得たはずです。

＊　　＊　　＊

結局、ブルドックの取った「企業価値を毀損し、株主の利益を損なう」ことを避けるはずの行動が、見事に株主の利益を損ない、スティールのみを利したのです。これは、たまたま株価がそう動いた結果ではなく、ブルドックの（そして裁判所が認めた）行動そのものが、その結果を招いたのです。

もっと分かりやすく言うと、「企業価値と株主の利益」を守るという名目のもとに、取締役会が保身を図り、結果「企業価値も株主の利益」も損なったということです。

2010年11月17日
ライブドアよりはるかに重大なのに課徴金で終わった日興コーディアル

過去の事件（犯罪事件とは限りません）には、皆さんが見落としているものや、正しく評価されていないものがあります。ったのは、リージャーナリスト町田徹氏がスクープしてから、なんと1年もたった2006年12月に表面化しました。内容は、同社が2004年8月頃からCSKの子会社だったベルシステム24の株式の取得を始め、TOBなどを経て総額2400億円で完全子会社化・非上場化をしたものですが、特別目的会社（SPC）を使って日興コーディアルの決算を187億円も粉飾したというものです。

「ライブドア事件」は、2006年1月に表面化した事件で、「子会社（ライブドアマーケティング）が不正な手段を使い、相場の維持上昇を図った」という偽計・風説の流布と、「ライブドアが2004年9月決算で約53億円の粉飾決算を行った」という有価証券報告書虚偽記載の2つの罪状で、当時のライブドアの代表取締役を含む取締役5名が逮捕され（うち2名が実刑判決）、東京証券取引所が世間に与える影響が大きいとして、ライブドア株式を即刻上場廃止と決めた事件です。

「日興コーディアル事件」は、フまず簡単に両事件を対比してみましょう。

＊＊＊＊

「日興コーディアル事件」は、その時期といい、その手口といい、「ライブドア事件」と酷似しています。それどころか、粉飾の金額、手法の専門性、トップの関与度合いの、どれをとっても「ライブドア事件」より格段に悪質なものであったと思われます。

とくに、日興コーディアルは、当時、役員に収益連動の巨額の報酬が支払われることになってお

り、この案件を推進した当時の代表取締役は巨額の報酬を受け取っています。

ところが、なぜか検察庁は動かず、従って一人の逮捕者も出さず、わずかに証券取引等監視委員会が、2007年1月5日（つまり表面化直後）に、その粉飾した決算数値で500億円の社債を発行するときに提出した「発行登録追補書類」の虚偽記載というところだけをとらえて、500億円の1％である5億円の課徴金納付命令を出しただけです。つまり「有価証券報告書の虚偽記載（粉飾）」ですらないというのです。

また、東京証券取引所も2007年3月、早々と「会社ぐるみでなく、悪質性はない」という奇怪なコメントとともに日興コ

ーディアル株式の上場維持を決めました。

ちなみに、当時の代表取締役は引責辞任しましたが、今もご自分で金融関係の仕事を手広くやられているようです。

＊　＊　＊　＊

「ライブドア」事件では「新興企業のやることは非常に怪しく、犯罪性に富んだものであり、そういった会社の株式が証券取引所で取引されていること自体が好ましくない。また、こういった株式を取引する投資家も怪しく、すべて厳しく監視して取り締まらなくてはならない」という当局の強烈なサインが示されました。そこから新興市場が大きく崩れ、それから5年を経ても回復の兆しは見えません。

「ライブドア事件の背後には「ニッポン放送買収事件」があり、まさか出なかった（つまり犯罪ではなかった）日本の三大証券グループの一角である同社が、なぜ外資の支たライブドアはその当時「ソニー」の買収を考えていたという説もあ

り、こういう行動を好ましく思わなかった勢力の働きかけがあったことは容易に想像できます。

本来、株式市場、特に新興市場は、自由な発想を持った経営者や企業が、最低限のルールだけを守って活発に行動することにより、経済を活性化させるものです。この事件をきっかけに、そういった芽が全部摘まれてしまったことは、現在の日本経済の閉塞感の大きな理由の1つです。

一方、「日興コーディアル」事件がもたらしたものも小さくありませんでした。この事件をきっかけに、米国のシティグループが同社の「支援？」に手をあげ、TOBを経て2008年5月に完全子会社にしてしまいました。

これも奇怪な話です。当局が課徴金で済ませ、一人の逮捕者も出さなかった（つまり犯罪ではなかった）日本の三大証券グループの一角である同社が、なぜ外資の支

援が必要で、しかも完全子会社になる必要があったのでしょうか？いいえ、全くなかったはずです。

もし、それでも身売りしたかったのであれば、「みずほグループ」をはじめ国内にいくらでも買い手がいたはずです。

実は、日本の金融行政には、なぜか外資を極端に優遇するケースが嫌というほどあるのです。

しかし、シティグループは、その直後から（本当はその前から）サブプライム問題の直撃を受け、わずか1年後の2009年5月、せっかく完全子会社にした日興コーディアルを三井住友グループに売却してしまいました。

2010年12月21日 少額の課徴金で済んだのは元検事総長の威光か？

広島に本社を置くアーバンコーポレーション（以下、アーバン）は2008年8月13日に民事再生法の適用を申請し、破綻しました。

アーバンは、そのわずか1カ月半前の6月26日、BNPパリバを引受先とする300億円の転換社債（転換価格344円）の発行を決議していました。当時から、その発行が不成功に終わる懸念が囁かれていましたが、7月11日に「予定どおり5000万円の発行諸経費を差し引いた299億5000万円の入金を確認した。調達資金は短期借入金などの債務の返済に充てる」とのIRが出され、市場も安心して株価も268円まで急上昇しました。

ところが、この転換社債はBNPパリバとの間に開示されていないスワップ契約があり、実際にアーバンが手にできたのは92億円であったことが漏れ伝わってきます。

＊　＊　＊

これだけでは分かりづらいのですが、こういうスキームだったのではないでしょうか。すなわち、BNPパリバはいったん300億円をアーバンに支払いますが、即全額をスワップ契約の担保として預かります（実際にはアーバンの銀行口座に300億円は入らない）。BNPパリバは転換社債を少しずつ転換し、転換価格を下回っていようがお構いなしに売却し、売却分だけをアーバンに支払いますが、損失分を預かり金から相殺していったのだと思います（そこでも手数料を取っていたはずですが、損失分を預かり金を叩き売り、売れた分だけ支払うという、誰でもできる契約だったようです。

さらに、アーバンの民事再生後はスワップ契約の解約違約金として、58億円を徴収していったようです。これは前記の92億円も、将来の損失に備えて全額アーバンに支払わず、留保していたことになります。

要するにこれは「スワップ契約」でも何でもなく、単に転換した株でも何でもなく、単に転換した株を叩き売り、売れた分だけ支払うという、誰でもできる契約だったようという典型的なケースです。

＊　＊　＊

問題は、BNPパリバが、この契約を開示しないようアーバンに働き掛けていたことです。これは金融商品取引法上、「虚偽の事実を公表して、相場の維持・上昇を図った」という「偽計」に当たります。教科書に載せてもいいような典型的なケースです。

＊　＊　＊

偽計取引では、ライブドアが、子会社のライブドアマーケティングの株式交換による子会社の取得に際して事実と違う公表をしたとして、堀江元社長を含む5名が実刑判決を受けています。これによってライブドアは即刻上場廃止にな

り、多くの株主が損害賠償を堀江元社長らに求めることになるのです。

アーバンの場合、それが原因かどうかは分かりませんが、倒産して多くの株主に迷惑をかけたわけですが、その直前に「299億5000万円が入金された」という開示をしたことが、まさに重大な偽計なのです。

ところが、これに対する金融庁（証券取引等監視委員会）の処分は「転換社債発行時の臨時報告書の虚偽記載として150万円（間違いではありません！）の課徴金の納付命令」を出しただけです。もちろん誰も逮捕されていません。

これとは別に1000万円くらいの課徴金がかかっていますが、これは後から分かった有価証券報告書の虚偽記載に関してで、あくまでも「偽計」に対する課徴金は150万円です。そもそも、同じ「偽計」なのに、逮捕されるケースもあれば、課徴金のケースもあり、どこで違いが出るのかも分かりません。

似たような偽計取引なのに、課徴金で終わった「日興コーディアル事件」ですら、粉飾した決算数字を使って5000億円の社債発行を行っており、その「発行登録追補書類」の虚偽記載として500億円の1%に当たる5億円の課徴金納付命令を出しているのです。

＊　＊　＊

さて、どこに検事総長が出てくるのでしょう。実は、アーバンの取締役に元検事総長の土肥孝治氏が就任していたのです。もちろん、この転換社債の発行決議をしていた時もその任にありましたが、民事再生申請時に「病気により」退任されています。

この課徴金150万円という、株式市場を馬鹿にしたような軽い処分は、機関決定時に元検事総長が取締役会のメンバーであった事と、決して無関係ではないはずです。

土肥氏は、関西勤務が長く、京大卒ですが現場が長く「赤レンガ派」ではなかったようです。「現場派」から初めて検事総長になった吉永祐介氏の後をついで検事総長になるのですが、吉永氏がぐずぐず時間稼ぎをして有力後継者であった「赤レンガ派」の根来泰周氏が定年を迎えてしまったため、検事総長になりました。

在任中は、総会屋グループへの損失補塡事件で、野村証券など大手証券の首脳を次々と逮捕した手証券の首脳を次々と逮捕した、過剰接待事件で大蔵省・日銀の首脳を辞任に追い込むなどして、「検察不況」を引き起こしたと言われました。今でも、関西検察のドンと言われています。

2011年1月12日
あらゆる失政が凝縮された日本長期信用銀行事件 その1

日本長期信用銀行は、産業界への設備投資等の長期資金の安定供給を目的とした長期信用銀行法により1952年に設立されました。日本興業銀行（現みずほ銀行）と日本債券信用銀行（現あおぞら銀行）と並び、金融債（5年の利付債と1年の割引債）の発行による資金調達が認められており、預金を集めて短期資金を供給する都市銀行とは棲み分けが図られていました。

ところが重厚長大産業の資金調達が間接金融から直接金融にシフトするに従って、その存在意義が揺らぎ始め、1971年から1989年まで頭取と会長を務めた杉浦敏介氏の時代に不動産、サービス業などあらゆる業種に積極的に貸し付けを拡大していきます。この時期はまさにバブルの最中であり、たちまち不良債権の山が築かれることになります。

バブルの象徴と言われたイ・アイ・アイ・インターナショナルとの取引も、1985年頃から杉浦会長主導で始められたと言われています。

1990年代に入ると、当時の頭取であった堀江鉄弥氏のもと、徹底的な不良債権隠しが行われました。1991年当時で行内では不良債権総額が2兆4000億円あったと言われていましたが、もちろん表に出ることはありませんでした。

　　　＊　　＊　　＊

1995年に頭取になった大野木克信氏は、歴代の頭取とは違い法令遵守を徹底しました。そして1997年に経営基盤安定のためスイス銀行（SBC。現在はUBSと合併）と業務資本提携を締結

当局の対応のまずさで問題が起こり、いつの間にか責任が変な方向に転嫁され、いまもその影響が残っているケースが非常に多くあります。

し、1998年3月に「金融危機安定化措置法」が成立し、同4月に早期是正措置の導入、同6月に金融監督庁の発足など、矢継ぎ早に金融機関に対する検査・指導が強化されます。これは後から考えても全く手遅れの時機に、厳しい資産査定などを急激に盛り込んだために、かえって金融危機を招くことになってしまうのです。

一例をあげると、従来、系列のノンバンクなどへの貸し付けは、親銀行が支援するものなので不良債権と認識する必要がないとされていたのですが、これが1998年3月期から突然、他の債権と同様に査定することになったので、当然大幅な不良債権の増加になりました。

1999年6月、東京地検特捜部は、国有化された日本長期信用銀行の大野木元頭取ら3名を証券取引法違反と商法違反で逮捕しました。1998年3月期決算で、本来の不良債権処理に伴う損失である3兆6000億円の損失が確定しました。さらに、その後の瑕疵担保条項の行使（後述）等を含めた最終的な国民負担は5兆円近くになったのです。

もちろん、直接の責任は歴代の経営陣にあります。しかし、その背景には、前述の当局の失政による1990年代に入ってからも消費税引き上げなどで上向き始めた景気を再びどん底に突き落とし、1998年からは急激に資産査定・不良資産処理を厳格にして金融危機を引き起こすなど、あらゆる行政の失敗が凝縮しているのです。

＊　＊　＊

そこから、長銀救済のための法案作りが行われました。1998年10月12日に金融再生法案、同16日に早期健全化法案が成立。同23日に日本長期信用銀行は破綻申請を行い、同日に特別公的管理銀行

として一時国有化されました。直前の金融監督庁の検査では債務超過額が4000億円と説明されていましたが、最終的に投入された公的資金は7兆9000億円にも上り、そのうち債務超過で実際は原資がないのに70億円を不正に株主に配当したとして、3130億円少なく計上したうえで、実際は原資がないのに70億円を不正に株主に配当したとして、有価証券虚偽記載などの罪に問われたものです。

1998年3月期から突然、系列ノンバンクなどの資産査定も厳密にせよ、という「新しい基準」が、当時ほとんどの銀行が「新しい基準」による引当をしていなかったのは明白で、当然の判断だと思います。

罪になるのは極めて珍しい特捜事件で無罪を言い渡しました。「当時ノンバンクに対する引当を求めていたとは言えない」として逆転無罪

困った大野木氏は、やむを得ず2000億円の増資引き受けの話が進んでいたSBCにこの点を説明します。するとSBCは突然、業務資本提携を反故にし、あろうことか市場で長銀株を大量に空売りしたのです。これをきっかけに200円前後だった長銀株はあっという間に50円割れとなり、経営危機が表面化したのです。当時、何故かSBCを非難する声はなく、全て不良債権隠しをしていた長銀が悪いという声ばかりでした。

その後、政府主導で住友信託銀行の救済合併が一度は合意したものの、結局は破談になり、いよいよ行き詰まってしまいました。

＊　＊　＊

行の幹部2名が自殺しています。特捜部の強引な捜査があったのでしょう。

裁判は一審・二審とも執行猶予付きの有罪判決だったのですが、2008年7月に最高裁が「当時は〝新しい基準〟によって関連ノンバンクに対する引当を求めていたとは言えない」として逆転無罪を言い渡しました。特捜事件で無罪になるのは極めて珍しいのですが、当時ほとんどの銀行が「新しい基準」による引当をしていなかったのは明白で、当然の判断だと思います。

しかし、やはり結果的に多額の国民負担を強いた責任をどこかに取らせ、責任と批判が金融当局に向けられるのを避けるため、というあからさまな「国策捜査」でしたが。取り調べ中に日本長期信用銀

行はほとんどありませんでした。当時、他の銀行でもこの「新しい基準」で引当をした銀行はほとんどありませんでした。

しかし、やはり結果的に多額の国民負担を強いた責任をどこかに取らせ、責任と批判が金融当局に向けられるのを避けるため、というあからさまな「国策捜査」でした。

最大の元凶であった杉浦元頭取・会長は、ついに刑事・民事とも責任を問われることはありませんでした。受け取った10億円近い退職金の自主返還にもなかなか応じず、最後にやっと2億円だけ返還したそうです。しかし、日本金融行政史上最大の失政はこれから始まります。（つづく）

2011年1月13日 あらゆる失政が凝縮された日本長期信用銀行事件 その2

日本政府は、一時国有化した日本長期信用銀行を早期に売却して、投入した公的資金を早く回収しなければなりません。すでに7兆9000億円の公的資金を注ぎ込み、3兆6000億円の損失が確定していました。公的資金の回収のみならず、確定した国民負担をどうやって取り返すか、国民が納得するスキームを提示しなければなりませんでした。

＊　＊　＊

しかし、政府は2000年3月、全く無名のティモシー・コリンズなる人物が主宰するリップルウッド・ホールディングスに、10億円で全株を売却してしまいます。

リップルウッドは1995年にニューヨークで設立されたそうですが、米国でもほとんど実績もありません。にもかかわらず、政府はこの投資ファンド運営会社に、全く無競争で、8兆円近い公的資金の入った日本長期信用銀行を売却してしまったのです。

しかも、売却後3年間は、新たに2割以上の損失が発生する資産については、預金保険機構が買い取るという「瑕疵担保条項」まで付けてしまいました。これが新たな国民負担を生み、強烈な"貸し剥がし"と、"そごう"をはじめとする多くの企業倒産の原因となるのです。

当時、政府は日本長期信用銀行の売却先の選定に際し、中央三井信託銀行等との競争入札を行ったと言っていますが、日本の銀行にはあからさまに手を出さないように「指導」していたようです。

リップルウッドは「ニューLTCBパートナーズ」なるオランダ籍の投資組合を通じ、1200億円の増資を引き受けます。そして2004年2月19日、持ち株の3分の1を売却し3400億円を手にするのです。継続保有した株式を合わせ、1兆円もの利益を得たことになります。

日本政府は日本長期信用銀行に8兆円近い公的資金を注ぎ込んだ上、3兆6000億円の損失が確定していました。挙げ句、「瑕疵担保条項」を乱発され、さらに1兆2000億円の不良債権を買い取らされることになります。

「ニューLTCBパートナーズ」の出資者にはドイチェバンク、メロンバンク、バンコ・サンタンデ上場に際して1円も取り戻すことができませんでした。さらには「ニューLTCBパートナーズ」がオランダ籍であったため、1円の税金すら取れなかったのです。

＊　＊　＊

丸々売却してしまったため、この

紹介したのは、三菱商事元社長の槇原稔氏だと言われています。これはゴールドマン・サックスを中心とした、ユダヤ及び日本の親ユダヤネットワークによる大がかりなディールなのです。

* * *

何も「ユダヤの陰謀」などと言うつもりはありません。最大の問題は、こういうディールを認めてしまった日本の金融当局の大失策、いや国民に対する重大な背任行為にあるのですが、ついぞ誰も責任をとりませんでした。

日本はこういう場合、絶対に株式市場を使って将来の上場益で国民負担を回収しようとは考えません。これは当局、つまり官僚組織が「株式市場は怪しい輩が不正な手段で金儲けをするところ」といういう認識だからです。そんな国の株式市場が本格的に上昇するはずがありません。

ただ日本の当局は、当時も今も、何故か外国人には非常に寛大で、「日本の怪しい輩が儲けるくらいなら、外国人が儲けてくれール、GEキャピタル、アムロバンクなどが入っていたと言われます。日本企業では安田生命がペインウエーバーを通じて出資したと言われていますが、本当のところは分かりません。

あまり知られていませんが、この日本長期信用銀行売却のスキームに関し、日本政府のアドバイザーを務めたのはゴールドマン・サックスでした。そして「ニューLTCBパートナーズ」を組成し、実質このスキームを考え出したと言われるJ・C・フラワーズなる人物もまたゴールドマン・サックス出身です。

ティモシー・コリンズなる会社も、リップルウッドなる会社も、あくまでも表の顔にすぎません。買収後も、現在の新生銀行にも絶大なる影響力を有しているのは、他ならぬJ・C・フラワーズなのです。

ティモシー・コリンズを日本にリップルウッドについていえば、「怪しい外国人が、日本国民の財産を使って巨額の利益を根こそぎ持っていった」のですから、さらに当局の認識通りだったのですが、それでは済まされません。なぜ政府が、せめて半分の株式を持ったまま、わざわざ無名のリップルウッドなんかに頼らないで、日本の民間に再生を委託して上場益を取ろうとしなかったのか不思議です。譲渡価格が10億円で「瑕疵担保条項」までついていたなら、誰がやっても儲かったはずです。

そもそもリップルウッドには経営ノウハウがあるわけでも何でもなかったため、その後の新生銀行も迷走を続け、同じくリップルウッドが手掛けた日本コロンビアかシーガイア等も何も良くなっていません。

その武富士のスポンサー選定等のアドバイザーが旧日本長期信用銀行の新生銀行というのは、まるでブラックジョークです。

【出版にあたってのつけ加え】武富士は2012年3月にJトラスト子会社のロプロ（旧日栄）に事業譲渡しています。方が、批判が少なくて良い」と考えているとしか思えないことが数多くあるのです。

* * *

2010年9月に会社更生法を申請した武富士のスポンサーに、「ローンスター」とか「サーベラス」と言った海外のファンドのみが手を挙げているようです。結局、未解決の過払い金返還請求の大半を、切り捨てなければならないない日本人のスポンサーだったら当局の対応が批判されるので「外国人に任せたら切り捨てられてしまいました」と言いたいがためかもしれません。

2011年3月9日 「リクルート事件」を検証する ― 何が目的だったのか?

リクルート事件は、ロッキード事件と並び、現在の検察庁の大きな「資産」となっています。取り調べを担当した検事のその後の「出世」などを見ても、確かに検察庁がこの事件で国民の信頼を得て存在感を高めたことは事実だと思います。

それでは、それほどの重大事件だったのか?を考えてみたいと思います。

＊　＊　＊

リクルート事件は、昭和も終わりに近づいた1988年6月の朝日新聞のスクープ記事から始まりました。

当事の川崎市助役が、リクルート傘下の不動産開発会社リクルートコスモスの川崎市内の再開発に関して便宜を図った謝礼として、リクルートコスモス株式の未公開株を譲渡され、約1億円の利益を得た、という内容でした。典型的な公務員の汚職事件ですが、不思議なことに事件そのものは不起訴となっています（つまり立件できなかったということです）。

しかし、それをきっかけにマスコミ各社の取材が過熱化し、未公開株の譲渡先が、中曽根前首相、竹下首相、宮澤副総理・蔵相、安部晋太郎自民党幹事長、渡辺美智雄自民党政調会長（肩書きは全て当時）など、時の有力者をはじめ、90名以上もの政治家をはじめ、高級官僚、NTT幹部、日本経済新聞社社長などに広がっていることが分かりました。

そうした最中の同年9月、国会でこの件を追及していた栖崎社民連衆議院議員に、リクルートコスモス社幹部が献金を申し入れるところを隠し撮りされ、日本テレビで放送されたことをきっかけに東京地検特捜部が乗り出し、事件化しました。

＊　＊　＊

リクルートコスモスは1985年10月に店頭公開（今のジャスダック上場）していますが、その直前に江副浩正リクルート会長が、前述の中曽根前首相が2万900 0株、その他の有力政治家が1万株だったようです。

＊　＊　＊

上場前の未公開株の譲渡が「賄賂」に当たるというのが、当時の検察の捜査着手の根拠、その後の裁判の判断の根拠（起訴された全員が執行猶予付きの有罪で確定）

5270円。譲渡された株数は、もちろん譲渡と言ってもタダだったわけではなく、大体3000円で譲渡されました。公開初値は

京地検特捜部が乗り出し、事件化しました。

株を譲渡され、約1億円の利益を得た、という内容でした。典型的な公務員の汚職事件ですが、不思議なことに事件そのものは不起訴

江副浩正氏は昨年、「リクルート事件・江副浩正の真実」を出版しています。ただ関係者の間では非常に評判が悪いようです。全て自分は悪くない、全て関係者の責任である、としています。まあ、そういう「人となり」だったのでしょう。

＊　＊　＊

最後に、リクルート事件の産物で忘れてはいけないものがあります。

多数の政治家に未公開株という「賄賂」が行われたため、政治改革論議が盛り上がりました。これ自体は結構なことなのですが、何故か途中で捻じ曲げられ出てきたのが「小選挙区比例代表制」という現在の衆議院選挙の原型でした。

この小選挙区制のために、手っ取り早く票を集められる二世やタレント議員が増えてしまったことと、ちょっとした世論の変化によって極端に選挙結果が振れ

の大前提となっています。

そもそも事件というのは、一過性ではなく普遍的な「悪」を取り締まるものでなければならないはずです。現在なら、未公開株の譲渡が「賄賂」に当たるということは決してないと思います。従ってこの事件では、全く一過性であり普遍的でない理由で起訴されたのです。

未公開株の譲渡を受けたのが政治家だけで90人に上り、時の大物政治家全員が含まれていたため、検察にとって格好の事件に見えたのでしょう。加えて、今も続く「株式市場」に対する漠然とした不信感もありました。

つまり、最初から株式市場、つまり未公開株の譲渡だけに的を絞った捜査だったのです。

結局、リクルート事件も、今も続く検察による「都合のよいところだけを狙って、あとは無視する」捜査でした。ターゲットは、株式市場だったのです

立つ経営者を潰そうという流れと、漠然として「怪しい」株式市場を捜査対象にしておこう、という今も続く流れの中でおこった事件なのです。

リクルートは、何も未公開株の譲渡だけをしていたわけではありません。政治家に対しては合計40億円もの献金リストが同時に押収されていたはずで、その中では随分怪しいものもありました。検察が本当に有力政治家をターゲットにしたいなら、こちらの方がよほど「宝の山」だったはずですが、最後まで取り上げられませんでした。

未公開株の譲渡だけで90人の政治家の中でも、藤波元官房長官と、公明党の池田議員という有力とは言い難い二人だけが在宅起訴しただけで、有力議員は軒並み取り逃がしたのです。

結局、リクルート事件とは「ライブドア事件」と同じで、時の目

しまうなど、現在の政治の混乱の原因になっているのです。

＊　＊　＊　＊

【出版にあたってのつけ加え】江副浩正氏は2013年2月8日に死去され、リクルート事件は釈然としないまま風化してしまうことになります。いつも思うのですが、社会的に「葬り去られる経営者」と「なぜか優遇される経営者」が、はっきりと分けられるものです。

また舞台となったリクルートコスモスは、2005年にMBOでリクルートグループから独立して社名もコスモスイニシアと変更して再生ADRを申請しました。

2011年3月23日 闇株新聞縮刷版
日本はなぜここに注目しないのか⁉ 資源の宝庫・サハ共和国

現在、世界中で資源の争奪戦が繰り広げられています。

特に中国は、国家主席自らアフリカ等へ援助をちらつかせながら、露骨な資源の囲い込みをしています。お隣の韓国でも、財閥が国家の支援を受けて世界中で資源の権益を確保しようとしています。

日本では、自民党政権の頃は幾つかのプロジェクトが進んでいましたが、目立った成果が出る前に民主党政権になり、ほとんど立ち消えになってしまいました。

資源というと、相手側の国家の思惑が入り、なかなか難しいものなのですが、一つだけ「何故、ここに注目しないのだろう？」と不思議に思ってしまう地域があります。ロシア連邦内のひとつの「サハ共和国」です。

＊　＊　＊　＊　＊

「サハ共和国」はシベリアに位置し、面積は310万平方キロメートル、人口は100万人弱です。面積は具体的に言うと、ロシア連邦全体の約22％、中国の半分、インドとほぼ同じ、日本の約8倍です。国土のほぼ全域が永久凍土の上にあり、年間の気温差は100度にもなります。夏は30度以上、冬はマイナス60度以下です。

この地が「資源の宝庫」なのです。ロシアが世界有数の産出量を誇る資源には、天然ガス、石炭、金、銀、ダイヤモンド、タングステン、ウラン、その他各種のレアメタルがありますが、そのかなりの割合がサハ共和国で産出します。サハ共和国にはブラジルの3倍の資源があると言われています。

ロシア連邦では基本的に、資源は産出地域の地方政府（つまりサハ共和国政府、大統領もいます）が主体になって開発することが認められています。つまり資源の権益を取得したいなら、モスクワではなくサハ共和国政府と折衝すればよいのです。サハ人はモンゴル系で日本人に親しみを持っており、モンゴルのように「すれて」もいません。

中国や韓国やドイツ等は積極的に接近しています。またヤクーチア航空（サハ政府100％出資）は、ソウル、ハルビン、ハノーバー等に直行便を就航させており、当然これらの国からも直行便が出ています。

しかし、日本は何もしようとしません。総合商社は食い込もうとしていますが、国家レベルの話にならず、権益の取得資金や開発資金の調達が困難なため、何も進んでいないのです。

アフリカとか南米とかの「すれた」ところに行って翻弄されるなら、なぜ「サハ共和国」との関係を強化しないのか全く不思議で

この記事の直後に、実際に中国資本がサハの資源（主にダイヤモンド）に目をつけて、日本の株式会社サハダイヤモンドの筆頭株主になり株価もかなり上昇しました。ただ日本での業績は依然として赤字であり、その後の株価は低迷したままです。

ここまで書くと、じゃあジャスダック上場の株式会社サハダイヤモンド（コード9898）は有望なのか？　という話になります。

サハダイヤモンドはサハ共和国内に連結子会社を持っており、サハ政府からアルロッサ（ロシア連邦政府とサハ政府の合弁のダイヤモンド卸会社）を通じて直接ダイヤモンドを仕入れることができています。また最近、首都のヤクーツク市内にオフィスビル兼ホテルを完成させました。

つまり、サハダイヤモンドは、サハ共和国政府内に子会社をもち、実際経済活動をしている日本で唯一の上場会社なのです。この子会社の存在だけでも近い将来、相当の価値になると思うのですが、さてどうなるでしょう。

プーチンやメドベージェフのご機嫌を取らなくても、サハ共和国政府との話し合いで進むのです。

＊＊＊＊

闇株新聞コラム
西武HDのモノ言う株主サーベラスの義

2013年3月11日、西武HDの筆頭株主であるサーベラスがTOBを実施して、持ち株比率を32・4％から、株主総会で特別決議を拒否できる36・4％程度まで引き上げると発表しました。

早期再上場とリストラを提案するサーベラスと、みずほ銀行と日本政策銀行を母体とする経営陣が対立しています。これだけならよくある外資系大株主と現経営陣の対立ですが、実はもっと根が深い話なのです。

西武鉄道は、有価証券報告書の虚偽記載で2004年12月に上場廃止になりました。グループのコクドやプリンスホテルら上位10位までの持ち株比率が、上場廃止基準に抵触する80％を大きく超えていたにもかかわらず、従業員らの名義を借りて分散、上場を維持させていたからです。

堤義明会長（当時）は証券取引法違反で逮捕され、表舞台から消えましたが、この時点で西武グループは、コクドを頂点とした堤一族の支配で盤石であり、経営状態は「何の問題」もないはずでした。

ところが、送り込まれたみずほコーポレート銀行の後藤高志副頭取は、経営的には「何の問題もない」西武グループと、実質親会社で「もっと何の問題もない」コクドに「救済のための資本増強」を行い、西武HDを誕生させました。

直近の株主名簿によると、筆頭株主はサーベラス（名義が分かれていますが）が32・42％、NWコーポレーション（旧コクド）が14・96％、日本政策投資銀行4・40％、農林中央金庫3・98％などと続き、みずほコーポレート銀行は2・08％だけです。つまり、みずほグループは、他人の資本を使って西武HDを「奪い取った」のです。

さらに2005年当時、みずほグループは西武グループに320０億円ほどの貸出残高があったはずですが、2012年3月末の有価証券報告書では1299億円に激減しています。この間に200０億円近く回収していたのです。

これはコクドにおける堤一族の影響力を排除し、グループを堤一族から「奪い取る」ためでした。

本紙は、外資系金融機関やファンドが日本で暗躍することを、決して好ましいとは思っていないですが、この件では、サーベラスを応援することに決めています。

2006年1月、その資本増強に応じたのが、サーベラスでした。

2011年6月9日 すべてがお手盛り!? 昭和HDのトンデモ増資

昭和ホールディングス（旧社名：昭和ゴム・東証2部上場・コード5103）は2008年6月12日、増資のIRを出しました。

内容は、タイを本拠地とする運用資産が1000億円あるという投資ファンドに1500万株の第三者割当増資を引き受けてもらい、12億4500万円を調達するというものでした。払込価格は83円で、払い込み後にこのファンドは36％の議決権を保有する株主になるとのことでした。

IR資料によりますと、同社はこれにより、今までの負の遺産を解消できると非常に期待していたようです。払込み日である2008年6月27日の2日後に開催される定時株主総会の議決権を与え、このファンドの代表者である日本人をはじめ数名を取締役に選任し、実質経営権を引き渡すと書いてあります。

このファンドは、それまでにウッカリ投資家に還流しているとかくら、教科書に載せてもいいくらいの典型的な架空増資なのに、なぜかその後何の進展もしていないようです。

運用資金が1000億円もあるはずのファンド（これも虚偽開示です！）としては、随分ケチくさいことをしたものなのですが、その後も驚愕の事実が分かります。

  ＊　＊　＊

ところが同年10月になって、昭和ホールディングスは、払い込みのあった1カ月後にこのファンドの発行するCP（無担保約束手形）を11億円購入していたことを発表しました。重要なことなので繰り返しますが、このCPを購入した（要するに資金を投資家に還流させた）時点で、経営陣はすっかりファンド側の人間に代わられていたのです。

これに対して約2年後の2010年7月29日、同社は「架空増資の疑いで証券取引等監視委員会の強制捜査を受けた」（実際は6月8日だった）と発表します。

  ＊　＊　＊

2010年12月3日、昭和ホールディングスはこのファンドが発行する債券を、何と27億円も保有していることを認めました。恐らく強制捜査で見つかってしぜざるを得なくなったのでしょうが、あくまでも有利な余資運用として利息も受け取っていると強調しています。

最初のCPにしろ、この債券にしろ、何の流動性も資産性もない

単なるファンドの借用証書で、このファンドは昭和ホールディングスの資金を勝手に使い込んでいたのです。

そして2011年6月、同社はこの27億円の弁済として、いくらかの現金とファンドが保有しているウェッジホールディングスの株式を受け取ったので、ほぼ全額回収したとの発表を行いました。また、別途このファンドの保有している非上場会社（和菓子屋だそうです）を現金で買収することを発表しています。

しかし、ちょっと考えたら分かるのですが、このファンドは依然として昭和ホールディングスの大株主です。ファンド代表をはじめとする人間が取締役会の過半数を占めており、すべての機関決定がお手盛りなのです。

たとえば、ウェッジホールディングスを引き渡そうが、和菓子屋を引き渡そうが、現金を渡そうが、引き渡した資金を返済し

全てファンドのものであることは間違いなく、単に置き場所を変えただけで何も支払ってないことと同じなのです。むしろ、そんなことで株価が上昇して、ファンドにとって良い事ずくめなのです。

＊　＊　＊

返済が形式的にも終わったので、証券取引等監視委員会は見逃すのだと思いますが、如何に会社を食い物にしているのかをよく見るべきです。

正確に言うと、増資して株式を受け取り、増資で払い込んだ資金をはるかに上回る現金を会社から引き出して使ってしまい、流動性のない資産を適当な価格で引き渡して返済したことにした結果、手持ちの株式の価格を上昇させたのです。

これだけの説明の中にも、数多くの証券取引法違反の疑いが強い部分があります。

まず、引き出した資金を返済し

ても架空増資は消えません。それより、資金が引き出されているので、増資によって会社の資産内容が改善されてもいないのに「増資が完了した」と開示を行うことは、投資家に誤った情報を伝える立派な偽計取引です。ライブドアの堀江元社長は、この偽計取引で実刑になったのです。

これを見逃すようであれば、証券取引等監視委員会は形式犯ばかりを追いかけて、本当に株式市場を食い物にしている輩（やから）に対しては全く何もしていないことになります。はたして、どうなるでしょうか？（次頁に続く）

【昭和ホールディングス】

2012年6月6日 某有名水泳選手も騙された!? 灰色ファンドのやりたい放題

今週（2012年6月7日）発行の『週刊新潮』に、某有名水泳選手が「灰色ファンド」に預けた大金が返還されないという記事が出ています。その「灰色ファンド」とは「アジア・パートナーシップ・ファンド」で、代表者も実名・写真入りで報道されています。また他の投資家の大金も消えているようです。

この手の話は珍しくはないのですが、実はこのファンドは東証2部上場の昭和ホールディングス（コード・5103）のオーナーで、過去に疑惑の取引があるのです。

2008年6月、昭和ホールディングスの12億円ほどの第三者割当増資を引き受けて役員会の過半を握ったこの「灰色ファンド」の代表者とその仲間が、増資金額をはるかに上回る27億円を増資直後に引き出していた事件です。

よく考えれば、2008年6月の定時株主総会の直前に払い込まれた第三者割当増資を引き受けた「灰色ファンド」に、わざわざ同年3月末に遡って株主総会の議決権を渡して役員会の過半の新任取締役を受け入れ（要するに会社を明け渡し）、挙げ句の果てに払い込まれた増資資金だけでなく会社にあった資金までそっくりと「盗まれた」わけです。

「盗まれた」という表現は適当でないかもしれません。その時点では会社の経営は「灰色ファンド」が握っていたため「自分のものになった会社から堂々と持ち出した」と言えばいいでしょうか。

＊　＊　＊

これは典型的な「架空増資」の手口です。また、増資で払い込まれた資金が会社のために使われていないのに「増資が払い込まれた」とIRして株式市場を欺いたとする監視委員会お得意の「偽計取引」にも該当します。

しかし、証券取引等監視委員会は、一応2年後の2010年6月頃に強制捜査に入ったものの、なぜか事件化しませんでした。

その理由は「灰色ファンド」が2011年5月になって、ほんの一部の現金と、同じく経営権を取得していたジャスダック上場のウェッジホールディングス（その後、昭和ホールディングスと合併）の株券、それにファンドが保有していた「全く価値が分からないのに適当な値段をつけた」非上場会社の株券を引き渡して、資金の大半を「返還した」ことにしてしまったからです。

しかし、ちょっと考えたら分かるのですが、「灰色ファンド」ス自体は「灰色ファンド」が所有しているため、そこへいくら現金や資産を移しても「右手のものを

左手に移しただけ」なのです。

それでも、このIR（投資家向け発表）により、20円ほどに下落していた昭和ホールディングスの株価は、100円を超える大相場を演じました。その上、2012年3月期決算では、その結果合併できたウェッジホールディングスの「負ののれん」と、前年度に一部引き当ててあった「ファンドが持ち出した現金」を繰り戻し、20億円もの最終利益を計上しています。

そもそもこの「灰色ファンド」は第三者割当増資を引き受けて、昭和ホールディングスやウェッジホールディングスを手中にしました。しかし、その資金を出資した投資家に対しては「ファンド資産は払込資金の2％しか残っていません」『週刊新潮』などと説明しているらしいのです。

＊　＊　＊　＊

確かに監視委員会の「社会的存在感」を高めるような事案ではないのかもしれませんが、東証上場していた会社という天下の公器を使ってその経営陣が堂々と「不正な資金集め」と典型的な「架空増資」あるいは「偽計取引」を繰り返した、非常に悪質」な事件です。

本誌は、当局が動いて（固めて）報道機関にリークしてからでないと取り上げないことにしているのですが、それだとなかなか「予想していた事件」が出てこないので、少し「催促」してみました。

＊　＊　＊　＊

【出版にあたってのつけ加え】
昭和ホールディングスは現時点（2013年4月）でも全く事件化する気配すらありません。

闇株新聞コラム
スポーツの国際大会を正しく理解する

先日、2020年オリンピック開催地を選ぶため、IOC評価委員団が来日していました。

オリンピックはIOC（国際オリンピック委員会）が主催する巨大なライセンスビジネスです。IOC収入を膨大な放映権料とスポンサー収入を召し上げ、開催地にはその運営費用はすべて負担させます。大会の半分を還元するとはいえ、大会運営費用はすべて負担させます。

昨年のロンドン大会の放映権料は、2010年のバンクーバー冬季大会とセットだったのですが、米国と欧州分で29億5600万ドル（当時の為替で2365億円）、日本分だけがなぜか円建てで325億円でした。

一方、開催地が負担した運営費

はは総額で93億ポンド（1兆300 0億円）だったと言われており、かなりの赤字が残ったようです。

IOCの最高意思決定機関である理事会には、現在、日本人理事はいません。また、115人いるIOC委員（その中には次の開催地決定に重要な役割を果たす評価委員もいます）にも日本人委員は1人しかいません。

このような状態で、日本が有利になるような働きかけや、種目選択やルール変更など出来るはずがありません。招致運動もいいですが、こうした実態も改善していく努力がないと「予想外の力」が働いてしまうことも考えられます。

オリンピックばかりではありません、ワールドカップしかり、WBCしかり、F1しかりです。「スポーツだから楽しめればよい」というものでもないのです。

2011年6月23日 闇株新聞 縮刷版
「ライブドア事件」とは何だったのか その1

「ライブドア事件」では、2つの証券取引法違反が罪に問われました。

第1は「偽計・風説の流布」です。「偽計」とは、旧証券取引法第158条で規定された「何人も有価証券の売買や相場の変動を目的として、人をだましたり、うその情報を流したりしてはいけない」と言うものです。「偽計」と「風説の流布」とは必ずしもセットではないのですが、両方が適用されたようです。

　　　＊　　＊　　＊

2004年6月、ライブドアが子会社のライブドアファイナンスを介して実質支配下にしている投資事業組合に、マネーライフと言う事業会社を4200万円で買収させ、その後3000万円の増資を行いました。この時点でマネーライフはライブドアの傘下にあり、その価値は7200万円ということになります。

2004年10月、ライブドアの連結子会社だったライブドアマーケティング（旧バリュークリックジャパン）は、株式交換でマネーライフを完全子会社にすると発表します。マネーライフの価値を4億円と算定し、同額相当のライブドアマーケティング株をライブドアの実質支配下にある投資事業組合が受け取ります。同投資事業組合はその株券を売却し、売却益を出しました。

この際、本来7200万円だったマネーライフの価値を「4億円」と算定したのは「外部の第三者」と言っていましたが、実際にはライブドア側が決めたのだとされています。さらに、ライブドアマーケティングの決算も実際は赤字だったのに、架空売り上げの計上などで黒字化と発表した、というのです（この部分が「風説の流布」です）。

以上の行為が、ライブドアマーケティング株売買のため、及び株価の維持・上昇を図る目的で行われ、「偽計」と判断されたのです。

　　　＊　　＊　　＊

不思議なことがいくつかあります。例えば、実際に株式交換を行ったのはライブドアではなく、子会社のライブドアマーケティングです。偽計の実行行為（IR）も、ライブドアマーケティングが行っています。ところが、ライブドアマーケティングの役員は誰も逮捕されていません。

上場会社であったライブドアマーケティングが、株式交換による買収も、交換比率の算定も、決算発表も、全て親会社のライブドアの言いなりだったということになります。が、実際にはあり得ない話です。強制捜査前にいちばん事情

つまり、実際犯罪とされた行為は非常に小さいものと、明らかに恣意的に選んだものなのです。

＊　＊　＊

第2の犯罪は「有価証券報告書の虚偽記載」、つまり粉飾決算です。

これは2004年9月期の連結決算に約15億円の架空売り上げと、約37億円のライブドア株の売却益、計53億円の利益を不正に計上し、実際は3億円ほどの赤字だったライブドアの連結決算を50億円の黒字とした虚偽の有価証券報告書を提出したというものです。

この37億円のライブドア株式の売却益というのは、クラサワコミュニケーションとウェブキャッシング・ドットコムの2社の買収に際し、同じように傘下の投資事業組合を通じて交付されたライブドア株を売却して得た利益を計上しているものです（前述の通り、ライブドアマーケティングの株式売却益は入っていません）。

最後に、ライブドアマーケティング株を売却した投資事業組合の利益を「ライブドアの利益」として計上したことが不問に付されていることです。すでにライブドア傘下であったマネーライフが、後の株式交換で初めて傘下に入ったように装ったことと、4億円の価値を外部機関が算定したように装ったことが偽計に当たるとされているのです。

もう一つ、7200万円の価値しかないマネーライフが、4億円のライブドアマーケティング株に化けたことが問題とされているわけではないことです。何らかの取引があったのでしょう。

つまり、当時のライブドアマーケティングの代表取締役だったと言われています。何ら

かの取引があったのでしょう。

＊　＊　＊

ここでも不思議なことがあります。第2の犯罪（粉飾）とされたのは、クラサワコミュニケーションやウェブキャッシング・ドットコムの株式交換で得たライブドア株を投資事業組合で売却し、その利益をライブドアの利益に取り込んだことなのですが、これらは第1の犯罪の偽計には当たっていません。

つまり、利益として計上した行為は犯罪なのに、株を手に入れて考えるとたかだか53億円の粉飾事件なのです。善悪で言うと確かに悪ですが、それほどの重大犯罪ではなかったはずです。堀江元社長の日々の行動を好ましく思わなかった勢力がいたのでしょう。

怖いのは、検察の立件したのは非常に小さい部分だけで、しかも前述のように構成に少なからず不思議なところがあります。しかし、裁判所の判断には「総論が悪」が根本にあることです。

検察は最小限の立件を行い、後は世論と裁判所の「良識」に任せたのです。その結果が2年6カ月の実刑でした。（つづく）

犯罪とは善悪で決まるのではなく、最初からターゲットが都合よく構築され、それに応じたシナリオが都合よく立件されてしまうのです。ライブドア事件とは、突き詰めて言えば、都合の悪いところは無視されて立件されてしまうのでしょう。

＊　＊　＊

のでしょう。

＊　＊　＊

この2社を含む何件かは、堀江元社長が主犯の構造が崩れるか、あるいは逮捕された他の役員らの業務上横領を見逃して検察に有利な証言を取るために意識的に立件しなかったのであり、公訴権の濫用であると堀江元社長の弁護人が主張していました。多分事実

なのでしょう。

＊　＊　＊

さすがに情報提供者のライブドアマーケティング代表取締役も逮捕しなければならなかったからでしょう。

「ライブドア事件」とは何だったのか その2

2011年6月24日 闇株新聞 縮刷版

2006年1月の強制捜査から始まったライブドア事件は、堀江元社長らの逮捕・起訴に至ったのですが、2006年3月頃から、ライブドアが大量取得したニッポン放送株に関しての村上ファンドのインサイダー取引に矛先が向かい始めました。

＊　＊　＊

村上世彰元代表が、2004年11月8日、ライブドアからニッポン放送の株式を大量に買い付けるという話を聞き、翌日から2005年1月28日までに193万株余りのニッポン放送株を買い付けたのがインサイダー取引に当たるとされたものです。私の理解でも、これは完全にインサイダー取引です。

2006年6月5日に村上元代表が証券取引法違反（インサイダー取引）で逮捕されましたが、実態はさらに悪質で、村上ファンドはすでに保有していたニッポン放送株をライブドアに高値で買わせようと持ち掛け、堀江元社長らが食いついてくると、さらに買い乗せて利益を上げようとしたのでした。

村上元代表にも、堀江元社長と同じように、好ましく思っていないライブドア関係者がみんな逮捕されているので、効率良く事情聴取ができたことは容易に推察できます。事実、この件ではライブドア関係者は一切起訴されていません。

＊　＊　＊

「村上ファンド事件」の裁判で一貫して争われたのが、ライブドアがニッポン放送株式を大量に買い付けるという「重要情報」の信憑性でした。村上元代表は「ライブドアが必要資金の目途がつくはずがないと思っていた」と主張していました。

2011年6月7日、最高裁が村上元代表の上告を棄却したのでん。最高裁の判断なので口を挟むことは差し控えますが、非常にユニークな判断だと言わざるを得ません。

＊　＊　＊

（たぶん）村上元代表から話を持ちかけられたライブドアは、2005年2月8日の時間外取引で、ニッポン放送の発行済み株数の29.6％に当たる972万株強を買い、それまでの保有分と合わせ35％の株主になりました。

ここで問題となったのは、東証の時間外取引が「市場内取引」か

どうかです。金融商品取引法で強化されたTOBルールが施行されたのは、2006年11月。これにより、市場外・相対取引を含め一定期間に発行済み株数の33・3％以上を取得する場合はTOBの手続きが必要となったのですが、当時の旧証券取引法でも同様の考え方はありました。

つまり、時間外取引が市場内取引でなければTOBの手続きが必要となったはずなのですが、これは完全にうやむやにしてしまいました。

しかし、この件が現行のTOBルールを必要以上に厳しいものにして、機動的に使えなくしてしまったことは事実です。

＊　＊　＊

それよりも市場の注目を浴びたのは、ライブドアがその資金を調達するためにリーマンブラザーズを割当先にした800億円の転換社債を発行したことです。いろいろ解説が出ましたが、基本の仕組みは非常に簡単でした。

リーマンブラザーズは貸株をある程度確保しておき（堀江元社長が貸株した）、先に市場で株式を売却して売れた分だけを転換するわけですが、その時の転換価格が自動的に時価の10％引きになるというものでした。貸株は転換社債を転換して株券が来るまでの、ほんの数日分があれば足りるのです。

リーマンブラザーズはできるだけ淡々と売却して10％の鞘だけを確保しただけで、巷間言われたように株価を安くしてできるだけ大量の株式を得ようとしている、などはあり得なかったのです。

明らかにリスクに比べてリターンが多い取引なのですが、こういう取引をするのは当時でもリーマンブラザーズだけでした。そのリーマンも、今は潰れてしまいました。

結局、この800億円はリーマンが出したのではなく（形式的にはそうなのですが）、実際は市場が供給したのです。それくらい厚い株式市場だったということです。今では想像もつきません。

2013年3月27日に、堀江元社長が仮出所しました。2年半の実刑判決で、1年9カ月の間「塀の中」にいたことになります。改めてコメントすることは差し控えますが、この事件が忘れ去られる前に、もう一度だけ「じっくり」読んでみてください。

2011年9月1日 旧大蔵省 vs 検察庁の勢力争いと日債銀粉飾決算事件 その1

2011年8月30日、東京高等裁判所が旧・日本債券信用銀行（以下・日債銀、現・あおぞら銀行）の粉飾決算事件で、証券取引法違反（有価証券報告書の虚偽記載）の罪に問われていた元会長・元頭取ら3名に対し、逆転無罪を言い渡しました。

事件は、1998年12月に経営破綻し、当時の金融再生法の下で特別公的管理・一時国有化された旧・日債銀が、1998年3月期の決算で旧大蔵省が前年に出した厳格な資産査定基準に従わず、不良債権を1592億円少なく見せかけた虚偽の有価証券報告書を提出したというものでした。

一審・二審とも執行猶予付きの有罪判決だったのですが、2009年に最高裁が「当時は過渡期で（不良債権を甘く査定する）旧基準も許容されていた」として、旧基準に照らし合わせて違法かを審理し直すため、高裁に差し戻していました。

この最高裁の差し戻し判断が出た時点で、無罪判決がある程度予想されていました。また、ほとんど同時期に破綻した全く同様の旧・日本長期信用銀行（以下、長銀）事件でも、2008年7月、旧経営陣に対して逆転の無罪判決が出ていました。

＊　＊　＊

旧・日債銀事件も旧・長銀事件も、構図はまったく同じでした。

十分な店舗網を持たない後発の銀行が、バブル時に無理な融資拡大に走った結果、経営破綻。それにより、投入されていた多額の公的資金が毀損したため、検察がその責任を追及し、経営破綻時の経営陣を逮捕・起訴したのでした。

ところが、そもそも経営破綻の原因を作ったバブル時の経営陣は全く御咎めのないまま多額の退職金をもらい、自主返納を求められてもほとんど応じませんでした。

＊　＊　＊

旧・日債銀事件の方は、検察側がもう一度控訴できますが、恐らく事件そのものはこれで終了し、以後マスコミに取り上げられることもなく、風化して行くものと思われます。しかし、風化する前にぜひその時代背景をもう一度掘り返しておきたいので、取り上げることにしました。

両事件とも東京地検特捜部の扱いです。特捜部の取り上げる事件

は、全て時代背景があり、全てが「国策捜査」といってよいのです。従って、特捜部が取り扱った事件が上級審で逆転無罪になることは非常に珍しく、旧・日債銀、旧・長銀の両事件とも、いかに「国策捜査」といえども最高裁判所が許容できないほどの「無理筋」の事件だったことになります。

何故そのようなことになったのでしょう？　そう言うと、それは「多額の公的資金を投入した銀行が破綻したため、見せしめにでも経営陣を逮捕しなければならない」と考えられ、確かにそういう側面もあります。

しかし、検察庁も含めた「官僚の理論」や「官僚の暗闘」は、もっともっと複雑で陰湿なのです。

＊　＊　＊

「官僚の中の官僚」は、全ての省庁の予算配分権を持っている旧・大蔵官僚です。

検察庁（もちろん特捜部も含む）

も組織的には法務省に属しており、法務省も旧・大蔵省から予算を配分してもらっているのですが、両省の関係は非常に微妙なのです。両省ともプライドの塊だからです。

だから、検察庁（特に特捜部）では、国会議員と並んで大蔵官僚（それもキャリア）を逮捕・起訴することが勲章のように思われているのです。

ついにそれが叶うのが1998年3月のことで、金融機関から過剰接待を受けて便宜を図った容疑で、キャリアの大蔵官僚（1人）が逮捕・起訴されました。

キャリアの大蔵官僚の逮捕は、昭和23年「昭電疑獄」の福田赳夫・大蔵省主計局長（後の首相）以来のことだったのです。

その図ったと言われる「便宜」の中に、旧・大蔵省の銀行検査に対する「手心」も含まれていると考えられたのです。（つづく）

闇株新聞コラム

沖縄密約事件と国策捜査闇のサークル

昨年、日本テレビで山崎豊子原作のドラマ『運命の人』が放映されました。題材は、1971年6月17日に日米で調印された「沖縄返還条約」を巡り、400万ドル（当時のレートで約12億円）の経費を日本が密かに肩代わりしていたことを示す秘密電文（コピー）を毎日新聞記者・西山太吉氏が入手し、情報を漏洩した外務省女性秘書官と共に「国家公務員法違反」で逮捕・起訴された事件です。

米国側の機密指定は2000年頃に解除され、「密約」の存在はもちろん、日本が肩代わりした費用が1億8700万ドル（当時で約576億円）であったことがはっきりと書かれています。

問題の本質は、沖縄返還のため当時の政府が576億円を支払った判断ではなく（その是非は後世が判断すべきもの）、現在に至るまで政府も官僚もこの件について「知らぬ存ぜぬ」を貫き通している不気味さです。

また西山氏らが文書開示を求めた「密約訴訟」でも、一審では開示を命じる判決が出たものの高裁が文書の意識的破棄の可能性まで言及しながら「無いものは開示する必要がない」と本質を避けた判断をしている不気味さなのです。

「沖縄密約事件」とは「国を挙げての隠蔽工作」「捜査当局の協力」「迎合するマスコミ」「権力に靡く裁判所」が集った「国策捜査サークル」の傑作です。この構図は現在も健在であり、本紙が全力で書こうとしている問題のすべてが凝縮されているのです。

2011年9月6日 旧大蔵省vs検察庁の勢力争いと日債銀粉飾決算事件 その2

破綻した旧・日債銀と旧・長銀の経営陣（破綻させる原因を作った経営陣ではなく、破綻時にたまたま経営陣だった人々）への無罪判決が出ているのですが、そもそも何故こんな「無理筋」を事件化したのかを考えていくと、どうしても旧大蔵省と検察庁の勢力争いの構図が見えてきます。

これは全ての省庁（検察庁が組織的に属している法務省も含む）の予算配分権を握っている旧大蔵省と、捜査・逮捕・公訴権を独占的に持つ検察庁の「暗闘」です。

そして怖いのは、その外部からうかがい知れない「暗闘」の弊害が、必ず民間に回されていることなのです。

＊　＊　＊　＊

1994年に表面化した東京２信用組合の乱脈融資事件で、理事長の高橋治則（イ・アイ・イ インターナショナル代表、2005年7月に死去）を特捜部が逮捕したものの、その高橋から金銭の提供を含む常識外れの接待を受けていた大蔵省の2名のキャリア官僚（主計局次長だった中島義雄と東京関税局長だった田谷廣明・ともに自主退職）には切り込めず、検察内部に不満が残っていました。

1997年の総会屋・小池隆一への利益供与事件で、大手証券・大手銀行の現職経営陣が軒並み逮捕されたのですが、その時に特捜部が大手証券・大手銀行から押収していた大量の資料から、大蔵官僚への接待の伝票が山ほど出てきたのでした。

そこで先回、中島や田谷を取り逃がしていた特捜部が、今度こそ現職キャリア官僚を逮捕するチャンスだと色めき立つのです。

幾つかのルートに分かれた捜査の結果、1998年初めに大蔵省から待望の現職のキャリア官僚（証券局課長補佐）1名を含む、計5名を収賄容疑で逮捕しました。その中にはキャリアOBの道路公団理事、ノンキャリアの金融証券検査室長などが含まれていました。別に、日銀の現職証券課長も逮捕しました。金融機関からの接待を収賄と認定したのです。

実は、捜査の途中で、何と検察庁から大蔵省へ出向していた2人の現職検事までが接待を受けていたことが分かったのですが、見事にモミ消されました。これについては、石塚健司氏の『特捜崩壊』（2011年7月15日発行・講談社）に詳しく出ています。

＊　＊　＊　＊

この捜査は、特捜部お得意のやり方で、最初からキャリア官僚1人のみをターゲットにし、贈賄側の金融機関の幹部や同僚の大蔵官僚を連日厳しく取り調べやっと4

００万円程の収賄を立件したのでした。しかも「現金授受」ではなく「接待」そのものを「収賄」と認定した「無理筋」であり、肝心の職務権限を使った「受託収賄」までは切り込めず、「単純収賄」で起訴したということでした。とにかくキャリア官僚１人を逮捕することが目的だったのです。裁判では、全員が執行猶予付きの有罪判決を受けました。

大蔵省としても、そうなると内部処分をせざるを得ず１１２人もの大量処分者を出し、「接待王」と言われていた官房審議官（銀行担当）の杉井孝と証券局長の長野庬士を自主退職させました。

しかし、特捜部の捜査は常に政治的背景があり、その結果は大蔵省が解体され、特別、金融庁と財務省に分

離されます。これはそもそも橋本内閣時の省庁再編では一旦見送られていたものが、この事件で復活したのです。

そして（これが最重要なのですが、本来は大蔵省の天下りポストであったところが次々と法務省・検察庁に奪われてしまいました。大蔵省の下部組織のはずの証券取引等監視委員会委員長、預金保険機構理事長、公正取引委員会委員長などです。

さらに事件の最中の１９９８年６月に発足した金融監督庁（後の金融庁）の初代長官まで元名古屋高検検事長の日野正晴から、検察庁がここまで旧大蔵省の領域を浸食し、その影響が現在まで至る景気低迷を引き起こしているとも言えます。

極論すれば、職務権限なしの僅か４００万円の単純収賄で大蔵キャリア官僚１人を逮捕した結果、大蔵省の「貸し渋り」につながりました。また、証券行政に対する異常な厳しさも同様です。証券市場は自由度を奪われ、すっかり萎縮してしまいました。

＊　＊　＊

ここから銀行に対する検査が異常に厳しくなりました。表題の旧・日債銀事件や旧・長銀事件が起こった背景です。銀行に対する検査の厳しさは、銀行の「貸し渋り」「貸し剥がし」につながりました。

＊　＊　＊

【出版にあたってのつけ加え】
証券取引等監視委員会委員長以外のポストは、ほどなく財務省が取り戻しています。また日債銀（現・あおぞら銀行）は、その後ソフトバンクを経てサーベラスが過半数の議決権を保有しています。外資に甘い日本の当局が公的資金の返済（普通株への転換）を猶予しています。サーベラスと言えば、最近は西武ＨＤに対する敵対的ＴＯＢで、持ち株比率を引き上げようとしています。

なってしまいます。特に重要なのは、法務大臣、財務大臣、防衛大臣なのですが頼りなさそうですね。

＊　＊　＊

まず、これをきっかけに大蔵省が解体され、金融庁と財務省に分かれ、逮捕された大蔵官僚の中に金融検査の関係者がいたため、金融・証券市場の監視権限は、完全に検察庁に移って現在に至っているのです。

また、逮捕された大蔵官僚の中に金融検査の関係者がいたため、金融・証券市場の監視権限は、完全に検察庁に移って現在に至っているのです。

ここで、金融・証券市場の監視権限は、完全に検察庁に移って現在に至っているのです。

証券取引等監視委員会も金融庁（トップが検察庁出身者）の下部組織に組み込まれたのでした。

本来は、こうした暴走を食い止め、官僚が国民のために働くよう導くのが、国民の負託を受けた内閣の役割なのですが、野田新内閣（記事掲載当時）の各閣僚の会見を聞いていると暗澹たる気持ちに

企業総合　1版【縮刷版】　闇株新聞　2012年（平成24年）7月5日（木曜日）

2012年7月5日
野村証券が当局の機嫌を損ねた!?
ANAの「やっかいな」増資発表

2012年7月3日。昼のニュースが「ANA（全日本空輸、コード9202）が2000億円規模の増資を検討している」と報じました。会社発表を伝えたのではなく、NHKの取材によるニュースでした。

同日の日経新聞夕刊の1面トップにも、同様の記事が出ています。記事の締め切り時間からして、NHKと同じようなタイミングで書かれたはずです。

それを受けて同日午後1時20分頃、ANAが「本日の一部報道について」として「現時点では決定した事実はありません。開示すべき事実が決定した場合は、速やかに公表します」とのIR（投資家向け発表）を出しました。

そして同日の午後4時に「新株式発行並びに株式売り出しについてのお知らせ」のIRが出ました。2時間半ほどの間に「大急ぎで決定した」ようです。

＊　＊　＊　＊

発表された内容は9億140万株の株式発行で、うち6億1400万株が国内分、3億株が海外分となっています。これとは別に8600万株のオーバーアロットメントによる売り出しとカバーのための第三者割当増資があるため、最大で10億株の新株発行となります。

国内発行分の共同主幹事は、野村証券、ゴールドマン・サックス証券、JPモルガン証券の3社。海外発行分は、ゴールドマン・サックス・インターナショナル、JPモルガン・セキュリティーズ、ノムラ・インターナショナル、ドイチェバンクAG、オーバーアロットメントとカバーのための第三者割当増資は野村証券に対してとなっています。

現在の発行株数が25億2495万株ほどなので28.3％の希薄化となります。それより、つい先日の株主総会では全く予告していない巨額増資の発表は、潰れる前のJALと全く同じです。

＊　＊　＊　＊

ANAの株価（出来高）は、先週末の6月29日が226円（1595万株）、7月2日が224円（2404万株）でした。ニュースで後場寄りから急落し、193円（1億427万株）となり（増資IRは同日の午後4時）、翌7月4日は195円（7843万株）でした。

最近当局が、ことのほか神経質になっている「増資インサイダー」の観点から問題点を整理すると、通常の1日の出来高が1000万株以下なので、明らかに増えてい

この件が理由ではなかったのですが、度重なる増資インサイダー事件の責任を取って（取らされて）野村HDの渡部CEOと柴田COOが辞任しました。2012年は増資インサイダー事件が「突然」数多く摘発され、渡部CEOらの辞任を受けて「何事もなかった」ように静かになってしまいました。

200

以下のようになります。

ANAのIRに数時間先行したNHKのニュースは、会社発表を報じているのではなく「NHKの取材による独自記事」です。慣習的には報道機関の取材による独自記事は「インサイダー情報」とは見なされません。従ってNHKニュースを見てからANA株を売却（空売りを含む）してもインサイダー取引にはなりません（もっともニュース直後の後場寄りから急落しているのであまり意味はないのですが）。

ただ、本年1月に逮捕された経済産業省・元審議官のインサイダー取引でも、それ以前に報道機関の「独自記事」が多数出ていました。結局は当局（金融庁と証券取引等監視委員会）の「裁量」「認定」による判断となるため「狙われていた場合」は安全とは言えません。

＊　＊　＊

ANAのIRは、「その時点で決定した事実はありません」とのIRは、「その時点で増資の機関決定（取締役会）を開いていなかった」ということで、あとの主幹事は見事に「その通りなのでしょう。

ただ、増資の手続きは、財務局や東京証券取引所への事前相談は「最低2週間前」というルールがあり、「どの時点で増資が実質的に決定していたのか」が問題になれば、これも当局の「裁量」「認定」による判断となり「虚偽開示」「認定」になる可能性もあります。

また、ANA株の7月3日時点の「空売り」残高には、幹事に入っているノムラ・インターナショナルやドイチェバンクAGの名前もあります。「たまたま」の顧客注文とするのでしょうが、疑わしいものもあるはずです。

＊　＊　＊

にぶつけてきた」「それを主導したのが主幹事の野村証券である」などで当局のご機嫌を損ねてしまい、あとの主幹事は見事に「聖域」の外資系証券ばかりなので、野村証券だけがあらゆる「裁量」「認定」による判断で「クロ」とされてしまいそうな「やっかいな」増資発表であったことは間違いありません。

＊　＊　＊

直感的に思うのは「せっかくのJAL再上場で公的保有分が高値で売却できると思っていたところANAが午後1時20分に出した

2012年8月7日 鴻海に翻弄されたシャープ経営陣の逆走

シャープの株価が下げ止まりません。2012年8月6日の終値は181円となり、時価総額は2010年円まで落ち込みました。

シャープは2012年3月27日、台湾の鴻海（ホンハイ）精密工業グループ4社に合計で（増資後の議決権比率）9.9%の第三者割当増資を行い、669億円を調達するIR（投資家向け発表）を出しました。

同時に、シャープが92・96%を保有するシャープディスプレイプロダクト株式会社の持分の半分を、660億円で鴻海精密工業の郭台銘（テリー・ゴー）会長に売却することも発表しています。

このIRが出た直後は株価は600円台を回復していたのですが……。

＊　＊　＊　＊

た。それが本決算発表では「3760億円の赤字」となりました。さらに8月2日に発表された2012年4～6月期の第1四半期決算も「1384億円の赤字」であったことが判明しました。

2012年6月末の時点で、純資産が4788億円、現預金が2200億円。これに対して有利子負債が1兆2500億円（うち来年9月償還の転換社債が2000億円）、液晶パネル在庫を中心とする棚卸資産が5100億円もあります。かなりの「危機的状況」と言えます。

そこへ8月3日になり、鴻海精密工業が3月に合意した第三者割当増資の合意内容の見直しを「合意」したと発表し（シャープは否定）、一気に不安が出て株価急落となったわけです。

そこで3月27日のIRをもう一度よく見てみました。当時から指摘されていたのですが、不思議な

＊　＊　＊

これには「各国の競争当局の企業結合に関する届出許可等が得られ次第、速やかに払い込まれる予定です」との注釈がついています。

5月31日～平成25年3月26日とされています。

にある「払込み期間」が平成24年ことに第三者割当の「募集の概要」

が、別に合併でもなく、主要株主に当たらない9.9%の株式を取得するだけなので「正しい理由はない」ような気がします。

＊　＊　＊

要するに「払込みはIR発表後1年経過するまでの間に行う」としておきながら、「払込み価格の見直し条項を何も入れていない」ということは、最初から「値下が

日本と台湾の独禁法にかかる許可のことだと「推測」されるのです。

シャープの2011年3月期決算予想は2月の下方修正で「2900億円の赤字」とされていまし

りしたら払い込みませんよ」ということなのです。

実際に鴻海精密工業は、IR発表後にシャープ本社と出資予定の子会社にそれぞれ10人以上の「精鋭部隊」を常駐させており、1円も使わずにこれらの「中身」を完全に精査し、今後の「あらゆる事態」に有利な立場を確保しているのです。

そもそも鴻海精密工業としても、最初から9.9％という「中途半端な資本参加」が本来の目的ではなかったはずです。まあ「丸ごと格安でとるか、手に負えなかったら1円も使わずに撤退する」だったはずです。

シャープにしても「9.9％という実質的には何の意味も無い株主になってもらい、鴻海の名前を利用して、銀行などの交渉を有利に運びたい」という思惑もあったはずです。

問題は、IR発表時にシャープ

が「鴻海精密工業の意図を正しく理解していたか」です。場合によっては「虚偽開示」となります。こういう意味で、問題が大きくなっていくような気がします。

＊　＊　＊　＊

これに非常によく似たケースが過去にあります。

1997年、日本長期信用銀行（現・新生銀行、以下「長銀」）が スイス銀行（SBC）と、2000億円の増資引き受けを含む資本業務提携契約を締結していました。これもSBC側としては「取り敢えず手を挙げて中身を徹底的に精査し、だめなら1円も使わずに撤退する」だったはずです。

実際には1998年3月期決算で大蔵省（当時）が突然資産査定の基準を厳しくしたため、長銀は「決算が大幅赤字になる可能性が出てきた」と（たぶん）業務提携契約に基づいてSBCに通告しました。するとSBCは即刻に資本

業務提携を破棄し、ついでに長期信用銀行の株式を「大量に空売り」したのです。これで200円前後だった株価が50円割れとなり、長銀は破綻してしまいました。

もちろんSBCが道義的なものも含めて、その責任を追及されることはありませんでした。

＊　＊　＊　＊

【出版にあたってのつけ加え】払い込み期限の2013年3月

26日まで待っても、当然のように鴻海からの払い込みはありませんでした。シャープは2013年3月にサムソンから104億円の出資を受け入れたのですが、クアルコムからは2回目の50億円の出資は延期になっています。

またシャープは、2013年4月になってから1000億円規模の公募増資を計画中と報じられています。

2012年9月4日 JALの再上場と儲けた政府に期待すること

2012年8月30日、JAL(日本航空、コード9201)の「株式売り出しに関する仮条件」が1株当たり3500円〜3790円に決定されました。

ブックビルディング方式による需要積み上げが始まっており、9月10日が売り出し価格決定、9月11日〜14日が申込み期間(つまり申込み代金支払い)、9月19日が株券交付および上場日となります。

今回は政府(企業再生支援機構)の保有する1億7500万株(発行済の96.5%)のみが売り出され、投入した3500億円の公的資金が最大で6600億円ほどになります。また1億7500万株のうち1億3125万株が国内、4375万株が海外で売り出されます。

2010年の第一生命に次ぐ、史上3番目の規模です。2012年5月に大騒ぎしたフェイスブック(米国)の調達額160億ドル(=約1兆2500億円)の半分もあるのです。

これだけ売買代金が減少して流動性が無くなっている日本の証券市場にとっては「とてつもなく巨額な金額」が吸い上げられることになります。また海外での募集分が25%しかないため、6600億円のうち5000億円近い資金を国内で「かき集め」なければなりません。

当たり前の話なのですが、JALは新規上場(正確には再上場なのですが、以前の株券はすべて紙屑になっており存在しません)なので、上場日までは取引されておらず、価格変動リスクを回避する方法がありません。

唯一考えられる方法は、上場している類似銘柄のANA(全日本空輸、コード9202)を空売りすることです。確かに仮条件発表翌日である8月31日の全日空の出来高は、通常より2000万株ほど増えていました。しかし、2000万株といっても売買代金では35億円ほどなので、JAL売り出しのための空売りとしても微々たるものです。

そのANAは、2012年7月に公募増資を行い、最終的に9億9146万株を発行して1736億円(手取り概算)を調達しました。これはANA株が日々取引されている中で、3億株を海外で発行し(貸株調達による空売りも活発に入り、国内販売分は野村証券が必死で主幹事業務を行い、発表前日の7月2日の引

 *   *   *   *   *

株式市場から調達される6600億円は、単純に金額だけで比較しても1988年のNTT、

値224円に対しANAの最終手取り価格176・32円までの値下がりを容認して「やっと手にした1736億円」なのです。

JAL株は世界中どこでも取引されていない中で、海外販売の25％も貸株調達ができず、野村證券は幹事には入っているものの大和證券より下の立場で士気が上がらない中で、6600億円をかき集めなければならないのです。「とても」大変だと思います。

そして、その6600億円はそっくり政府（企業再生支援機構）に入ってしまい、株式市場に還流することはほぼ絶対にありません。

＊　＊　＊

JALは全従業員の3割にあたる1万6000人を整理、年金を3～5割カットしました。銀行は貸付債権の87・5％に当たる5200億円を放棄しました。株主の株券は全て紙屑になりました。それぞれが応分の「負担」を

引受けた後、唯一政府（企業再生支援機構）のみが3500億円の出資で手に入れたのです。その3500億円が6600億円になって戻ってくるのですが、その6600億円は株式市場の乏しい資金の中から支払われるのです。

さらに今後、最長9年間にわたって4000億円とも言われる税収が失われます。失うのは税務署ではなく国民です。

それでもJAL再上場は、株式市場を使った企業再生・公的資金回収のモデルケースになります。「政府だけが儲けるのはけしからん」などと言うつもりもありません。また、政府が今まで以上に株式市場を利用して公的資金の回収だけでなく、政府保有株の売り出しや政府機関の民営化・株式上場などを進めることにも大賛成です。

であるならば、株式市場をますます監視や規制だらけにするのではなく、少しは使い勝手の良い

のしてほしいのです。別に特別なことは必要ありません。2005年頃の状態に戻すだけでいいのです。その後に監視体制も含めて「過剰介入」したためにおかしくなったのです。

株式市場は先進国の重要インフラです。JALで少し「良い思い」をしたなら、もっと「良い思い」ができるように工夫すればよいのです。

2012年11月1日　SBIホールディングス株主に村上ファンド——その意図は!?

今週発行の『週刊ポスト』（2012年11月9日号）に、村上世彰氏が関係していると思われるファンドがSBIホールディングスの大株主として登場したことについて、いろいろ背景を推測した記事が出ています。

このファンドは本年夏頃から積極的な株式投資を始めたようで、数銘柄の大量報告書（5%超保有）が提出されています。その中でも最大のものがSBIホールディングスで、共同保有者分も合わせて5.85%（73億円相当）を握っているようです。ただし、すべての銘柄は信用取引を交え市場で取得しています。

刊ポスト』の推測とは関係なく、単純に「儲かると考えたから」だけでしょう。その根拠を詮索することはもっと意味がないのですが、もし村上氏が意思決定に参画しているのなら、彼の株式市場に対する基本観があまり変わっていないように感じられます。

　　　＊　　＊　　＊

このファンドの取得理由は『週刊ポスト』の推測とは関係なく、2005年以前の村上氏の基本

さて、今週発行の『週刊ポスト』（2012年11月9日号）に、村上世彰氏が関係していると思われるファンドがSBIホールディングスの大株主として登場したことについて、いろいろ背景を推測した記事が出ています。

　　　＊　　＊　　＊

けではないのですが、これだけでは経済事件にはなりません。そもそも経済事件とは、捜査当局を含む官僚組織にとって「意味のある」あるいは「取り上げるととまずい」順番に事件化していくので、まずSBIホールディングスや北尾氏が何らかの理由で捜査対象にならなければなりません。

つまり、経済事件とは「悪質な

まあグレーなところを取り上げれば「保有株式価値の水増しや高値売却（疎開と言います）」による「その決算書を使った株価操作」などがあるのですが、これだ

仮にSBIが捜査対象に選ばれると思うのですが、これらは捜査当局が都合よく選んでくれるので（時々びっくりするような「容疑」が選ばれています）、現段階で法令違反であるかどうかを議論するのは全く無意味です。

順番」に事件化しているわけではないのです。今のところSBIや北尾氏が捜査対象になっているようには見えません。SBIが銀行免許や証券免許を持っているから捜査対象になる順番が変わるわけでもありません。

仮にSBIが捜査対象に選ばれれば、上記のような「容疑」にな

SBIホールディングス（コード8473）については、身売り話を含めて余り良くない話題が報道されていますが、これが「経済事件化」するかと言えば全く別の話です。子会社のSBI証券に証券取引等監視委員会の検査が入ったとの報道もありますが、単なる定期検査です。

的な考え方は「上場会社は株主のもので、大株主になれば会社を支配でき、会社資産を自由に出来る」というもので、今までの経営陣・社員・取引先・株主らが営々と築き上げた有形無形の財産をすべて「割安に合法的に」奪取してしまおうとするものだったはずです。

この考え方は証券市場に長く関わる人間にとって「決して賛同できない」ものであり、まさに「野蛮な来訪者」(※注)でした。

では、当時の村上氏の成果はと言えば、確かに保有株式は大いに上昇したのですが、経営権の取得に成功した例はなく、結局のところ「鞘取り業者」だったことになります。

倫理的な議論を抜きにしても、こういう村上氏の基本観が変わっていないとすれば、今回も「成功は難しい」かもしれません。

＊　＊　＊

なるほど2005年までに比べ、割安だった銘柄はますます割安になっており、チャンスが増大しているように見えます。

経験的に言って、現在割安な株価が自然に修正されることはなく、一時的に上昇したとしても、そこで売却するためには以前のような「発行会社への高値での買取要求」や「第三者を誘い込んでの高値売却」が必要となります。

つまり株式市場で割安に放置されている銘柄にはそれなりの理由があり、保有しているだけだとますます割安になってしまうのです。株式市場には「誰も発見していない、買うだけで儲かる割安銘柄」などあるはずがないのです。

（※注）1985年のKKRによるRJRナビスコ買収劇の本で、原題はBarbarians at the Gateです。総額250億ドルの買主総額は、2007年の同じKKRによるTXU買収（450億ドル）に破られるまで記録となっていました。

闇株新聞 Q&A　シェールガスが世界に与える影響は？

【質問】
シェールガスとメタンハイドレートが、市場に与える影響はどの程度にみていますでしょうか？
また、米国株高との関係はありますでしょうか？

【答え】
シェールガス、シェールオイルは、実際に北米を中心に商業生産が進んでおり、数年後には米国が世界最大のオイル・ガス産出国になるとも言われています。一方、日本近海で有望とされるメタンハイドレートは、まだ商業生産の目途がついておらず、並列に論ずることはできません。

シェールガス（オイル）に限って考えますと、間違いなく米国の国力拡大、貿易収支（経常収支）の改善、そしてドル高に結びつきます。今日の好調な米国株高の原因にももちろんなっています。

現時点で最も大きいと思うのは、原油価格が落ち着くとインフレ懸念がその分だけ落着くため、FRBの積極的な金融緩和（QE3）を長続させられることです。

しかし、世界の戦略商品であるエネルギー関連の需給関係が大きく変わることは、それだけ国際政治にも与える影響が大きくなります。米国の中東への関心が低下し、そうでなくても複雑な中東情勢への影響も懸念されます。ますます抑止力が効かなくなりそうです。

日本も、国際的に高度な外交戦略が必要とされてきます。特に日本はエネルギーや資源などの戦略商品が無いため、非常に限られた戦略で戦う必要があります。

2012年10月4日 凋落の原因はどこにあるのか ソニーの戦略なき投資戦略

最近、ソニー（コード6758）に関して、株式市場で2つ動きがありました。

新しい方から書きますと、9月28日にオリンパス（コード7733）への第三者割当増資を発表しました。最終的には3438万7900株を1株当たり1454円で引き受けて、議決権割合で11・46％の筆頭株主となります。投資総額は500億円ちょうです。

ただし、すぐに払い込むのは1310万株（190億円）で、残りは来年2月末までに払い込みます。これは、世界各国（特にブラジル）で承認が必要とされる可能性があるからで、シャープ（コード6753）を振り回している鴻海のケースとは全く違います。

　　＊　　＊　　＊

オリンパスが資本業務提携先としてソニーを選んだ理由は、ソニーが今回の増資に際して付けた条件が非常に緩やかだった（というよりほとんど付けていない）からです。取締役1人の派遣でさえも、オリンパスは「最大限の努力をする」と言っているだけです。

医療事業については両社で資本金5000万円の合弁会社を設立します。ソニーはこの合弁会社の51％を出資し、取締役の過半数（7人のうち4人）を占めるのですが、IR（投資家向け発表）資料によりますと、ソニーがオリンパスに払い込む5000億円のうちの90億円が、この合弁会社の事業推進に使われるだけです。つまり、あとの410億円は「どうぞご自由にお使いください」となるのです。

要するにソニーは、オリンパス本体の経営には何の影響力も持てません。11・46％の議決権だけでは何もできないからです。なんとしてもこういう時期に「おおらかな」話です。

　　＊　　＊　　＊

また、ソニーは8月9日に、連結上場企業のソネットエンタテインメント（以下、「ソネット」・コード3789）をTOBして完全子会社化すると発表しました。ソニーとソネット双方の企業価値を最大化するためだと説明しています。

ところが、TOB発表前にはソニー及びソニーファイナンス（コード8729）の合計で、議決権の58・18％を所有していました。つまりソニーはソネットを「すでに支配していた」のです。

そこへ残余の10万7772株を対象として、1株当たり56万7500円、総額611億円のTOBを発表し、9月21日に9万6511株を買い付けたと発表しました。今後ソネットは、全

2013年3月8日、ソニーのストリンガー取締役会議長（元CEO）が退任すると発表しました。外国人CEOだったという以外には「何ひとつ」実績がなく、ただ毎年10億円前後の報酬を受け取っていただけです。

話が古くなるのですが、ソニーの映画部門を6000億円で買収する投資家グループの筆頭として20％も出資しているのです が、もっと意味の分からない投資でした。

これ以外にも、1988年にCBSレコードを買収しているのですが（現社名はソニー・ミュージック・エンタテインメント）、少なくともこれら映画や音楽のコンテンツが、ソニーの電機・電子製品製造事業とシナジー効果を出しているとは言えず、巨額資金を「投資」しただけなのです。

こうやって並べて考えてみます

と、何となくソニー低迷の根本的原因が分かるような気がします。

──

株取得のための定款変更などを経て上場廃止となります。TOB発表直前のソネットの株価は33万円前後でした。

会計的にはTOBを行わなくても、ソネットはソニーの連結子会社なので、ソネットの資産と負債、売り上げはすべてソニーが決算で取り込んでいました。ただし、ソネットの利益と配当は少数株主持ち分があるため、ソニーの決算には持ち株分だけが反映されていたことになります。

つまり、ソネットの42％弱に相当する少数株主分の利益と配当を取り込むために、611億円を投資したのです。確かに2012年3月期に4566億円の最終赤字を計上したソニーにとって全く意味が無いわけではないのですが、現金の有効活用の観点から「もっと重要な投資対象は無かったのか？」となります。

＊　＊　＊　＊

は1989年11月、米国映画制作会社のコロンビア・ピクチャーズを48億ドルもの巨費を投じて買収しました。コロンビアの持つ豊富なコンテンツが狙いだったのですが、明らかに「とんでもなく高い買い物」でした。さらに米国からは「日本の強引な米国買い」と、三菱地所のロックフェラーセンター買いと並んで大いに非難されました。

また、映画のノウハウが全く無かったため、現地の映画人をトップに据えて湯水のように金を使われてしまいました。コロンビアは今もソニー・ピクチャーズ・エンタテインメントの一部門となっていますが、ディズニー、20世紀フォックス、ワーナー、パラマウントなどの「メジャー」と比べると、やはり見劣りがします。

さらに2005年にも、メトロ・ゴールドウィン・メイヤー（MG

闇株新聞縮刷版

2012年12月11日 ソニーの新株予約権付社債のリパッケージ取引とは その1

ソニー（コード6758）が2012年11月30日に発行した1500億円の新株予約権付社債を、共同幹事4社のうちの1社・ゴールドマン・サックス証券が複数の投資家から買い取り、新株予約権と社債部分を分離し、社債部分だけを投資家に販売した（リパッケージ取引）と報道されています。

関連するSPC（特別目的会社）が、買い取った新株予約権付社債の大量保有報告書を提出しており、その内容から買い取りは発行日の11月30日で、額面1125億円（総発行額の75％）を単価101で買い取っていることが分かります。

新株予約権付社債は新株予約権と社債部分に分離できないため、SPCが新株予約権付社債を購入し、その償還金を裏付けに社債を発行して投資家に販売したはずです。

新株予約権付社債は無利息なので、SPCがその償還に合わせた5年債を発行した場合（3年目にコールオプションが付いているのでたぶん3年債のはずですが）、新株予約権分をゴールドマン・サックスが購入して代金をSPCに支払い、SPCがそれで利息を支払います。

単純に考えれば、ゴールドマンはこの社債部分の利息を出来るだけ少なくして転売し、新株予約権を「割安」で手に入れ、もちろん借株をしてデルタヘッジを加えながら売却「買戻し」を繰り返して「大儲け」するためとなります。

ここのところ債券利回りが低下しているので、ソニーの格付け（BBB・Baa3）でも「特に日本では」それなりの有利な条件で販売できたはずです。

　　　＊　　　＊　　　＊

ちょっと横道にそれますが、新株予約権付社債には最初から「法制的欠陥」があるのです。

新株予約権の概念は2001年の商法改正で導入されたのですが、その新株予約権は「有償」と決められています。現在でも新株予約権（だけ）の発行は必ず「有償」で、無償発行は有利発行として株主総会の特別決議が必要となります。

ところが新株予約権付社債の新株予約権部分は「無償」なのです。厳密に言えば「社債部分の利息相当分」が新株予約権の価格とも言えるのですが、だとすれば発行企業は新株予約権の価格を期間按分も同じはずで、「有償」の新株予約権と「権利行使した時に代理払い込みとなる」社債部分の合計価値でなければならないはずです。

この概念は新株予約権付社債で

で償却する必要があります。でも、そうなってはいません。

これは明らかに法整備段階のミスでした。実際に新株予約権付社債の発行が出始めた時に議論になったのですが「いろいろ苦しい理屈を考えて」そのままになりました。

ソニーの発行IR（投資家向け情報）で「本新株予約権付社債の概要」に「新株予約権と引き換えに金銭の払込みを要しないこととする理由」とわざわざ書かれているのは、その名残です。

＊　＊　＊

話を戻しますと、ゴールドマンは最近の日本債券市場の好環境と、この「法制的欠陥」をしっかりと捉えて、「とんでもなく割安」な新株予約権だけを大量に取得したと考えられるのですが、実際はそれも違います。

報道では一切詳しく書かれていないのでここからは本誌の推測と

なりますが、そもそも大半のヘッジファンドにとって、今回のソニーの新株予約権付社債は久々に発行された「おいしい大型投資物件」のはず。その75％がすぐに転売されるなどということは絶対にありません。

そこでもう1つ報道されている「もともとの投資家に新株予約権付社債を買い戻せる権利を新たに売却」が重要になってきます。

大半のヘッジファンドにしてみれば、社債部分に多額の資金を固定したくはないため、引き受けた新株予約権付社債をすぐゴールドマンに転売し、同時に新株予約権をいつでも「買い戻せる権利」を購入したことになります。

新株予約権を「買い戻せる権利」と言っても、実際に新株予約権を行使するときに必要なだけで、実際は償還時まで権利行使しないものなので（権利行使期限が残っている間はオプション価値が

残っているため、権利行使して捨てることはあり得ない）、ヘッジファンドにとっては「新株予約権」を保有しているのと同じ経済効果となります。

つまり新株予約権の価値と、新株予約権を「買い戻せる権利」の価値は、ほとんど同じなのです。

つまり、ゴールドマンは買い取ったソニーの新株予約権付社債から新株予約権を「買い戻せる権利」を、3年として（たぶん）額面の8～9％でヘッジファンドに売却し、一方で社債部分を3年分の利息として（たぶん）3～4％で日本の投資家に売却し、最初にヘッジファンドに1％支払っているため、合計で4％ほどの収益をすでに手にしているのです（もっと多いかもしれません）。

額面が1125億円なので軽く数十億円を、通常の引受手数料とは別に確保したのです。

ついでに言うとゴールドマンは

業界トップのプライムブローカーでもあるため、これに関するヘッジファンドの取引や借株の調達を独占的に行い、さらに収益が上がります。

＊　＊　＊

だったらソニーは最初から社債にしておけば、株価も長期にわたって低迷することも無くなります。ヘッジファンドが保有する新株予約権。仮に途中で株価が転換価格（957円）を上回ることがあっても、償還時にそれを下回っていればそっくり償還することになってしまいます。その価値（損失）相当分を、ゴールドマンに具現化されてしまったのです。

2012年12月12日 ソニーの新株予約権付社債のリパッケージ取引とは その2

ソニー（コード6758）の新株予約権付社債について、『闇株新聞』にいただいたコメントに対する答えを含め、もう少し補足しておきます。

まず「ゴールドマンは引受手数料とは別に、裁定取引分の利益を得て、それが巡り巡ってソニー株主の懐から出ていることになりますね？」とのコメントを頂いたのですが、正確には「引受手数料とは別にヘッジファンドの裁定取引分の利益と、さらにご丁寧にこれらヘッジファンドの裁定取引の上前をはねるゴールドマンの利益が追加されて、ソニー株主の懐から出ていることになる」のです。

　　＊　　＊　　＊

ソニーが仮に、さんざんヘッジファンドに収益機会を提供して最終的に全額が償還されてしまって も、その間はコストゼロで（引受手数料は別にして）資金調達が出来たので「知ったことか」と考えるなら、それは経営判断なので口出しは出来ません。しかし、そうではありません。

単純に「第三者割当増資や公募増資は当局のご機嫌や株主の利益を損ねてソニーの企業イメージを悪化させます。そこで新株予約権付社債ならコストもほとんどゼロで自己資本が拡充でき、まさにソニーにうってつけの資金調達ですよ」などとゴールドマンの担当者に囁かれて、その気になっただけだと思うのです。

ヘッジファンドやゴールドマンにとって、第三者割当増資や公募増資なら（インサイダー取引をしないとして）発表から値決め、払込みまでの「短期決戦」ですが、新株予約権付社債なら償還まで何年にもわたって収益機会が提供される「非常に旨味のある資金調達」であるだけの話です。

その背景には、日本の当局による「必要以上に第三者割当増資や公募増資に対する罪悪視」がある はずです。その結果、当局お気に入りのライツイシューも含めて、もっと株主の利益を損ねる事態が発生するのです。

　　＊　　＊　　＊

今回の仕組みは、たまたまゴールドマン関連のSPCが大量保有報告書を提出したため報道されたのですが、その大半は「10％を超える株主が出現したが、経営権取得を目的としていない」ことを画一的に強調していただけでした。本誌の解説が「絶対に正しい」と言うつもりもないのですが、少なくともその意味を考えた報道は、今に至るまで皆無です。

こういうマスコミの体質に、当局の一方的な「価値観」と、上場会社の「事なかれ主義」が合わさ

企業総合　1版【縮刷版】　闇株新聞　2012年（平成24年）12月12日（水曜日）

ると、ますます「知らないうちに」巨額の収益が株式市場から抜かれていくことになるのです。

残念ながら今回のゴールドマンの取引に問題はありません。これが米国市場なら「発行市場における名義借り」の犯罪（※注）なのですが、日本市場やユーロ市場では問題になりません。

それでも米系のゴールドマンは「名義借り」の怖さを熟知しているため、慎重に検討したはずです。もっとも新株予約権を「買い戻される権利」の売却とセットにしているので、サービスしたわけでも何でもありません。

＊　＊　＊

この取引の背景には、ゴールドマンが業界最大のプライムブローカーである優位性を利用したことがあるはずです。

プライムブローカー業務とは、ヘッジファンドに対し大量の注文執行だけでなく、マージン管理、借株の調達・返却、資産評価など巨額の収益を独占的に供給する非常に利益率の高い業務です。

金融危機以前はベアー・スターンズとリーマン・ブラザーズが最大手でしたが、どちらも破綻したためJPモルガンとゴールドマンがそれぞれ買収して、現在はほとんど2社独占となっています。

野村証券はリーマンの全く価値のない海外部門など引き受けず、このプライムブローカー部門だけを買収すべきだったと思います。

今回のゴールドマンのアイデアは、顧客のヘッジファンドとの会話のなかで出てきているような気がします。「知恵は現場にある」のです。

（注）1991年に当時最大の投資銀行だったソロモン・ブラザーズが国債入札で応札上限（35％）を超えないようにヘッジファンドのスタインハートなどの名義を借りた不正事件があり、ソロモン・ブラザーズが消滅する直接の原因になりました。

闇株新聞コラム
日本企業を叩くハゲワシが舞い降りる

ケビン・カーターという写真家が、内戦のスーダンで撮った衝撃的な写真があります。飢えで動けなくなった少女の傍らにハゲワシが舞い降り、彼女が息絶えるのを待っている場面を捉えたものです。

これは、不況、円高、大地震・原発事故等で競争力の衰えた日本企業と、そこを徹底的に叩いて儲けようと目論む、欧米の機関投資家やヘッジファンドの存在に重なります。

そしてついに、日本は徹底的に弱り目を叩かれるまでに成り下がってしまいました。誰も日本の逆襲を恐れなくなったからです。東京電力の問題処理に際して、政府・役所・東京電力が責任を押しつけあい、あわよくば焼け太ろうとしているのを見るにつけ、暗澹たる気持ちになるのです。

特に東京電力は、危機管理の欠如や情報開示の遅れなどを理由に、巨額の賠償請求訴訟を起こされる可能性があります。2010年のメキシコ湾原油流出事故で、一部権益を持っていただけの三井石油開発や三井物産に巨額の罰金が課せられたことが思い出されます。

2000年以降、欧米の政府、企業、金融機関、投資家らがあからさまに日本を軽視する"ジャパン・パッシング"が目に付くようになりました。その頃、世界で唯一の量的緩和をしていた日本の資金は、日本経済の回復に使われることなく、欧米の金融市場にタダ同然の金利で供給されたのでした。感謝されることも、配当をもらうこともありませんでした。

213　第5章　日本株はこれからどうなるのか？

2011年10月24日 闇株新聞が踏み込む「オリンパスの闇」その1

景について書いておきましょう。

1990年代初めにバブルが弾けた時、上場会社や機関投資家・生保・信託・銀行の多くは、財テク失敗の「深い傷」を負っていました。

ちょうど外資系証券が日本に次々上陸していた頃であり、数多くの「損失先送り」の案件が持ち込まれました。その当時は「コンプライアンス」なんて言葉もなかったのです。

よく見られたのが、日経平均のプットオプションを債券に売っていて、そのプレミアムを債券の利息として決算時に受け取ってしまうもの（利息を受け取ってしまった後は、膨大な日経平均の下落リスクだけを抱えており、実際その後の下落で多額の損失が出た）や、米国財務省証券を買ってクーポンだけを切り離して売却して「利息」として全額を計上して、後は利息を生まない元本だけを保有し続ける仕組めたはずがありません。

＊　＊　＊　＊　＊

さて、オリンパス「事件」の背

オリンパスのウッドフォード社長（写真）の解任の原因ともなった不明朗な企業買収に関し、外電（ロイター）のスクープ記事が出たのですが、ロイターのスクープ記事とは、正直あまり正確な記事ではないため、私の理解していることを書くことにします。

ロイターのスクープ記事とは、オリンパスが2008年2月に英国の医療機器会社・ジャイラスを買収した際、約700億円もの「報酬」を、実態のわからない海外ペーパーカンパニーに支払った件で、「日系人でウォール街のバンカーだったサガワ氏」が関わっているという記事です。

彼は日系人ではなく純粋の日本人・佐川肇（さがわはじめ）氏のことで、別に敏腕のバンカーだったわけでもなく、単なる管理畑の人間です。従って、彼がすべてを

るもの（ついでに言えば、信託銀行が損失の出ているファンドトラスト勘定に「利息」だけを入れて結果膨大な収益を出し、その後なんの収益も生まない「元本」を全く別の勘定に押し込んでしまう）など、多数あったのですがこのへんにしておきます。

ただ、こういう案件の性格上、あまり「各社に引き合う」訳にもいかず、いきおい特定の外資系証券会社とだけ「密かに相談し」、結果膨大な収益を「むしりとられて」いたのですが、「むしった外資系証券名とその手口」などは、一切表に出ることはありませんでした。

1990年代の終わり頃になると、「プリンストン債事件」や「ク

内視鏡事業が好調で、「損失先送り」を続けていく体力があったのですが、逆に2008年にリーマンショックで多くの上場会社が巨額損失を出すのに紛れて、ほとんど実体のない事業会社3社を合計700億円で買収して即償却したのと、今回のジャイラス買収に際して支払った700億円の「巨額報酬」で、一気に「最終処理」したつもりだったのでしょう。

バブル期の1980年代から延々とトップ主導で、財務担当役員やごく一部の財務担当者の間で、秘かに「処理」が続けられてきました。その間の社長は下山氏、岸本氏、菊川氏の3名だけで、たぶん次は森久志・副社長に引き継がれるはずだったと思われます。

したがって、これらの「損失先送り」などの処理も、ごく少数の「長い付き合い」の外部の人間にだけ相談されていたのです。

それが、野村証券の事業法人部でオリンパスを担当し、その後独立した横尾宣政氏と、メリルリンチやドレクセル・バーナムなどでオリンパスに深く入り込んでいたN氏です。

N氏については、まだ実名がどこにも出ていないのでイニシャルにします が、今回ロイターに名前の出た佐川肇氏の「上司」です。

オリンパス事件は、今後どのような進展を見せるのか全く不明ですが、この背景を理解しておかないと全体を見誤るので、あえて書くことにしました。

レディスイス事件」などが発覚するのですが、これらは明らかに詐欺話であったものや、いつまでも同じような案件をやり続けたから表に出ただけで、明らかな「大儲け」は1990年代の前半に終わっていたのです。

ところが1つだけ、つい最近で「財テク失敗」の後始末を「密かに」続けていた上場会社があったようです。それがオリンパスです。

＊　＊　＊　＊

大半の上場会社は、「損失先送り」をしても「損失」が消えるわけではなく、普通無理な「先送り」を続けるためますます内容が悪くなり、結局必ず損失が表に出てしまうものです。しかし、オリンパスは今まで一度も「損失」が表に出ていなかったのですが、その間の金融環境から「損失」が巨額に膨れ上がっていたことは想像できます。

2011年11月16日 闇株新聞が踏み込む「オリンパスの闇」その2

オリンパス事件では、海外の捜査機関と報道機関が先行したため、いつもの経済事件のように「当局」から（当局の都合の良い）情報があまり入らず、各マスコミが懸命に独自取材をしています。

最近はようやく「当局」からと思われる情報に基づく報道が多くなったのですが、独自取材と思われる記事の中に「気になる」ものがありますので、3つほどご紹介します。

＊　＊　＊　＊

まず1番目は、「オリンパス本体の預金や有価証券を、130０億円も水増し計上する形で辻褄を合わせていた」という記事です。

実は、私がどうしても解けなかった疑問がありました。「飛ばし」していても、最初の資金がオリンパスが損失をどのような形で「飛ばし」していても、最初の資金がオリンパス本体から出ている以上は、必ず決算書の資産に「ないはずのもの」が「ある」と計上されていることになるのです。

つまり有価証券報告書）に計上されている「預金」や「ファンド」が「空っぽ」だったということなのです。

この報道が正しければ「重大な」意味を持ちます。

決算時には、監査法人が「資産」や「負債」の各項目について「残高確認書」を直接相手方に送付して回答を求めることになっています。たとえば、最大時に600億円あったことになっている「預金」が「空っぽ」だったとすると、どうなるか。「残高確認書」の相手（つまり銀行）が虚偽の回答をしたか、オリンパスが「残高確認書」を偽造したかのいずれかになります。

これは明らかなオリンパスの「犯罪」で、監査法人も「加担した」か「重大な落ち度」があったことになるのです。

＊　＊　＊　＊

最近の「当局」からの情報と思われる報道では、「有価証券を5年分のみ訂正」し「監査法人に協力を求める」となっています。つまり「法人としてのオリンパス」と「監査法人」は犯罪の対象とは見ていないことを意味します。

この重大な報道には、なぜか全く追随記事がありません。

＊　＊　＊　＊

2番目は、オリンパスが2009年8月に臨床検査機器の製造販売の「分析機事業」を、ひそかに米国の会社に775億円で売却していたという報道です。

この「分析機事業」は、予想利益が年間5億ドル（385億円）とされ、これを買った米国の会社が今年、別の米国の会社に68億ドル（5200億円）で買収された

たしか考えられません。難しいのは、これだけではインサイダー局）からのリークではなく、各マスコミが独自取材で探したものと思われるのですが、残念ながらそこから全く踏み込めていません。だから本紙が代わって「踏み込んで」みました。

＊　＊　＊　＊

【出版にあたってのつけ加え】それまでは「未発生の経済事件」について書き始めた頃、ちょうど1年たった頃に発覚した事件です。それまでは「未発生の経済事件」については書かないようにしていたのですが、ロイターの「非常に不正確な記事」に日本のマスコミが飛びついていたため、誤った方に世論が形成されないように「敢えて」書いた記事です。現在も「未発生の経済事件」については書きません。仮に真相を正確に理解している「未発生の経済事件」があっても、「真相の通りに」あるいは「悪質な順番に」事件化するわけではないからです。

これら3つの報道は、すべて「当局」からのリークではなく、各マスコミが独自取材で探したものと思われるのですが、残念ながらそこから全く踏み込めていません。だから本紙が代わって「踏み込んで」みました。

しかし、これは「オリンパス事件」という日本の株式市場にとって不幸な出来事に乗じて、一部の外資が収益を上げたという「日本にとって絶対に問題視しなければならない」出来事なのです。

ウッドフォード前社長が「資料を海外の捜査当局と報道機関」だけにしか提供していないことと考え合わせると、たまには「当局」も鉾先を外資に向けてほしいものです。別に外資だからとかユダヤだからと遠慮せず、いつものように「稀に見る悪質なインサイダー取引である」と「認定」すればいいだけの話なのです（少なくとも課徴金で利益全額を没収できます）。

＊　＊　＊　＊

「空売り」していたという報道です。「外資はすごいなあ」と報道されているのですが、「とんでもない」ことです。

ゴールドマン・サックスは10月13日にオリンパス株を83万株も空売りし、空売り残はピークだった11月8日には194万株となり、翌9日にほとんどを買い戻していたのです。しかし、ウッドフォード前社長の解任は10月14日です。なぜ、ゴールドマン・サックスは、その前日である10月13日に空売り出来たのでしょうか？

13日の出来高は311万株ですが、その中で83万株も空売りしたのです。13日の引値は2482円でした。また194万株の空売り残をほとんど買い戻した11月9日の引値は584円でした。

不毛の計算ですが、22億円の利益が出ています。これはゴールドマン・サックスが前日に、ウッドフォード前社長の解任を知っていたとしか、経営陣の意味合いが非常に違って見えてきます。

＊　＊　＊

3番目は、ゴールドマン・サックスが、オリンパス株式を大量に

そうです。

2008年にジャイラスを、年間売上高の5倍にも相当する2000億円以上もの高値で買収し（さらに高額の報酬まで支払い）、一方では40年育ててきた「超有望事業」を明らかな安値で売却していたのです。

損失処理のための原資をひねり出したのでしょうか、明らかに「株主の利益」を損なう行為です。

理屈っぽいのですが、オリンパスが過去の「負の遺産」を処理するために「企業買収」や「高額報酬」などで資金を流出させていたとしても、それは厳密に言えば新たな株主資本の毀損にはならないのですが、将来の会社の収益源まで「捨て値」で売却していたとなると、経営陣の責任の意味合いが非常に違って見えてきます。

闇株新聞が踏み込む「オリンパスの闇」その3

2011年12月7日 闇株新聞縮刷版

2011年12月6日、「オリンパス事件」第三者委員会の調査報告書が、オリンパスを通じて開示されました。

どうでもいいことから書きますと、第三者委員会の調査報告書の中には社内外の関与者の実名も、将来の捜査のための重要情報も含まれている可能性もあるため、そのまま開示することに問題があると思うのですが、受け取ったオリンパスの判断で(というか、よく考えずに)全文を開示したようです。

せっかくなので全部(200頁近くもありました)読んで、気が付いたところを書きます。

＊　＊　＊　＊

まず、不正な会計処理で隠していた損失合計1177億円に対して、これを含めて損失の解消に使った費用が1348億円とされています。

つまり、損失隠しにかかった費用が171億円もあるということです。この中には本当に必要な法務費用などや、ジャイラス買収に際して本当のアドバイザー(特定されていませんがペレラ・ワインバーグなど)に支払った費用12・20万ドル(当時の為替で12億円)なども含まれているのですが、それにしても150億円以上の「株主資本」が「外部関係者」によって山分けされたことになります。

それから、現在も未処理の「のれん代」が416億円と、従来の報道よりさらに膨らんでいました。これは12月14日に発表される(はず)の2011年9月中間決算で「全額償却」されるはずです。

下山・岸本・菊川の歴代社長の「関与」については、少なくとも「知りうる」立場にいたと断定していて、監査法人の責任については、前任の「あずさ」・現任の「新日本」とも「問題なしとせず」としながらも「責任あり」とはなっていません。特に一番重要と思われる「不正に水増しされた資産」を発見できたはずの「外銀に対する残高確認」については、明らかに「担保に供しているかどうか」の確認を怠っているにもかかわらず「やむを得なかった」で済んでいます。

150億円を山分けした多数の外部ブローカーのうち、特に重要な役割を果たした中川昭夫氏(佐川宣寿氏も併記されています)と横尾氏のみ実名で書かれていますが、その責任を問う表現にはなっていません。

「反社会的勢力」とのかかわりと、社内関係者による「私的流用」については、「ない」と断定しています。

ただ、「不法行為に加担した関

係者は、その法的責任を追及されるべきことを指摘せざるを得ないい」と付け加えられているのですが、ここで言う「不法行為に加担した関係者」とは、流れをよく読んでみても山田・元常任監査役と森・元副社長の両名のみが該当するように書かれています。

＊　＊　＊

極めて予想通りというか危惧した通りの結論です。

隠していた損失をどのようにして解消したかについては非常に懇切丁寧に説明されているのですが、私が一番知りたかった「そもそも損失はいつ、いくら発生して、どのように巨額化していったのか」については、ほとんど満足すべき説明がされていません。

本当に「運用による損失」だけだったのかという漠然とした疑問があるのです。トレーダーとしての「違和感」です。

1990年以降の損失額について極めて予想通りというか危惧した通りの結論です。ピークが1997年3月の450億〜470億円とされています。残高以上に損は出来ないため、せいぜい300億円程度の損失ではなかったのかと思います。

スワップ取引などのデリバティブ取引や、金利先取り商品での損失もあると書かれていますが、どうして海外への「飛ばし」が始まった1999年頃に960億円もの損失になったのかについての具体的な説明が何もありません。

＊　＊　＊

もし、ここに「闇」があったとしても、今回も決して表に出ないまま終わってしまいそうなのです。

最後に、本日（12月6日）付けで東京証券取引所がオリンパス株を監理銘柄（審査中）に追加指定しています。これは調査報告書を受けた本日のオリンパスの開示に、決算数字に重大な変更がある事を予想させる内容が含まれていることによる機械的な措置です。

12月14日に、2011年9月期の決算発表と過去5年分の有価証券報告書の訂正が行われれば、問題なく解除（上場維持）となるはずです。

＊　＊　＊

【出版にあたってのつけ加え】
東京地検特捜部と警視庁捜査2課は2012年2月16日に、菊川元社長らオリンパスの元経営陣3名と、外部で協力した関与者4名を逮捕しました。

その発生原因についても大半が「特定金外信託（特金）」による運用損」とされていますが、残高のては1995年頃に数百億円、1997年頃に950億円、1999〜2000年頃に960億円と書かれているだけです。

2012年12月22日 闇株新聞が踏み込む「オリンパスの闇」臨時版

米国連邦捜査局（FBI）は2012年12月20日、オリンパスが巨額損失を隠していた事件に関し、証券詐欺の共同謀議でシンガポール在住の台湾人・チャン・ミン・フォンをロサンゼルスで逮捕しました。

日本では「オリンパス事件」発覚当時の経営陣と、特に関与が大きかった外部協力者だけが逮捕・起訴されており、完全に終わった事件と考えられていたはずです。

本紙では以前から「米国当局の動きが間違いなくある」と繰り返し警告し、特に最近は米国当局の海外金融機関に対する攻撃が活発化してきたことから「近い」と書いてきました。オバマ大統領の再選で関連省庁や関連機関の体制が整ったからです。

　　　＊　　＊　　＊

米国司法当局は、オリンパスの損失隠しの少なくとも半分は、米国法人のアクシーズ・アメリカ

が直接関与していることと、オリンパスは米国市場でADR（米国預託証券）を発行しているため、オリンパス本社だけでなく、関与者すべてを証券詐欺の共同謀議で処罰できるのです。

そのため、日本で逮捕状の出ていたアクシーズ・アメリカ代表の佐川肇（米国の居住権あり）を日本に引き渡さず、司法取引で「山ほど」の有利な証拠を固めているはずです。

取り敢えず台湾人のチャン・ミン・フォンが逮捕されましたが（証券詐欺は最長20年の禁錮刑）、米国当局の目的はあくまでオリンパス本社を攻め、最大数億ドルに上る巨額の罰金（あるいは和解金）を取ることです。

そのために佐川肇だけでなく、今回逮捕したチャン・ミン・フォンとも司法取引をして、有利な証言を引き出すかも知れません。まして日本人のアクシーズ・アメリカを設立した日本の公判ではオリンパス本社

も発覚時の経営陣も「有罪」を認めているため、これも米国当局にとって「大変に有利な証拠」となります。

　　　＊　　＊　　＊

チャン・ミン・フォンは、オリンパスと逮捕された外部協力者の間で実際に資金決済の実務を請け負っていたグループの1人です。その過程で1000万ドル単位の

不正報酬を得ていたにもかかわらず、日本ではお咎めなしでした。フォンは外国籍でも、そのグループには和光証券やコメルツ銀行にいたMや、山一證券にいたKなどの「純粋の日本人」がおり、またオリンパスだけでなくジェイ・ブリッジなど数々の経済事件に関与していたにも関わらず、見逃されているのです。

※オリンパス事件は、日本ではもう終わった事件ですが、海外（特に米国）から間違いなく第2幕が始まるはずです。タイミングは、法人としてのオリンパスと旧経営陣に対する裁判が決着したあたりからです。

米国捜査当局は、これらの日本人も米国法人（アクシーズ・アメリカ）との共同謀議で捜査出来るのですが、実際には日本当局に協力を求めて日本当局に逮捕する必要があります。

LIBOR不正操作で、米国当局の意向を受けた英国当局がオリンパス本社から巨額の罰金（和解金）を取ることで、すでに司法取引をしている佐川肇や今回逮捕したチャン・ミン・フォンから有利な証言が取れると思うため、わざわざ日本人を新たに（日本当局に）逮捕させる必要も無いような気がします。

つまり米国司法当局が、日本当局に代わって「ぼろ儲けして見逃されている日本人」を成敗してくれる可能性も低いと思います。まったく予断を許しません。

＊　＊　＊

ただ、米国司法当局の最終目的はオリンパス本社から巨額の罰金（和解金）を取ることで、すでに

闇株新聞コラム

株式市場に跋扈する資本のハイエナ

業績不振の上場企業に増資を持ち掛け、材料を出して株価が上がったところを売り抜ける筋を「資本のハイエナ」と呼ぶそうです。

昔から、増資されたばかりの新株とか、大株主の持ち株とか、相当量の株数を売りさばく「株式解体」の手法は様々あり、その道りのノウハウや』に義がありました。

ところが最近は“本物”が軒並み当局の捜査対象になって活動を止め、代わりに見よう見まねのハイエナが参入して、悪事の限りを尽くしています。ジャスダック上場のT&Cホールディングス（コード3832）は、そんな輩の餌食になりました。

2012年6月、同社は中国人投資家への約6億円の第三者割当増資が払い込まれなかったと発表しました。債務超過の同社には、痛すぎる資金調達の失敗です。

そもそもT&Cホールディングスが債務超過に陥ったのは、前年9月に6万円前後だった株価が約2週間で2万円以下まで急落し、第三者割当増資が中止になったころ（2012年6月とは別人）に350株0株の投資家とは別人）に350株0株のうち3000株が別人に担保権の行使として譲渡され、換金のため大量売却されたのです。

問題は、この中国人投資家が株券を担保に資金を借りた事実がなかったことです。すべて投資家の常任代理人である「グローバル・インベストメント・リサーチ株式会社」（代表取締役M）が、勝手

に行ったことでした。Mは株券を担保として借り入れた約5000万円と、担保権を行使した人物が「資金回収を完了した」として返却した800株をも売却し、懐に入れていました。

Mは2000年代の初め頃「株式解体」の大物だった故N・H氏の周辺で使い走りをしていた人物です。その後、単に横で見ていただけの解体作業をいかにも自分が関わっていたかのように著書を書いて「情報提供」（あることないこと》に）をしていました。

株式解体を手掛ける大手が軒並みいなくなったため、Mのような知識も経験もない者が跋扈するようになったのです。「あまりにも小物」のため捜査対象にもならず、結果的に野放しになっています。由々しき問題だと思います。

2012年2月24日 闇株新聞が踏み込む「AIJ投資顧問の闇」その1

野村証券の個人営業部門で実績を上げていた浅川和彦氏は、京都駅前支店長、熊本支店長を経て、1994年頃から外資系証券で主に日本株の営業をしていました。

浅川氏が野村証券の支店長を捨てて一介の営業担当として外資系証券に入った事情は書きませんが、一部報道されている「運用のプロ」というのは完全な誤りで、個人営業一筋で実績を上げていた「優秀な」営業マンでした。

その浅川氏が2004年頃からAIJ投資顧問（以下、AIJ）で年金運用を始めました。「親分肌」の浅川氏は、同じ野村証券出身の先輩を雇います。その中には「総会屋利益供与事件」で当時の酒巻社長に連座したM氏（元常務）もいました。

＊　＊　＊

日本の年金の仕組みは、基礎年金（1階部分）と厚生年金（2階部分）までが公的年金で、年金積立金管理運用独立行政法人が109兆円の運用をしています。加えて企業年金（3階部分）が73兆円あり、企業が独自に厚生年金基金（595もあります）を設立して、これも外部に運用を委託しています。

企業年金（3階部分）の運用は、かつては信託銀行と生保だけだったのですが、1990年の金融自由化と1997年の規制緩和で投資顧問会社にも解禁され、現在は約3割が投資顧問会社へ委託されています。

川氏がAIJを始める以前から営業活動をしていました。多分そのころからの「盟友」で、共同して業容を拡大していったのでしょう。

投資顧問業にも規制緩和があり、2007年「認可制」から「登録制」となり、ある程度実績を積めば「投資一任業者」に指定され、「年金運用」も受託できるようになりました。現在263社の「投資一任業者」が年金を運用しています。

企業年金（3階部分）の運用をどの運用会社にどれだけ委託するかは企業側（厚生年金基金側）が決めるため、どうしても過去の「運用成績」が良いところに任せる傾向があります。企業年金は加入者に利回りを約束していることが多く、予定利回り（今だに年5.5％のところもある）を下回れば企業側が「補填」しなければならないからです。

AIJのような事件が起こるのは、こうした年金運用と金融市場の構造が無関係ではありません。

券の国際部門出身の西村秀昭氏が1988年に設立したもので、浅川氏がAIJを始める以前から「営業」を担当していたと言われるアイティーエム証券は、山一證

投資顧問会社にも解禁され、現在は約3割が投資顧問会社へ委託されています。

AIJが財務局に提出している2010年「事業報告書」（AIJのホームページで見られます）にヒントがあります。「投資一任契約の業務の状況」の項、顧客数や運用総額を報告する欄の下に但書きがあり「国内の運用資産総額のほとんどは、当社と投資一任契約を締結する海外管理会社が設定する外国籍私募投資信託を対象としています」とあります。

つまり、各厚生年金基金へは「海外私募投信」を買ったことだけが報告され、あくまでも第三者（実態は同じはずですが）海外管理会社が設定する「海外私募投信」の「運用」がブラックボックスになっていただけです。海外のブラックボックスを利用した「極めて単純な損失隠し」であったことはこの「運用額の虚偽報告」だと思います（運用による損失は処罰の対象ではありません）。発端はAIJの「あまりに高い運用利回り」を疑った同業者の「タレこみ」だったようです。

＊　　＊　　＊

投資顧問会社は年1回、活動状況を財務局に報告する「事業報告書」を提出するのですが、チェックは受けません。実際の運用成果などは委託している厚生年金基金に直接報告するもので、財務局への「事業報告書」には顧客数とか運用額とか役職員数などを記載するだけです。

もちろん投資顧問会社は金融庁（証券取引等監視委員会）の「検査」対象なのですが、年15社くらいのようで、AIJも設立以来一度も検査を受けていなかったようです。今回、証券取引等監視委員会がAIJを検察庁に告発できるのはこの「運用額の虚偽報告」だと思います（運用による損失は処罰の対象ではありません）。発端はAIJの「あまりに高い運用利回り」を疑った同業者の「タレこみ」だったようです。

＊　　＊　　＊

AIJのほうは、浅川氏もM氏も「運用のプロ」とは言い難く、ただ日経平均などのオプションを売却してプレミアを稼ぐ「驚くほど単純かつ危険な」手法だったようです。2004年の運用開始直後から損失が出ていたのを隠して、浅川氏一流の「営業力」で運用資産を積み上げる自転車操業を繰り返していたようです。事件そのものは「驚くほど単純」で、今

ことと、そうでなくても微妙な時期の「年金問題」に激震を走らせてしまったことです。

だから金融庁も「驚くべき早さ」で業務停止命令を出し、報道関係にも「進んで」情報提供をしているようで各紙の報道も核心を突いたものが多くなっています。今後、最も注目すべき点は、金融庁がどう「責任逃れ」をするのかと、年金問題を巡ってどう「政治の駆け引き材料」に使われるかです。

＊　　＊　　＊

浅川氏の動機は、単純に運用に現在の「運用資金」が2000億円で、2004年以降の運用実績が累計100％だったとすると、500億円くらいが「運用で増えた分」になります。成功報酬が20％だとしても、100億円が123社の厚生年金基金から支払われていたことになります。

噂される「反社会勢力」への資金提供も無いと思いますが、元タレントの運営する「リゾート」へは出資していたようで、年金運用に相応しくない「運用」もあるようです。

出ている名前以外の関与者はいないと思われます。

運用の素人が闇雲にオプションを売却してプレミアを稼ぐ単純な「運用」を繰り返し、世界金融危機や東日本大震災後の急落などで「巨額損失」が積みあがったのでしょう。

＊　　＊　　＊

投資顧問会社という金融庁の直接管理下にある会社の「不正」であるオリンパス事件との違いは、投資顧問会社という金融庁の直接管理下にある会社の「不正」であるオリンパス事件と同じです。

2012年3月12日 闇株新聞が踏み込む「AIJ投資顧問の闇」その2

前回「AIJ投資顧問の闇」で、この事件は極めて単純な損失隠し事件で、関与者も少ないと書きました。

ところがその後、単純なはずの「真相」が一向に明らかになりません。それどころか「わざと真相解明を遅らせている」としか思えない状態が続いています。

本件では、年金加入者のために「残余財産」や「隠匿財産」を一刻も早く探し出して「保全」することが最重要なのです。早くしないとこれらの資産が「消えて」しまうからなのですが、まだ「強制捜査」すらしていません。

本誌は「暴露紙」ではないので、何事も先頭を切って書かないようにしているのですが、あまりモタモタできる状況でもないため「ちょっとだけ踏み込んだ真相」を書くことにします。

＊　＊　＊

AIJ投資顧問の前身は、2000年12月に浅川氏が資本金3000万円で設立した「株式会社エイム・インベストメント・ジャパン」です。投資顧問業に登録しており、2003年10月頃に現在の「AIJ投資顧問」（以下、AIJ）へ社名変更しています。

入手した2004年8月付（後で出てきますが、この日付は非常に重要です）の営業資料によれば、2002年5月に「運用」を開始した「ミレニアム・ファンド」が、2004年7月時点で累積収益率71.64％であると書かれています。

しかし、そこには「ミレニアム・ファンド」の所在地、運用会社、管理会社、保管銀行などの記載が一切ありません。

運用会社はAIJだと「推測」出来るのですが、当時の投資顧問会社は「投資一任業務」が出来るようになるまでのハードルが結構高く、AIJの業務も「助言」に限られていたはずです。つまりファンドの運用が出来なかったのです。

＊　＊　＊

要するに、当時（2004年8月頃まで）のAIJも、所在地不明の「ミレニアム・ファンド」も、厚生年金基金から運用を委託される体裁を整えておらず、もしその時点で「年金運用」をしていたとすれば、非常に問題があったことになります。

現在のAIJは、2004年7月に買収した「シグナ・インターナショナル・インベストメント・アドバイザリー」を社名変更したもので、従ってその後のAIJは会社案内にも営業資料にも、1989年創業の「投資一任業者」と堂々と記載できるようになったのです。

224

何はともあれ、ここで初めてAIJは「年金運用」を受託できるようになりました。勇んで全国の厚生年金基金に営業を始めたはずですが、当然ながらAIJには営業の「武器」となる「運用実績」（トラック・レコード）がありません。

　ここで先ほど重要と書いた、2004年8月付の「営業資料」が出てくるのです。つまり、その時点で「ミレニアム・ファンド」は存在せず「運用」もしていないため、71.64％の累積収益率は、まったくの「でっち上げ」だったと推測します。

　2004年7月に「投資一任業者」になった後で、「ミレニアム・ファンド」をケイマンに作り、海外の運用会社「エイム・インベストメント・アドバイザリーズ・リミテッド」を同じカリブ海の英領バージン諸島に作り、ついでに運用実績（トラック・レコード）も2億円ほどの資金が必要だったはずです。

　この「シグナ」は米国の保険会社のことのようですが、浅川氏にとって必要だったのは、社名でもその時点での運用資産（旧経営陣が他社に運用資産ごと移籍したようです）でもなく、あくまでも年金を含む投資家に受け入れられる「投資一任業者」だったのです。

　ちなみに、2007年の金融商品取引法施行後は、「投資運用業者」は「投資一任業」が5000万円以上の純資産と運用経験のある人的構成があれば簡単に「登録」出来るようになりました。つまりもっと簡単に第二のAIJが生まれるようになっているのです。

　　　＊　　＊　　＊

　「シグナ」の買収金額は不明ですが、その後のAIJの資本金が2億3000万円なので、買収金額にせよ買収後の増資にせよ、2億円ほどの資金が必要だったはずです。

　でっち上げて、天晴れて「年金運用」が出来るようにしたのです。現在の資本金が15億円ほどなのでも、現在のーエム証券を「買収」して「営業部門」としています。同証券の厚生年金基金が新たに「ミレニアム・ファンド」を組入れる際には当然、直近の「基準価格」で購入します。しかし、実体がなく「でっちあげ」の運用実績に基づく「基準価格」では、最初から辻褄が合いません。だから、運用実態が分からない海外ファンドにする必要があったのです。最初から「騙し」だったのです。

　　　＊　　＊　　＊

　ここで2つの疑問が浮かびます。

　一つは、海外業務の経験もなく英語も読めない浅川氏に、この「騙しの仕組み」を指南したのは誰だったのかということです？

　もう一つは、まだ本格的な年金運用を始めていない浅川氏が、この資金をどうやって工面したのかということです？

　　　＊　　＊　　＊

　この2つの疑問については、次回に解説します。

　最初の疑問については、海外の仕組みを指南したのは山一証券の国際部にいたアイティーエム証券の西村社長だと考えられると思うのですが、そうでもありません。

　で、やはり「買収」に数億円かかっているはずです。また、ほぼ同時期に件（くだん）の厚生省OBのコンサルタント会社へ「出資」していますが、「シグナ」買収も含めのための小道具が全部揃ったわけですが、「シグナ」買収も含めと全部で8億円程度の出費だったはずです。

　　　＊　　＊　　＊

　AIJはほぼ同時期に、アイテ

2012年3月13日 闇株新聞縮刷版
闇株新聞が踏み込む「AIJ投資顧問の闇」その3

前回浮かんだ「2つの疑問」について解説します。

まずAIJ投資顧問（以下、AIJ）「年金運用」は、2004年7月に「シグナ」を買収して「投資一任業者」となってから、ケイマン籍の「ミレニアム・ファンド」などを設立して「でっち上げ」の運用実績も用意してスタートしたはずです。

AIJ（旧会社）は2000年12月の設立で、それまでの約3年半も年金以外で何らかの「運用」をしていたはずです。たぶん同じように損失を抱えていたと思われますが、別に海外運用にする必要は無かったはずです。むしろ、この時点で既にあった「損失」を隠し続けるために「もっと巨額の運用資金が必要となり「年金運用」を目指したと考える方が自然です。

その海外で設立した「会社」の中で最も重要なのは、英領バージン諸島籍の「エイム・インベストメント・アドバイザーズ・リミテッド」（以下、エイム）です。「ミレニアム・ファンド」の運用会社であり、管理会社であり、恐らく資産評価も行っていたと思われる、完全にブラックボックスの会社です。

資金の大半を「香港」へ送ったというのは、この「エイム」の香港にある銀行口座でしょう。形式的には「エイム」とAIJや浅川氏個人の間には資本関係がなく、役員の兼任もないはずです。

今後、AIJや浅川氏の責任を追及するときに、あくまでも（形式的にですが）別会社の「エイム」の運用・管理・評価を信じていたと抗弁されると、結構面倒なことになります。

誰がこの仕組みを指南したのでしょう？

＊　＊　＊

答えだけ言っておきますと某証券の某氏のはずです。某証券は日本の証券会社であり某氏も日本人ですが、古くから香港でビジネスを立ち上げていたやり手です。浅川氏がどの程度「本当の目的」を話して「依頼」したかは不明ですが、「金儲けのチャンスをかぎ分ける能力」に長けた某氏が、自らのリスクを回避しながら収益源とした可能性はあります。

余談ですが「ミレニアム・ファンド」の営業資料によりますと、手数料関係は、3・15％の販売手数料（販売時だけ）、1・5％の管理手数料、3％の運用手数料、20％の成功報酬（以上、すべて毎年）という「べらぼう」なもので、すべて「でっち上げ」の運用実績に対して実際に徴収していたようです。

ちなみに「ミレニアム・ファ

ド」の2011年12月までの累積収益率が247・21％となっています。さらにその後2本の「新ファンド」も立ち上げています。

応「でっち上げの基準価格」ではなく、まともに運用をスタートする予定だったのでしょうが、間もなく「同じようにでっち上げ」なければならなくなったはずです。

ついでに、営業資料に「独自に開発したMI指数による相場測定」と何度も出てくるのですが、これも関係する人物のイニシャルで全く「意味のない」の指数のようです。

* * *

* * *

次にアイティーエム証券について書いておきましょう。

アイティーエム証券は1998年に山一證券の国際部にいた西村秀昭氏が設立しました。当時は証券会社も「認可制」で、証券免許に結構「価値」があったため「看板」目当てに多数の有象無象が出

入りしていたのですが、西村氏の「関係」は結構、微妙になっているようです。

* * *

* * *

さてここで2つめの疑問に移ります。浅川氏は2004年に「シグナ」「アイティーエム証券」の買収、厚生省OBのコンサルタント会社への出資に、8億円程度の資金が必要だったはずです。まだ「年金運用」が本格化していない中で、どうやって工面したのでしょう？

浅川氏の周辺で、誰かがこの時期に資金を「用立てた」こともないはずです。だとすると、答えは1つしかありません。「年金運用」の資金から、勝手に「用立てた」のです。

技術的には「年金運用」を始めるための「投資」であるため、その資金を「年金運用」の資金から「用立てる」ことは時間的に難しいのですが、「年金運用」開始以前にあった「年金以外の運用資

しても他に収益源がないため有象無象が持ち込む「怪しげな案件」も取り扱っていたようです。

2002年頃、その中のKが持ち込んだゾキア株の鉄砲（※注）で10億円ほどの損失が出てしまいました。しばらくやりくりしていたようですが、2004年に浅川氏が救いの手を差し伸べ、約6億円で実質買収し「年金運用」の営業部隊にします。

アイティーエム証券は、その後「ミレニアム・ファンド」などを厚生年金基金に大量販売し、巨額の手数料を受け取っています。アイティーエム証券の経常利益は、2007年以降毎年4億〜13億円にも上ります。当然社員にも多額の報酬が支払われていたはずです。また、西村社長は、最近その潤沢な資金でアイティーエム証券の株式を浅川氏から買い戻しているいのですが、浅川氏と西村氏

から一時的に流用して「年金運用」が始まったら返済していたのかもしれません。

推測ですが、運用開始直後に出た損失を隠すために巨額の運用資金が必要になり、「年金運用」に目を付け、そのために「投資一任業者」を買収して運用実績までも「でっち上げ」て運用実態のわからない海外運用の仕組みまで作っている「確信犯」です。資金面だけ中途半端に「きれいにやる」ことはなかったと思います。

（注）売れなくなった大量の株を処分するため、別の証券会社からそっくり売り注文を出してぶっつけること。当然買い注文の代金は支払わず、その会社の負担となります。現在は「前受金」がないと買い注文を出さない証券会社が多いため「死語」となっています。

神の国で何が行われてきたか バチカン銀行の深い闇 その1

2011年2月1日

2010年9月、ローマ教皇庁（バチカン）の財政管理組織「宗教事業協会」（通称：バチカン銀行）の資産2300万ユーロ（約26億円）が、イタリア当局にマネーロンダリングの疑いで押収されました。

バチカン銀行が、イタリアのクレジット・アルティジャーノ銀行に預けていた資金を、フランクフルトのJPモルガン・チェースなど2行に対し、受取人の名前を明らかにしないで送金しようとしたとして、イタリア司法当局に通報しました。

バチカン銀行はその前年にも、同様の手口で1億8000万ユーロを送金しようとして、イタリアの司法当局が内偵していました。バチカン銀行は長年にわたり、顧客の身元を明かすことなく、巨額の送金を代行していた（つまり典型的なマネーロンダリング）とされています。

 ＊ ＊ ＊ ＊

ここで簡単にバチカンの歴史を振り返ってみましょう。バチカンに関していろんなヒントが隠されているからです。

西暦313年、ローマ帝国のコンスタンティヌス1世がキリスト教を公認し（ミラノ勅令）、326年にイエス・キリストの使徒ペテロの墓があった今のバチカンに、最初の教会が建てられました。代々そこの司教が教皇として世界のカトリックの最高権力者となるのです。

ところが、ローマ帝国は、395年に東西に分裂し、バチカンを含む西ローマ帝国は相次ぐゲルマン人の侵攻で弱体化、476年に滅亡してしまいます。

 ＊ ＊ ＊ ＊

現在のカトリック教徒は12億人です。プロテスタントや東方正教

会などを加えたキリスト教全体としては20億人以上と言われ、世界の人口の3分の1を占めます。

ところが、その後ろ盾となったローマ帝国の滅亡はバチカンにとっての金融危機に教皇ベネディクト16世は、現在の金融危機について「経済活動について堅固な倫理規定が無かったからだ」と非難していますので、何ともバツの悪い結果になってしまいました。

しかし、バチカン自体はれっきとした主権国家なので、イタリア当局の捜査がどこまで進むのかは疑問で、このままうやむやになってしまう可能性もあります。というのも、バチカン銀行は過去、大がかりなマフィアのマネーロンダリングや不正融資の舞台となったのですが、結局その闇は、何一つ解明されなかったのです。

 ＊ ＊ ＊ ＊

バチカン銀行の疑惑をローマ教皇庁は当然のように容疑を否定しています。教皇ベネディクト16世は、現在の金融危機について「経済活動について堅固な倫理規定が無かったからだ」

その後、481年にゲルマン人のメロヴィング家のクローヴィスがフランク王国を建設し、西欧が統一されます。

そして、官僚としてフランク王国の統治を委託されていたカロリング家のピピン3世（「短躯王」といわれています。背が低かったのでしょうか）が751年に王位に就き、カロリング朝を開きます。

この際、もともと官僚にすぎなかったピピン3世とその子カール（後のカール大帝）が、王位に就くための権威付けとして頼んだのが時の教皇ステファヌス3世で、ピピン・カール親子はローマを含む広大な土地を教皇領として寄進します。755年頃の話です。教皇としても西ローマ帝国滅亡後の後ろ盾を求めていたので、持ちつ持たれつだったのでしょう。

カール大帝の死後は、広大なフランク王国を維持できず、843年に西フランク王国（後のフラ

ンス、東フランク王国（後の神聖ローマ帝国、後のドイツ帝国）、中フランク王国（後のイタリア王国）に分裂します。つまり今のドイツ・フランス・イタリアは、もともと同じ国だったのです。日本の奈良時代から平安時代にかけてのことです。

＊　＊　＊　＊

さて、この広大な教皇領は、その後長い間教皇の勢力の裏付けとなっていたのですが、1860年にイタリア王国が成立すると、接収されてしまいます。ここでイタリア王国とローマ教皇（バチカン）との間が一気に険悪化したのですが（たぶん、この辺でマフィアの力を借りて抵抗したのでしょう、1929年にムッソリーニがバチカンの主権を認め、警察などのサービスを提供して和解がされました。ここでバチカンは独立国となったのですが、その際、教皇領に対して9億4000万ドルが支払

われました。ローマ教皇庁は莫大な運用資金を得て、それを管理する「宗教事業協会」が設立されました。この協会はバチカンで唯一の収益事業をしているわけですが、その収支は全く公表されていません。さらに、その資金調達や運用の窓口として使われていたのが1896年にミラノに設立された「アンブロシアーノ銀行」です。（つづく）

神の国で何が行われてきたかバチカン銀行の深い闇　その2

2011年2月2日　闇株新聞縮刷版

バチカン銀行とマフィアとのつながりを囁かれていましたが、やはりパウロ6世にうまく取り入ってバチカン銀行総裁の地位を得ました（在任は1971年〜1989年）。また、そのころシンドーナがマルチンクスに紹介したのが、アンブロシアーノ銀行頭取になったばかりのロベルト・カルヴィでした。

シンドーナ、カルヴィとも秘密結社「P2」（プロパガンダ・デュー）のメンバーで、マルチンクスもリーチョ・ジェッリ会長との関係を取り沙汰されていました。

「P2」はフリーメーソンのロッジ（支社）の1つで（その後除名）、CIAや各国極右勢力、アルゼンチンのペロン大統領との関係が深かったようです。

＊　＊　＊

その最中、1978年8月にパウロ6世が亡くなり、3回目のコンクラーベで全くノーマークだったイタリア人の枢機卿、アルビノ・ルチアーニが次期教皇に選ばれました。

バチカン銀行とマフィアとの関係は、はっきりと見えるようになるのは1960年代後半からです。時の教皇パウロ6世（在位1963年6月〜1978年8月）に、マフィアの運び屋であったミケーレ・シンドーナがうまく取り入ります。実際いくつかの取引で利益をあげ、すっかり信用されたようです。ついにパウロ6世は、シンドーナとバチカン銀行総裁のポール・マルチンクス大司教に「とんでもない相談」を持ちかけます。

1929年にムッソリーニが与えた合意の中に「バチカンは免税」というのがあったのですが、これがその頃から取り消しになりました。そこでバチカンがイタリア国内に保有する全ての株式を、海外に移そうという相談でした。

＊　＊　＊

ポール・マルチンクス大司教はシカゴ出身の米国人で、米国在住のイタリア人の枢機卿、アルビノ・ルチアーニが次期教皇に選ばれましたのことでした。

ヨハネ・パウロ1世です。ヨハネ・パウロ1世は、就任直後から積極的に改革を行おうとし、真っ先にマルチンクスを含むバチカン銀行の幹部の更迭を決めました。ところが、その人事異動の発表当日の1978年9月28日未明、ベッドの上で死亡しているのが発見されました。就任33日後

ようとしたり、マフィアのマネーロンダリングをしたり、ついでに大金をポケットに入れたりしていたようです。

＊　＊　＊

シンドーナ、マルチンクス、カルヴィの3人は結託して、バチカンの財産を海外に移すことにして、勝手に売却したり、その資金で新たな株を買い占めて利益を得

こういった事件にはよくあることなのですが、「司法解剖もされず、発見から約3時間後にヴィヨ国務長官（この人も更迭リストに入っていたといわれています）から「心筋梗塞による病死」と発表されました。もちろん、問題の「更迭リスト」はついぞ発見されませんでした。

＊　＊　＊

首のつながったマルチンクスは、従来通りシンドーナ、カルヴィと不正な「運用」を行っていたのですが、それらの運用は程なく悲惨な結果になりました。

まずシンドーナが失脚し、バチカンの「運用」を一手に握ることになったアンブロシアーノ銀行も、12億ドルともいわれる不良債権を抱え、ついに1982年5月に破綻します。

カルヴィは1982年6月17日、逃亡先のロンドンのブラックフライアー橋に吊るされているのが発見されました。これも自殺とされましたが、後ほど暗殺されたと発表されました。これに対しては2005年にカルヴィ暗殺の疑いで4人のマフィアが起訴されています。

バチカンでは、アンブロシアーノ銀行の破綻に際し、「全く無関係であるが、任意の援助金」として2億5000万ドルをアンブロシアーノ銀行の債権者に支払いました。これでバチカン銀行の闇は、全て蓋をされたのでした。

＊　＊　＊

ヨハネ・パウロ1世を継いだヨハネ・パウロ2世は、バチカン銀行の改革を全く行いませんでした。そしてマルチンクスをを1989年までバチカン銀行総裁の地位に留めました。ポーランド出身のヨハネ・パウロ2世に対して、バチカン銀行が民主化運動の労働組合「連帯」への資金援助を申し入れたからだといわれています。

こうやって書いていくと、シンドーナもカルヴィも、単なる手先だったようです。バチカン銀行の資金が、どの闇に吸いこまれていったのかは、マルチンクスも死亡している現在では全く分かりません。しかし、バチカンでは現在も大がかりなマネーロンダリングが行われているようです。「神の銀行」であるバチカン銀行の闇は、果てしなく深いのです。

【出版にあたってのつけ加え】

ヨハネ・パウロ2世は2005年4月に死去。ベネディクト16世が第265代教皇に就きます。バチカン銀行によるマネーロンダリングは引き続き問題となり2009年にはJPモルガン・チェース銀行が不正送金の疑いでミラノ支店の口座を閉鎖。2010年にはイタリア財務警察が3300万ドルの預金を凍結。2012年には米国が「国際麻薬統制戦略報告書」に「マネーロンダリングに利用される国」と掲載しました。

こうした不祥事が心労となり、2013年2月11日、ベネディクト16世は「高齢で職務を遂行できなくなった」と退任を表明します。存命中の退任は600年ぶりであると話題になりました。

後任にはアルゼンチンのベルゴリオ枢機卿が選ばれ、第266代教皇・フランシスコとなりました。

テンプル騎士団とフリーメーソン その1

2011年2月28日
闇株新聞 縮刷版

最近の中東・北アフリカの騒乱の行方を考えるに、どうしてもユダヤ教・キリスト教・イスラム教の争いの歴史に注目せざるを得ず、それが今日の金融システムの起源にも深くかかわっていることがわかります。直感的に、世界が大きく変動することになる気がしてなりません。

お断りしておきますが、私はユダヤやフリーメーソンの陰謀説は信じていません。ただ、今後の世界経済の展開を考えるにあたって、この辺の歴史を理解しておく必要があると強く感じています。

＊　＊　＊

ユダヤ教・キリスト教・イスラム教は同根であり、同じ一神教であり、その唯一の神（ヤハウェ）は同じです。したがってこの3宗教はいずれも、わずか1キロメートル四方のエルサレム旧市街に聖地があります。

紀元前11世紀にソロモン王が建設した神殿が、紀元70年にローマ帝国によって破壊され、唯一残された神殿の西壁が「嘆きの壁」としてユダヤ教の聖地となっています。

そして638年に出来たばかりのイスラム教徒がこの地を占領し、ソロモン神殿の跡地に作った「岩のドーム」がイスラム教のメッカ、メディナに継ぐ第三の聖地なのです。

そこから少し離れた所にある「聖墳墓教会」はキリストが磔刑に処せられた場所として、326年にキリスト教を公認したばかりのローマ帝国・コンスタンティヌス皇帝によって建てられ、世界で唯一のキリスト教全派共通の聖地となっています。

この地は638年以降イスラム教の国によって占領されていたのですが、イスラム教徒はキリスト教徒を迫害せず、教会も破壊せず、キリスト教徒の聖地巡礼も認めていました。

＊　＊　＊

ところが11世紀の終わり頃、この地を治めていたトルコ系イスラム教徒のセルジューク朝の勢力拡大を恐れる隣接するビザンツ帝国（東ローマ帝国。首都はコンスタンチノープル）の皇帝が、時の教皇ウルバヌス2世に「聖地エルサレムの奪回」を働きかけ、第一回十字軍が派遣されました。

「聖地エルサレム奪回」の名のもとにフランス、イタリア、神聖ローマ帝国の各諸侯が参加しました。当時のヨーロッパは封建制度がほぼ完成しており、王や諸侯が新たな土地を獲得したくても、土地が不足している状況でした。土地に縛られていた農民の不満も増大しており、十字軍遠征はこうい

った民衆のフラストレーションを、まとめて異教徒の地に向かわせることになったのです。

しかし、せっかく奪回したエルサレムは、すぐにまたイスラム教徒によって奪い返されてしまいました。そうして十字軍は結局8回も派遣されるのですが、ヨーロッパ各王家や貴族も多額の寄付などを行いました。

＊　＊　＊

こうして財務基盤を拡大していったテンプル騎士団は、そのうちに王族や貴族の財産を預かるという、今日の金融システムに似たものを拡大していきました。

最初は、聖地巡礼に大量の資金を持って行けないので、まずテンプル騎士団が預かり、巡礼者は旅の途中でテンプル騎士団の発行した「預かり証」のようなもので換金していました。

これはエルサレムがイスラム教徒に奪

ローマ教皇は「聖地を守り、キリスト教徒を保護する」という大義名分のために、国境通過の自由、教皇以外の領主や司教までもがカトリック以外のキリスト教徒、イスラム教徒、そしてユダヤ教徒、イスラム教徒、そして略奪の対象となりました。十字軍こそが侵略者だ

ったのです。

つまり、そもそもエルサレムではキリスト教徒は迫害されていたわけでも何でもなく、聖地訪問（巡礼）も認められていたわけで、ビザンツ皇帝、ローマ教皇、フランス・イタリア・神聖ローマ帝国の各王室のそれぞれの思惑が「聖地奪回」を名目にしただけだったのです。

第1回十字軍は、一応エルサレム奪回に成功したのですが、その過程でユダヤ教徒、イスラム教徒までもが殺戮と略奪の対象となりました。

ローマ教皇から認められた騎士修道会でした。

テンプル騎士団は、正式名称を担ったのがテンプル騎士団でした。巡礼者の世話や護衛をする役目を奪回されたので、ヨーロッパ各地から巡礼者が激増します。それがりなりにもキリスト教の聖地がさて、第1回十字軍派遣で、曲

「キリストおよびソロモン神殿の貧しき戦友たち」といい、ローマ教皇から認められた騎士修道会でした。

ザンツ皇帝（東方正教会の最高権威者）に恩を売っておこうという思惑がありました。

いずれでも統合したいので、ここはビクから分裂していた東方正教会をローマ教皇としても、カトリッ

＊　＊　＊

教への服従の免除などの特権を与えていました。また、ヨーロッパ各諸侯も多額の寄付などを行いました。

＊　＊　＊

つまり、ローマ教皇から各種特権を認められ、本来の軍事力に加えて、圧倒的な財務基盤を有する組織が独占的に銀行業務を行っていたのです。その結果、だんだんと王族や民衆の反感を買うようになっていきました。

回されて本来の機能が不必要になった後も発展し、貸し付けを含む現在の銀行業務に近いものになっていきました。

（つづく）

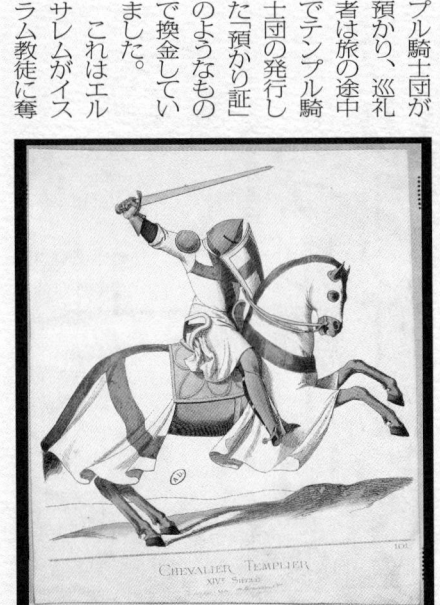

テンプル騎士団とフリーメーソン その2

2011年3月1日
闇株新聞縮刷版

テンプル騎士団の財力に目を付けたのが、王権を拡大し始めていたフランスのカペー王朝のフィリップ4世でした。

第1回十字軍が派遣された11世紀末のフランス王家は、パリ近辺の領土を保有しているだけで、その他諸侯とあまり変わらない王家でした。ところが1285年に即位したフィリップ4世のころには、かなり領土を拡大していました。

＊　＊　＊

カロリング朝のピピン3世が広大な教皇領を寄進したため、もともと教皇庁に対してフランスの王家はローマ教皇に対して強い立場にあったのですが、フィリップ4世は、教皇庁を自国内のアビニョンに移動させたり（アビニョンの捕囚。1309年〜1377年）、南仏を手に入れるために、トゥールーズに拠点のあったキリスト教カタリ派を、教皇庁に異端と認定させて大量虐殺したり、教皇庁の威光を目いっぱい使いました。

当然、テンプル騎士団からも多額の資金を借りていたので、抹殺して借金の棒引きと財産の強奪を考えました。そこで1307年10月13日、フランス全土のテンプル騎士団を一斉に逮捕しました。罪状は悪魔崇拝をしたとか訳の分からないもので、罪を「自白」するまで拷問を加えました。そして、全員有罪として財産を没収し、総長ジャック・ド・モレーをはじめ幹部を死刑（火あぶり）にします。この10月13日が金曜日だったので、今でも「13日の金曜日」が不吉だといわれています。

何やら、最初から見立てが決められている、どこかの国の特捜部みたいなものですが、何と200年10月になって、やっとローマ教皇ベネディクト16世が当時の裁判記録を精査させ、テンプル騎士団の名誉が700年ぶりに回復されたのでした。

こうして勢力を拡大したカペー朝は、1328年に一旦断絶するのですが、その分家が王家を引き継ぎ、フランス革命をはさんで1848年まで続きます。「太陽王」といわれたルイ14世のブルボン朝もカペー家の分家です。

＊　＊　＊

さて、財産を没収されフランスを追われたテンプル騎士団は、その後どうなったのでしょうか？

テンプル騎士団の領地や財産はフランスだけではなくヨーロッパ各地にあったのですが、公式には聖ヨハネ騎士団が引き継いだことになっています（もちろん大半はフィリップ4世が手にしたはずですが）。

聖ヨハネ騎士団は正式名称を

「ロードスおよびマルタにおけるエルサレムの聖ヨハネ病院独立騎士修道会」といい、名前のごとくエルサレムで医療活動を行う目的でローマ教皇から設立を認められました。テンプル騎士団より100年くらい古い設立です。第1回十字軍の後、エルサレムが再びイスラム教徒に奪回されると、ロードス島、シチリア島、マルタ島と居場所を変え、あろうことか海賊や奴隷商人のようなことをして生き残っていました。ですから「ロードス騎士団」とも「マルタ騎士団」ともいわれています。

1798年にナポレオンにマルタ島を奪われると、領土がなくなってしまったのですが、実は聖ヨハネ騎士団は現在も「領土なき国家」として国連に加盟し、各国に大使館もあります。本部はローマ、人口は1万人と登録されていますが、日本は承認しておらず、従って大使館もないのですが、時々、聖ヨハネ騎士団あるいはマルタ騎士団を語った詐欺話を聞きます。

＊　＊　＊

テンプル騎士団に話を戻します。テンプル騎士団はもともとフランスから追放されたのですが、もともとテンプル騎士団と近かったスコットランドに巨額の財宝を持った騎士団が逃げ込んだといわれています。エディンバラ近郊のロズリンに拠点を構えました。ロンドンにもテンプル寺院とかテンプル駅という地下鉄の駅があり、かなりの騎士団が逃げ込んだようです。

余談ですが、テンプル騎士団は巨額の財宝の他に、エルサレムのソロモン神殿の跡地（岩のドーム）がその上に立っているはずですが）で、大変貴重なものを見つけ、それをスコットランドのロズリンに上げ、問題意識を持って歴史の流れを正確に理解することに努めています。特定の文献・資料はありません。

【質問】
闇株新聞には、これまで見聞きしたことのない歴史観が示されています。論者はどのような文献・資料等から、記事を書かれているのでしょうか。

【答え】
筆者は「歴史は科学である」と思っています。なぜなら、歴史上の出来事には、必ず原因・背景があるからです。それらを探る上で重要な要素はいくつかあって、何か大きな闇があったはずです。また「第二次世界大戦」に突入した経緯にも、闇がありそうです。当時の政権と軍部の中に、コミンテルンのスパイがいて画策したに違いないと思っています。

歴史を探る上で得た知識は、世界経済や金融や政治について考える時にも、役立っています。

闇株新聞Q&A 闇株新聞の歴史観とはいかなるや

「歴史シリーズ」は洋の東西を問わず取り扱っていますが、特に日本史は恣意的に書き換えられていることが多いので、流れを整理していくうちに不自然なところが幾つも明らかになって、またそれらを調べたり考えたりする楽しみが出てくるのです。

例えば「明治維新」は、おそらく教科書的な説明とはかなり違っているはずです。坂本龍馬のような"田舎の貧乏侍"が、新生日本に影響力を及ぼせたはずがありません。

運び込んだ、という説がありす。いわゆる「聖杯伝説」で小説『ダ・ヴィンチ・コード』にも出てきます。（つづく）

2011年3月4日 テンプル騎士団とフリーメーソン その3

さて、いよいよフリーメーソンについてです。フリーメーソンの起源として2説あります。

ひとつは、1360年にイギリスのウインザー城建設に駆り出された石工が、その後数百年にわたりヨーロッパ各地でのゴシック建設を独占すべく、そのノウハウを門外不出とするために作った組合説。当然ヨーロッパ各地に「出張」するわけで、各地の権力者に重宝され、各種情報を得ることで力をつけていったというもので、この説が最も一般的です。

もうひとつが、テンプル騎士団が主にスコットランドの地で作ったというもので、その財力を利用して世界各地に浸透していったという説。確かに今でもスコットランドにはフリーメーソンの支部（ロッジ）が数多くあります。

　　＊　　＊　　＊

一般的には石工組合説が支持されており、テンプル騎士団とラリー立以来長い間、石工以外のメンバーを排除してきたはずで、いくら財産を持っていても、海外から来た騎士（日本で言う浪人）のメンバーを受け入れたとは考えにくいのです。

現在、フリーメーソンのメンバーは世界で300万人といわれ、日本にもグランド・ロッジ（日本総本部）が東京タワーの近くにあります。日本でのメンバーは主に米軍関係者といわれ、純粋の日本人は300人くらいといわれています。

その活動は、会員間の親睦を深めるのみで、政治・経済活動はまったくやっておらず、よく言う世界の陰謀にかかわっているということはありません。日本の会員第一号は、幕末の頃にいた西周だといわれています。

けしかけて富を築く手法は、武器商人が今でも世界各地で行なっているノウハウであり、坂本龍馬や岩崎弥太郎はその手先でもあったといわれています。

　　＊　　＊　　＊

敗戦後、GHQに支配された日本では、マッカーサーがフリーメーソンだったので、戦後最初の首相である東久邇稔彦殿下や鳩山一

ーメーソンは基本的には関係ありません。

フリーメーソンには1600年頃から石工以外のメンバーが入り、1717年にロンドンに最初の本部（グランド・ロッジ）ができました。フリーメーソンは、創設外ではヨーロッパ各地に、創立以来長い間、石工以外のメンバ

界の陰謀にかかわっているということはありません。日本の会員第一号は、幕末の頃にいた西周だといわれています。

幕末時に幕府軍と薩摩・長州軍をけしかけ巨額の富を得た武器商人のトーマス・グラバーは、スコットランド出身ですが、ユダヤ人でもフリーメーソンでもありません。余談ですが争っている双方を

男子は誰でも入れるようです。テンプル騎士団がフランスから追放されたのが1307年で、フリーメーソンの母体となった石工組合の最初の仕事であるウインザー城が建設されたのが1360年と、微妙にずれています。だからテンプル騎士団とフリーメーソンも、基本的には無関係のようです。

＊　＊　＊

それではテンプル騎士団の巨額の財産はどこへ行ったのでしょう？　その後、銀行業務はユダヤ人の専売特許のようになっていきます。しかし、これらともテンプル騎士団との関係は出てきません。テンプル騎士団の巨額の財産は、その後、ヨーロッパ各地での戦争の中で消えていったのだと思います。

最後に、フリーメーソンと米国の関係を書いておきましょう。初代大統領のジョージ・ワシントンをはじめ数多くの歴代大統領がフ

郎氏などもフリーメーソンのメンバーだったのですが、これはGHQへのご機嫌伺いだったようです。鳩山一郎はその後、吉田茂との勢力争いに完敗するわけで、フリーメーソンの威光は効かなかったようです。

それから、よくフリーメーソン＝ユダヤ人といわれていますが、そもそも起源が石工でもテンプル騎士団でも、最初からユダヤ人が入っていたということは絶対にありません。特にテンプル騎士団はカトリック教徒で、ユダヤ教徒とは絶対に相容れなかったはずです。

確かに、現在のフリーメーソンのメンバーには、ユダヤ人が数多くいます。しかしこれはむしろ、世界で迫害されることが多かったユダヤ人が、会員の資格が逆に厳しくなかったフリーメーソンに数多く入れた、と考えるほうが自然です。今でもフリーメーソンは、無神論者と共産主義者以外の成年

リーメーソンだったといわれています。これは当時ヨーロッパから逃げてきたキリスト教徒が、結束を深めるためにメンバーとなっていたからだと思われます。現在も確かにユダヤ人のメンバーが多いのですが、これをもって米国がユダヤ人とフリーメーソンに操られているということは全くありません。

ただ、1913年に設立された米国連邦準備制度理事会（FRB）の株主が、ロックフェラーとかロスチャイルドといった、ユダヤ系の人たちで占められていたことは事実です（米国政府は入っていません）。だから、よくいわれるように1ドル札に「ユダヤの目」が印刷されているのかも知れません。

2012年3月16日 マドフ巨額詐欺事件で「被害者」に支払い命令下る!?

マドフ事件とは、リーマンショック直後の2008年12月に発覚した、総額650億ドル(当時の為替で6兆円!)もの巨額証券詐欺事件です。主犯のバーナード・マドフ(写真)は元ナスダック会長で、40年以上にわたって顧客の資産を「運用」していると偽り、高額の配当も支払っていました。マドフは懲役150年の刑が確定しています。

＊　＊　＊

米国連邦地裁は2012年3月14日、米大リーグ「ニューヨーク・メッツ」のオーナーであるフレッド・ウィルポン氏と、共同オーナーであるソール・カッツ氏に対し、3億300万ドル(255億円)をマドフ清算管財人に支払うよう命令しました。

ウィルポン氏らは「マドフによって5億2000万ドルの損失を被った」と言っているのですが、これはマドフに投資した資金の合計です。支払い命令の出た3億300万ドルは「マドフの不正配当」とみなされた受け取った不正配当ですが、実際に彼らが受け取った配当の累計は5億7000万ドルだったようです。(本人は否定)。

＊　＊　＊

要するに被害総額の「650億ドル(6兆円)」というのは、"被害者"全員がマドフに預けて「増えている」と信じていた、金額の合計で、そのほとんどは「配当」や「払い戻し」「運用損」に消えてしまっていたわけです。

AIJ投資顧問と同じようなものですが、マドフの場合は「運用損」は少なく、大半が「配当」と「払い戻し」だったようです。ウィルポン氏のようにトータルで儲かっていた「被害者」も、運良く「すべて払い戻した」投資家も数いるはずです。

マドフ管財人は、これらの返還を求めて多数の訴訟を起こしていますが、実際に支払い命令が出たのは初めてであり、今後、同様の命令が続出するものと思われます。既に和解に応じて返還した「投資家」もいるそうです。

＊　＊　＊

ウィルポン氏らへの支払い命令は、トータルで儲かった金額(5000万ドル)ではなく、「マドフの不正を知っていて不正に受け取った配当」とみなされた3億300万ドル全額対象になっています。またウィルポン氏らがマドフ300万ドル全額対象になっていまと長年の家族ぐるみの付き合いだったことも理由になっているようです。

ウィルポン氏らが所有する「ニューヨーク・メッツ」は、2010年5月時点で球団価値が7億4

企業総合　1版　【縮刷版】　闇株新聞　2012年（平成24年）3月16日（金曜日）

700万ドル（全30球団の上から5番目）とされているのですが、昨シーズンも7000万ドルほどの赤字だったようで、球団売却を余儀なくされると思います。そうでなければ人気球団の差し押さえという前代未聞の事態になります。

実は、2010年に合意していたはずのヘッジファンドマネージャーのデビッド・アインホーン氏の2億ドルの資本参加（33％の所有権と60％までの取得オプション）が、なぜか破談になっていました。

＊　＊　＊

マドフ管財人の訴訟相手はもっと多岐にわたっています。マドフが運営していた投資会社のメインバンクだったJPモルガン・チェースに64億ドル、UBSに20億ドルの損害賠償を求めています。「マドフの犯罪を手助けした」という理由ですが、保管銀行（カストディー）はマドフ自身の会社が行っ

ていた可能性もあり、当然管財人は「共謀した」として巨額の損害賠償を求めています。

＊　＊　＊

実は、野村証券も3億600万ドルの被害を被ったのですが、管財人から2140万ドル

の損害賠償を求める訴訟を起こされています。これは「マドフの不正を知っていながらマドフに資金を供給した」のが理由のようで、同じ理由でシティグループやメリルリンチなども対象になっています。

野村証券は、ファンドに組み込んで販売し（つまり顧客の損失です）手数料を取っていたようで、間違いなく「クロ」と判断されます。

それ以外にもバンコ・サンタンデール（スペインの大手銀）や、オーストリアのバンク・メディチ（イタリアのメディチ家とは関係ありません）などがあり、当然管財人は「共謀した」として巨額の損害賠償を求めています。

ていたもので、年間2億ドルもの収入を得ていました。

に投資し、そこから1％の運用手数料と20％の成功報酬を受け取って、要するに自らファンドを組成して集めた資金をそっくりマドフ

ィールド・グリニッジ・グループと届けているフェアフ「被害額」である75億ドル（67

50億円）と届けているフェアフィールド・グリニッジ・グループ

さらに、「販売会社」に相当する米国内外の複数のファンド・オブ・ファンズがあります。最大の

（18億円）の損害賠償を求める訴訟を起こされています。これは「マ

2012年5月16日 JPモルガン・チェース 巨額損失事件の不思議 その1

2012年5月10日、米国最強の金融持株会社、JPモルガン・チェースが20億ドル（1600億円）の取引損失を出したと発表しました。

日本では、お決まりの「デリバティブ」取引による損失（金融機関などで損失が出ると大体この表現で済ませます）だと報道されています。要は、銀行全体のクレジットリスクをまとめてヘッジする部門で、何らかの理由でヘッジがうまく機能せず、損失が出たようです。

しかし、発表直後にFRB（連邦準備制度理事会）が調査に乗り出し、次いでOCC（通貨監督局）傘下の銀行部門を監督、SEC（証券取引委員会）、CFTC（商品先物取引委員会）と監督権限があるところ全てが調査に着手しました。

＊　＊　＊

直観的に「不思議」なことが幾つかあります。まず、20億ドルの損失が巨額であることは間違いないのですが、別にJPモルガン・チェースの屋台骨が揺らぐほどの数字ではありません（AIJ投資顧問の浅川社長がほぼ1人で吹き飛ばした金額にほぼ等しい）。また当局にとって絶対回避しなければならない「JPモルガン・チェースが経営危機を起こすことによる金融システムの動揺」は起こるはずもありません。

だとしたらなぜ、すべての監督機関が「大慌てで」調査に入ったのでしょうか？

次に、米国ではどこかの国と違って、こういう問題が出たとき真っ先に「その損失が何によるものなのか」と「その損失を抱えたポジションは既に解消されたのか、まだならどう解消されるのか」が公表されます。市場の無用の不安と混乱を防ぐためです。

5月14日になってようやく「問題のポジションの解消には年内いっぱいかかるかもしれない。またその過程で損失があと10〜20億ドル増えるかもしれない」というニュースが伝わってきましたが、そもそも会社の正式発表ではなく、市場が一番知りたい「何のポジションが、どれくらい（量）、いつ頃までに市場に出てくるのか」の答えになっていません。

＊　＊　＊

これらから類推できることは、JPモルガン・チェースも監督機関も「どこに問題が発生しているのかも含めて（だからすべての監督機関が調査に入った）全く実態が把握できていない」ことです。

さらに同日、この取引の直接の責任者だったとされるアイナ・ドリュー最高投資責任者（CIO

国の金融機関では別に珍しい方式ではありません。

あくまでも推測ですが、この独立した部門がいつの間にかヘッジという目的から外れて「収益の」ために巨額のポジションを積み上げてしまっていた」のだと思います。つまり、全体のポジションを報告させてそのヘッジを行う部門が「暴走」していたわけで、チェックするところがどこにもなかったのです。

問題は、これが「現場レベルの暴走（つまり不正）」だったのか、ダイモンCEOまで承知していた「組織ぐるみ」だったのか、また「全く使用していなかったヘッジモデルがガラクタだったのか」が分からないことにあります（恐らく、最後まで分からないでしょう）。

　　　＊　　＊　　＊

ダイモンCEOが、現在作業が進んでいる金融規制改革法案（ボルカールール）反対の急先鋒だっ

が辞任すると発表され、現場の取引責任者だったロンドンのアキレス・マクリス氏も辞任すると噂されています。つまり、問題に最も近いはずの2名が真相解明の前に会社を去ろうとしているのです。

これからしばらく（たぶん半年くらい）、米国の金融市場は「大変な疑心暗鬼」に襲われるはずです。普段歩いている広場に埋まっているのが、爆竹なのか原爆なのかが分からない状態なのです。これが一番の問題です。

　　　＊　　＊　　＊

本来このポジションは、JPモルガン・チェース全体のクレジットリスクを一元的にヘッジするために、独立した部門が各現場に全く知らせることなく全体のヘッジ戦略を立案・実践しているものです。ジェイミー・ダイモンCEOや辞任するドリューCIOなど、ごく一部の最高経営陣だけが「関わっていた」はずです。これは米

たことが、問題を複雑にしています。オバマ大統領も同日（5月14日）この損失に触れ「だから金融規制改革法案が必要なのだ」と発言しています。

ここから先は、米国の金融市場の規制と自由化の歴史や、JPモルガン・チェースの沿革や、ダイモンCEOについて解説した方が良いと思いますので、続きます。

2012年5月17日 JPモルガン・チェース 巨額損失事件の不思議 その2

JPモルガン・チェースの巨額損失事件について、米国司法省とFBI（連邦捜査局）まで調査に乗りだしました。これは「はっきりと犯罪の疑いがあるから」ですが、捜査対象がダイモンCEOにまで及んでいるのかどうかは分かりません。

本件は米国金融市場に間違いなく「大変な混乱」を招くはずですが、より詳しく理解するためには米国金融界の規制と自由化の流れと、JPモルガン・チェースの沿革、ダイモンCEOについて理解しておく必要があります。

＊　＊　＊

1895年、ジョン・ピアポント・モルガンが、家業の金融業を発展させてニューヨークにJPモルガン商会を設立します。大恐慌後の1933年、米国政府は銀行業務と証券業務の兼業を禁止しました（グラス・スティーガル法）。自己資本を使った証券の引受けや

売買に、預金者の資金が使われないようにしたのです。

これらの自己資本を使った証券業務を「投資銀行業務」というのですが、これはインベストメント・バンキングの直訳です。誤解しやすいのですが、グラス・スティーガル法ではこの「投資銀行業務」を「銀行」が行うことを禁じたのです。

それを受けJPモルガンは銀行業務に特化することに決め、分離された投資銀行部門はモルガン・スタンレーとなります。

1975年、株式委託手数料が自由化されたことにより手数料収入が減少し、証券会社は徐々に投資銀行業務に力を入れ始めます。その過程で徐々にグラス・スティーガル法が骨抜きになり、クリントン政権末期の1999年に全廃されます。

＊　＊　＊

それを受けてJPモルガンは

2000年、チェース・マンハッタン銀行と経営統合して資金基盤を強化、再び投資銀行業務を拡大します。

ちなみに、1970年代から1980年代にかけてチェース・マンハッタン銀行の頭取だったのが、現ロックフェラー家当主のデビッド・ロックフェラーです。もう90歳を超えていますが、いまだ

に米国金融界（ユダヤ系）のドンです。

JPモルガン・チェースは2004年、当時全米7位の銀行だったバンクワンを吸収合併するのですが、バンクワンの会長兼CEOだったのがジェイミー・ダイモンです。

ジェイミー・ダイモンは1990年代後半にシティグルー

金融危機で公的資金を投入できるのが「銀行」だけだったからですが、事実多額の公的資金の投入を余儀なくされた米国政府が、再び「投資銀行業務」に預金者の資金を使うことを規制する(もっと正確に言うと「投資銀行業務」そのものを規制する)方向に舵を切ったのが、2010年7月に成立した金融規制改革法(ドッド・フランク法)です。

ところが、この法案は施行のための具体的作業が遅れており(ボルカールールは「投資銀行業務」の行動を規制する中核的ルールですが、大統領選の争点にもなっています)、ドッド・フランク法案を承認したオバマ大統領はもちろん支持しており、逆にプライベートエクイティのベインキャピタルの創業者であるロムニー候補は反対しています。

2008年の金融危機に際し残っていた投資銀行は、次々と整理されていきます。JPモルガンがベアー・スターンズを買収し、リーマン・ブラザーズは破綻、メリルリンチはバンク・オブ・アメリカの傘下に入り、ゴールドマン・サックスとモルガン・スタンレーは自ら銀行持株会社となり、「投資銀行業務」はすべて「銀行」の業務になったのです。

 ＊ ＊ ＊

プのトップとなったサンフォード・ウィルの腹心だったのですが、ダイモンの実力を恐れたウィルに追放されてオハイオのバンク・ワンに「都落ち」していました。ところが2004年にJPモルガン・チェースに吸収された際、JPモルガンに吸収された際、JPモルガンチェースの社長兼COOに抜擢され、2006年には会長兼CEOに昇格します。吸収された会社のトップが吸収した会社のトップになることは米国でも異例です。

 ＊ ＊ ＊

金融危機で公的資金を投入できく未も多分に政治的なものになるはずです。

 ＊ ＊ ＊

さて、金融危機後の米国金融業界の「最大の勝ち組」がこのJPモルガン・チェースです。

2008年には米国最大の貯蓄貸付組合のワシントン・ミューチュアルも吸収し、2011年10月に、全米最大の総資産(2・2兆ドル)を持つに至りました。

また投資銀行業も急速に勢力を拡大し、2009年以降はゴールドマン・サックスやモルガン・スタンレーを抜き、3年連続トップを維持しています。この急成長を支えたのがダイモンCEO以下の経営陣による適切なリスク管理能力だといわれていたのです。その適切なはずのリスク管理で、大きな「損失」が発生したのです。あくまでも個人的な考えですが、大きくもない地方銀行(バン

ク・ワン)のトップから全米最大かつ最大の勝ち組の銀行のトップに上りつめたダイモンCEOへの、業界の「妬み」を考慮に入れておく必要があります。

金融危機当時の財務長官だったヘンリー・ポールソン(元ゴールドマン・サックスCEO)の回顧録では、金融危機の初めにベアー・スターンズを手に入れていたダイモンが、その後のリーマン・ブラザーズやメリルリンチの危機救済に一切協力せず、その隙をついて危機状態ではあったもののはるかに魅力的なワシントン・ミューチュアルをさらっていったことが書かれています。

2012年7月20日
スイス銀行も通報義務がある？マネーロンダリングの話

2012年7月16日、米国上院国土安全保障・政府問題委員会が、英金融大手HSBCが正しいマネーロンダリング対策を行っていなかったと報告しました。恐らく1000億円ほどの罰金が科せられます。

ここでいうマネーロンダリングとは「米国が制裁対象としている北朝鮮やイランなどの企業や個人との資金取引」や「麻薬など犯罪に関わる取引の資金決済」を意味し、HSBCが「マネーロンダリングと認識しながら中止しなかった」ことが問題となります。

時期が特定されていないのですが、北朝鮮に対する金融制裁は2005～2007年なのこ（2010年秋に一部復活）、この時期のものと推測されます。「何でこの時期に、何でHSBCが？」についても、LIBOR問題と同じく「米国当局の明確な意思」が感じられます。

＊　＊　＊

「マネーロンダリング」には（直接関与したのか、単に黙認したのか、それとも全く気がつかなかったのはともかくとして）必ず「銀行」が関与しています。逆に言えば「銀行が関与しないマネーロンダリング」はありません。

つまり麻薬組織が不正に得た現金を「鞄につめて」国境を越えたとしても、それはマネーロンダリングとは言いません。あくまでも「不正な資金が、銀行システムの中で、正常に使える資金になる」ことがマネーロンダリングなのです。

先進国の銀行は「マネーロンダリングが行われていないか監視し、疑わしい取引は当局に通報し、当局は関係する外国当局に通報する」ルールになっています。当然ですが、日本の銀行や日本の当局は「優等生」で、ちょっとでも疑わしいとすぐに通報しているはずなのですが、今回のHSBCに関する報告書には北陸銀行の名前があるようです（北陸銀行には間違いなく100億円単位の罰金が科せられます）。

＊　＊　＊

よく「スイスのプライベートバンクは守秘義務が厳格なので、いろんな意味で安全である」と思われているようなのですが、これはマネーロンダリングの疑いのあ間違いです。

確かにスイスの国内法では銀行員の守秘義務には非常に厳格で、違反すれば禁錮刑もあります。そういう意味では「安全」なのですが、この場合もマネーロンダリングに関する情報は免責で、かつ通報を怠った場合の罰則規定があります。

※最後に出ている日本人2人が拘束された事件は、その国境の駅の名前から「キアッソ事件」と言われています。そして今度は2012年2月17日に、何と6兆ドルもの偽造米国債がスイスで押収され、何人かのイタリア人が逮捕されました。米国の債務残高の36％にも相当する米国債が「スイスにあった」ことになってしまいます。もちろん換金目的ではなく詐欺の小道具なのですが、2人の日本人も、この被害者か一味（？）だった可能性があります。

る取引はスイス当局に通報され、そこから（日本に関する取引であれば）日本の当局に通報されます。

2003年に日本の「ヤミ金融」の収益がスイスの銀行にあることが通報されたのですが、スイス当局がしっかりとその半額を召し上げました。

この点だけに限れば、欧州の小国・リヒテンシュタインのプライベートバンクが、世界で一番「安全」だそうです。

＊　＊　＊　＊

ここで「銀行自体が積極的にマネーロンダリングに関わっている」と、結構面倒なことになります。

例えば、1972年にパキスタン人のハッサン・アベディが、アブダビ首長の資金でルクセンブルクに創設したBCCI（国際商業信用銀行）は、世界中のあらゆる犯罪資金を取り扱い（ウサマ・ビン・ラディンも含まれていた）、

自らも闇市場での武器売買に関わり、1991年に米英当局から営業停止を命じられました。

BCCIには東京支店もあったのですが、突然の営業停止で東京時間のドル取引の決済がニューヨークで行えず、先に円を支払っていた当時の日本興業銀行が多額の損失を被っています。

さらに「その銀行を管理する国家が、積極的であるかどうかはともかくとして、マネーロンダリングに関わっているか、黙認をしている」と、ものすごく面倒なことになります。

そのものすごく面倒なことが「バチカン銀行（正式名は宗教事業協会）」で起こっているようです。

闇株新聞 Q&A キアッソ米国債事件の真相は!?

【質問】
「キアッソ米国債事件」の背景と真相について教えてください。

【答え】
2009年6月、イタリア国境に近いスイスのキアッソで、スイスに入国しようとした日本人2人が、1345億ドル（13兆円）もの米国債を保持していたとしてイタリア警察に拘束された事件です。

この米国債は「1934年の5億ドル券」で、もちろん偽物でした。ユーロ圏の鉄道移動は通常、国境のパスポートチェックだけで荷物検査はありません。スイスに入国しようとしてイタリア警察に拘束されたことからしても、尾行されていたのでしょう。

偽外債の「保持」だけでは罪にならないため、この2人は釈放されたのですが、続報がありません。ところが昨年2月、今度は6兆ドルの偽米国債が見つかり、複数のイタリア人が逮捕されました。今度も1934年のもので、ご丁寧に第一次大戦の「ベルサイユ条約」のコピーまで添付されていたそうです。

これはイタリアの犯罪グループの犯行で、かなり以前から捜査されていたものと思われます。偽米国債を詐欺の小道具に使い「貴族がその昔、米国政府に巨額資金を用立てて米国債を受け取った。その子孫が換金したがっているが、事情があって米国には入国できないので格安で売ってあげましょう。スイスの銀行で換金できますよ」といった詐欺話を持ち掛けるのではないでしょうか。

2012年7月4日 英国バークレイズ銀行LIBOR事件の背景 その1

英国の主要銀行であるバークレイズ銀行が、世界の金融取引に使われる基準金利(LIBOR)の不正操作に関わっていたとして、米英当局が2億9000万ポンド(360億円)もの巨額罰金を科しました。それを受け2012年7月2日、マーカス・アギウス会長が辞任、翌日にはボブ・ダイヤモンドCEOも辞任しました。政治的な背景がありそうです。

＊　＊　＊

LIBOR(ロンドン銀行間取引金利、「ライボー」と読みます)とは、世界の主要銀行がロンドン市場における資金取引のレートを持ち寄って算出するもので、世界のあらゆる資金取引、ローン、スワップ、債券発行、債券売買、デリバティブなど天文学的金額の取引の「基準金利」となります。

LIBORはドル(ユーロドル)だけでなく、ユーロや円(ユーロ円)など、多数の通貨についても算出されています。レートを持ち寄る銀行そのものがLIBORを基準とする膨大な取引を行っているため、これを操作できれば(調達コストを引き下げられるなど)、かなりの不正収益を上げることが可能です。

＊　＊　＊

不正が囁かれだしたのは2008年の金融危機の時で、世界中の銀行の資金調達が困難になっている中でLIBORが「不自然に」低いまま維持されていたからです。

バークレイズ銀行の不正は2005〜2009年頃に行われていたようですが、そもそも複数の銀行(ドルLIBORだと当時は16行)がレートを持ち寄り、高い何行かと低い何行かを除外して平均値をとるため、複数の銀行を巻き込まなければ操作はできません。バークレイズ銀行は、その中心的役割を果たしていたようです。その頃から米国司法省が英国金融サービス庁(FSA)などと協力して「刑事捜査」に踏み切っており、世界のかなりの数の金融機関が捜査対象になっています。問題はまだまだ拡大しそうです。

英国では、バークレイズの次にロイヤルバンク・オブ・スコットランド(RBS注)にも1-5億ポンド(188億円)の罰金が科せられると言われています。それ以外に捜査対象とされているのがHSBC、ドイツ銀行、UBS、バンク・オブ・アメリカ、シティグループ、JPモルガン(!)など、日本の銀行も入っています。

＊　＊　＊

重要なのは、これがロンドンを舞台にした不正であるにもかかわらず、米国司法省が主体となって捜査したことです。バークレイズ

銀行が支払った2.9億ポンド（4.53億ドル）の罰金の内訳は、米国司法省が2億ドル、米国CFTC（商品先物取引委員会）が1.6億ドル、英国金融サービス庁（FSA）が5950万ポンド（9300万ドル）と、大半を米国が召し上げました。

確かに不正の大半がユーロドルLIBORのようで、米国の通貨だからとも米国経済への影響が大きかったからとも言えるのですが、巨額罰金はバークレイズ銀行の英国本社に対して科したのです。つまり、米国政府は英国内で捜査権限がないので、英国政府に強引に協力させたことになり、これをEU加盟国である英国政府が受け入れたのです。

＊　＊　＊

これは非常に微妙な問題で紙面を要するので次回にしますが、本日はこれだけ付け加えておきます。

2011年12月、証券取引等監視委員会が、UBSとシティバンクの日本証券法人に対し「東京市場における円の基準金利（TIBOR）で全く同じ操作をして不正な収益を上げていた」として金融庁に行政処分を勧告しました。この時に出された処分は「一部業務の1週間〜1カ月間の営業停止」だけでした。

これこそ、日本に登録している証券会社が、日本のど真ん中で日本の通貨である「円」の金利を操作して不正に利益を上げていたもので、正々堂々と巨額罰金を科せばよかったのです。

日本の当局にとって外資系の金融機関は「触れることのできない聖域」なのです。

（注）ロイヤルバンク・オブ・スコットランド（RBS）は「スコットランド・ポンド」の発券銀行です。スコットランド・ポンドは英国ポンドと等価で流通しています。ただしロンドン市内で嫌がられても嫌われても嫌でに金融危機で経営危機に陥り、2008年に金融危機で経営危機に陥り、英国政府から200億ポンド（2.5兆円）の公的資金を受けています。

闇株新聞コラム　イチロー選手電撃移籍のチーム事情

2012年7月24日、マリナーズのイチロー選手が突然ヤンキースへ移籍（トレード）しました。MLBではレギュラーシーズンの3分の2を消化した7月末なので、ここでポストシーズンに望みのある球団は即戦力を補強、そうでない球団は来シーズンを見据えて若手中心に切り替えるのです。イチロー選手の電撃移籍も、まさにそうした両球団の事情を反映したものでした。

そもそもMLBは、下位球団にドラフトでの指名優先権を与えるなど戦力均衡を図り、人気を維持しています。マリナーズは10年間も下位に甘んじているので有望選手の宝庫になっているはずなのに、スカウトが下手なのかさっぱり向上しません。

さらに本拠地シアトルは人口の少なさから地元放送局からの高額放映権料も期待できないため、マリナーズとしては今後も「若手中心・低予算化」を進めるしかなく、チーム最高給のイチロー選手を放出せざるを得なかったのです。

イチロー選手の年俸は約1700万ドルですが、支給はレギュラーシーズンの6カ月払いのため、残り2カ月強の報酬は600万ドルほどになります。契約自体はヤンキースが引き継ぎましたが、恐らく半分はマリナーズが負担したはずです。

マリナーズにとっては300万ドルの人件費節約、ヤンキースにとっては300万ドルでポストシーズンを戦うための外野手補強というトレードだったのです。

2012年7月6日 英国バークレイズ銀行LIBOR事件の背景 その2

案の定、問題が大きくなってきました。というよりも、さらなる「真相」が姿を現し始めたようです。

2012年7月4日、前日に辞任したばかりのボブ・ダイヤモンド前CEOが英国議会特別委員会で証言し「当局の捜査に進んで協力したにもかかわらず、疑惑の持たれている金融機関の中でバークレイズだけに批判が集中しているのは不当(つまりどの銀行でもやっていたこと)」と不満を漏らしながらも「金融危機が深刻化していた2008年に、バークレイズの財務内容を実態以上によく見せるために、故意に金利を低く提示していた」ことを認めました。

証言の中で「英国中央銀行および英国政府が暗黙のうちに借り入れコストの実態隠しを示唆していた」ことを示唆し、実際に当時の英国中央銀行(BOE)のタッカー副総裁から「報告する金利は常に高く見える必要は無い」と告げ

られたことも「暴露」してしまいました。

ダイヤモンド氏にしてみれば「せっかく当局に協力して、英国中央銀行や英国政府の関与が表に出ないようにしていたのに、(英国議会やマスコミの非難に対して)知らん顔をされて想定外の辞任に追い込まれた」不満があるのでしょう(ダイヤモンド氏は米国人です)。

＊ ＊ ＊

これは単純な英国の金融機関の「不正」ではなく、明らかに2008年の金融危機を乗り切るために中央銀行および政府も「関与」していたことになります。

中央銀行や政府の関与の度合いが「黙認」だけなのか、最初に「示唆」したのか、それとも積極的に「誘導」したのかは不明です。まあ、永久に不明のままでしょう。

特に英国政府は、シティの金融業務が国家の「主要産業」であるしまうことになり、英国政府は「賛成できない難しい立場」です。そ

対に避けなければなりません。

折しもEUでは、域内の銀行への直接資本注入が始まるため(最初はユーロを構成する17カ国だけかもしれませんが)、EU全域の銀行監督を一元化する「銀行同盟」に移行する可能性があります。シティの独立性や優位性が揺らいでしまうことになり、英国政府は「賛成できない難しい立場」です。そ

こへ「もっと厄介な問題」が出てきてしまったことになります。

本紙ではかねてから、EUの政治的命題とは「政治的にも経済的にも米国と対峙できる一大勢力になること」と書いているのですが、そうすると国際金融センターのシティを抱えてユーロダル(米国外にあるドルのことです)ビジネスの中心である英国政府の「国策」

に反してしまうことになります。

個人的には「英国は将来的にEUから離脱する」と予想しています。そもそもEUに加盟している英国が、このLIBOR不正操作に関して米国政府に積極的に「協力」しているのも（罰金の大半を召し上げられても）、英国政府が米国政府および「ドル」から離れられない事情を表しています。

同じように米国政府の捜査対象になっているドイツ銀行やUBSなどでは、こうは簡単にはいきません。また肝心の米国内でも、シティグループ、JPモルガン、バンク・オブ・アメリカが捜査対象になっているはずですが、この決着は「金融規制法案」が具体化する中でつくような気がします。いずれにせよ「もっと大きくなりそうな国際問題」になってきました。

＊　＊　＊

読者の方からコメントを頂いていたのですが、ロンドンではなく東京の基準金利であるTIBOR（円金利）がLIBOR（ユーロ円金利）に比べて「異常に高く」なっています。2012年7月4日のTIBORは（ユーロ円と同条件の360日ベースで）1カ月が0・180％、3カ月が0・334％です。これに対してLIBORの1カ月が0・142％、3カ月が0・195％となっています。

理由をいろいろ考えたのですが、TIBORは東京市場の銀行間における「無担保での資金の融通」金利であり（もちろんLIBORも無担保ですが）、銀行間で資金が余っている東京市場では「まともな金融機関」が調達に回ることはありません。逆に言えば、この金利でも無担保で積極的に「融通」する銀行も無いはずで、金利実勢より「無担保」が強調されている金利のような気がします。

闇株新聞コラム 金商法が引き起こす新たなリスク

米国のメリーランド州退職年金基金などが、リコールに関するトヨタの情報開示が不適切で株価が下落したとして、米証券取引法違反と日本の金融商品取引法違反で損害賠償を求めていました。

米証券取引法ではトヨタ側の「悪意」を立証しなければなりませんが、日本の金融商品取引法は「悪意」がなくても虚偽が発覚すれば会社が賠償責任を負う「無過失責任」と定めています。さすがに米国でも、米裁判所が証券訴訟を扱う場合、外国法への干渉を避けるべきという連邦最高裁の判断が示されています。

担当したロサンゼルス連邦地裁も「外国の法を乱す」として、日本の金融商品取引法の適用を否定したのですが、トヨタは早々に20億円での和解を選びました。

そもそもこの訴訟は、情報開示に関しては米国の方が原告に有利であり、法律面では会社の「悪意」を立証する義務のない日本の金融商品取引法が有利なので、米国の裁判所に日本の同法の適用を求める戦術を取ったものです。

しかしこの訴訟の影響は「とてつもなく」大きくなります。日本株式に投資する米国投資家にとって「虚偽さえあれば、因果関係に関係なく値下がり分を賠償してくれる」法律が日本にあることが広く知られてしまったからです。

今後は直接日本の裁判所に日本の金融商品取引法で訴訟してくるケースが続発することになるでしょう。さしあたっては、オリンパスがまず標的になりそうです。

英国バークレイズ銀行LIBOR事件の背景 その3

2012年12月13日
闇株新聞縮刷版

2012年12月11日、英国で経済犯罪の摘発を担当する重大不正捜査局（SFO）が、LIBOR不正操作に関わったとして3人の英国人を逮捕しました。

事件そのものは2012年6月27日に英銀大手のバークレイズ銀行に対し、米国および英国当局が2億9000万ポンド（360億円）の巨額罰金を科し、バークレイズの会長、CEO、社長が次々と辞任したものです。

バークレイズ銀行が支払った2億9000万ポンドの罰金は、その80%を米国司法省と米国CFTC（商品先物取引委員会）が召し上げています。今後も米国当局の捜査要請に対し、英国当局が「それなりに」協力していくことになるでしょう。

しかし、同じく捜査対象となっているドイツ・フランス・スイスの大手銀行では、英国当局と同じような協力が得られないと思われ、今後の成り行きが注目されます。

＊ ＊ ＊

米国当局は12月10日にも、英銀大手のスタンダード・チャータード銀行に対して「イランとの不正な金融取引があった」として3億

2700万ドル（270億円）の罰金、翌12月11日には同じく英銀大手のHSBCがメキシコ麻薬組織のマネーロンダリングに加担していたとして史上最高額の19億2100万ドル（1580億円）の罰金を、それぞれ科しました。

これは米国の経済制裁先であるイランや、当局が捜している海外の麻薬組織などと金融取引があっ

たことが理由です。

なぜ、ここにきて急に動きが活発になったのでしょう？それは米国大統領選挙が終わり、米国の関連省庁および機関が積極的に動けるようになったからです。

大げさではなく「財政の崖」を抱えて「取れるところから取っておこう」との考えが絶対にあるはずです。だから取り敢えず英銀な

どのドル基準金利なので、米国人の生活に直結しているからです。大げさに言えば、米国が通貨主権を有するドルの金利が不正に操作され、米国の基本的権利が侵害されたからです。

＊ ＊ ＊

2008年の金融危機当時にLIBORを低めに操作して自行の信用状況を良く見せかけていたもので、英国金融当局の関与や、その他の欧米主要銀行の関与について捜査が続いていました。

＊ ＊ ＊

捜査は刑事事件として新たな段階に入ったことになります。しかし、その背後には米国当局の意向が強く働いているはずです。

その理由は、不正操作の対象が

どの大手銀行に対して罰金を科していくことは米国の意向に沿うものであり、英国当局もこれに協力していくことになります。

英銀にとってシティにおけるドル関連ビジネスは「ドル箱」であり、英国政府としても米国の意向は「ある程度」聞き入れざるを得ないのです。

＊　＊　＊

もう1つ「ある程度」いや「絶対に」聞き入れざるを得ない国があります。そう、日本です。

先程のHSBCのマネーロンダリングに、北陸銀行の関与があったようです。当然に巨額罰金の対象となるはずです。

また、LIBOR不正操作で逮捕された1人は、UBSとシティグループ証券の東京事務所でも勤務しており、円LIBORや円TIBORでも不正操作をしていました。これこそ、日本の通貨である円の金利を東京のど真ん中で不正操作していた「日本にとって重大な事件」でしたが、金融庁は何故か2011年12月にUBSとシティグループ証券に対して、ごく一

部業務の1週間～1カ月営業停止処分だけで「蓋」をしてしまっていました。

この件が蒸し返されることは無いと思いますが、これは米国当局が通報してくれていたので、本来なら300億円ずつほど罰金を科して、米国に半分支払っておくべきだったのかもしれません。

＊　＊　＊

さらに米国法人のアクシーズ・アメリカが関与したオリンパス事件もこのままでは済みません。日本で逮捕状が出ていた佐川肇を米国当局が引き渡さなかったのはこのためで、オリンパスは米国法人のアクシーズ・アメリカと共謀したとして巨額罰金の対象となるはずです。

佐川肇は間違いなく米国当局と司法取引をしており、オリンパスに不利な証言を「山ほど」するようにも感じます。いろいろ身構えておいた方がよさそうです。

闇株新聞 Q&A　日銀新総裁に黒田東彦氏、期待できる？

【質問】
日本銀行の新総裁に黒田東彦氏が決まりました。さっそく大胆な量的緩和策を打ち出すなどしていますが、期待できますか？　闇株新聞では武藤氏の予想でしたが…。

【答え】
財務次官経験者でしかるべきポジションに就いていない武藤氏を、財務省が全力を挙げて「押し込む」だろうと思っていました。

黒田氏は財務省からでは決して本流ではなく、安倍首相の1本釣りだったようです。昔からインフレターゲットや大胆な金融緩和を主張していたので、首相に気に入られたようにも感じます。アジア開発銀行時代の「アジア共通通貨構想」

はやや偏った考え方で、バランス感覚が必要な日銀総裁としては、少し心配な面はあります。

黒田氏と武藤氏では、実力的にどちらがふさわしいのかは分かりません。ただ首相が「言うことをきかせる」目的なら武藤氏の方が良かったのではないかと思います。典型的な官僚なので、その辺りは心得ているはずだからです。

黒田氏は財務官時代にも特にこれといった「武勇伝」はなかったように思います。やや「規格外」なところがあり（たぶんですが）自分の特色を出そうとするため、早い時期に首相との関係がギクシャクする可能性もあると思います。たとえ日銀総裁としての正しい決断をしてくれれば良いのですが。日銀総裁として、しっかり頑張ってほしいものです。

闇株新聞 the book

2013年4月25日　第1刷発行

著　者	闇株新聞編集部
発行所	ダイヤモンド社
	〒150-8409　東京都渋谷区神宮前6-12-17
	http://www.diamond.co.jp/
	電話／03・5778・7248（編集）　03・5778・7240（販売）
デザイン	伊藤退助（p. d. o）
グラフ	地主南雲
写真	アフロ　渡辺一朗
製作進行	ダイヤモンド・グラフィック社
印刷	加藤文明社
製本	川島製本所
編集	渡辺一朗
制作統括	浜辺雅士

©2013 Day Code Times. 2013
ISBN 978-4-478-02352-5

落丁・乱丁本はお手数ですが小社営業局宛にお送りください。送料小社負担にてお取替えいたします。但し、古書店で購入されたものについてはお取替えできません。
無断転載・複製を禁ず
Printed in Japan